"老虎洞"的藝術家

——高莽纪念文集

宋晓岚　宋晓崟　谷羽　编

作家出版社

图书在版编目（CIP）数据

"老虎洞"的艺术家：高莽纪念文集／宋晓岚，宋晓崟，谷羽编. -- 北京：作家出版社，2022.12
ISBN 978-7-5212-2124-4

Ⅰ.①老… Ⅱ.①宋… ②宋… ③谷… Ⅲ.①高莽（1926-2017）- 纪念文集 Ⅳ.①K825.6-53

中国版本图书馆CIP数据核字（2022）第220643号

"老虎洞"的艺术家：高莽纪念文集

编　　者：宋晓岚　宋晓崟　谷　羽
责任编辑：韩　歌
装帧设计：孙惟静
出版发行：作家出版社有限公司
社　　址：北京农展馆南里10号　　邮　　编：100125
电话传真：86-10-65067186（发行中心及邮购部）
　　　　　86-10-65004079（总编室）
E-mail:zuojia@zuojia.net.cn
http://www.zuojiachubanshe.com
印　　刷：北京盛通印刷股份有限公司
成品尺寸：152×230
字　　数：315千
印　　张：25.25
版　　次：2022年12月第1版
印　　次：2022年12月第1次印刷
ISBN　978-7-5212-2124-4
定　　价：50.00元

目 录

平凡中的伟大

"老虎洞"的艺术家

不知疲倦的高莽

国际友人的缅怀

两篇访谈录

平凡中的伟大

揭秘老爸

宋晓岚

高莽老师、孙杰老师和女儿宋晓岚

2017年10月6日晚老爸离开了我们，他走得平静、安详，没有痛苦。当天下午，他还在和他心爱的外孙谈天说地，笑着看重侄孙小朋友的生活视频，嘱咐我们一切都不要看得太重，轻松生活。而就在晚上，当大家都睡了，他的心脏永远停止了跳动。活着到死去，好像只是一瞬间。

而在我脑子里反复出现的还是老爸活着时的音容笑貌，生活中的点点滴滴。

我也想写一篇关于老爸的文章。写老爸的文章起个什么名字？老爸说：揭秘老爸。这个题名我不喜欢。我说："俗！"他不生气，他已经习惯了我打击他。

由于老爸在俄罗斯文学方面的贡献，得过俄罗斯总统亲手颁发的"友谊"勋章和各种文学奖章，还是俄罗斯美术研究院的荣誉院士、俄罗斯作家协会名誉会员、俄罗斯科学院远东研究所名誉博士等。最近中国社会科学院又授予他首批最高学术称号：荣学部委员。已经有不少人写过他，中国的，外国的……报刊杂志社的记者，电视台的编导，他的各方面朋友，还有其他人……

我看过这些文章，大家的重点都是写他的成就：翻译家、作家、画家……写他的俄罗斯文学情结，或者写他的才气："鬼才神译""三栖人""全才"……还有一些是写他和妈妈的爱情故事：《"保尔"和"冬妮亚"妙趣人生》……别人写的那些，我认为都是老爸光辉的那一面，要表现一个完整的高莽，得我亲自上阵。

我想写的是老爸的七七八八，都是老爸的琐事、轶事，和"秘"字似乎无关，叫《老爸的花边》或《另类老爹》好像更贴切。可是我是"孝女"，打击了老爸，还得听他的，任何事情我习惯听他的。

其实我想写的不是社会上的、光环下的高莽，而是生活中的我老爸。

妈妈喜欢干净，从小就教我洗手绢。高莽速写岚三岁洗手绢

沉重的丁香花啊！……

爸爸喜欢丁香花。他小时候生长在我国北方城市哈尔滨，那里到处都是丁香树，到处开满着丁香花。他为丁香花专门写过文章："丁香树很快就长得超过了我的身高。我常常站在丁香树前观察它的变化。早春，一张张嫩叶，形状酷似心脏。然后，它的枝头出现了一团团紫色的或白色的云，这是由许许多多小花朵组成的。"文章收入他的散文集《妈妈的手》。他翻译的俄罗斯侨民女诗人的诗集也叫作《松花江畔的紫丁香》，可见他对于丁香花的特殊偏爱。

我知道爸爸喜欢丁香花不是在他的书中和文章里，而是从我小时候，大约在四五岁……那时候，我们家住在西城一条叫藤牌营的窄窄的小胡同里。院子不大，爸爸妈妈住在西厢房。他们在窗前栽种了几棵丁香花树。我认识丁香时，觉得它们好高好大，开花的季节，它们在小小的院落里散发着幽幽的香气，我仰着头才能看见它们的花瓣。

高莽速写：我和小猪子哥哥在地图上查找爸爸刚刚从哪里回来

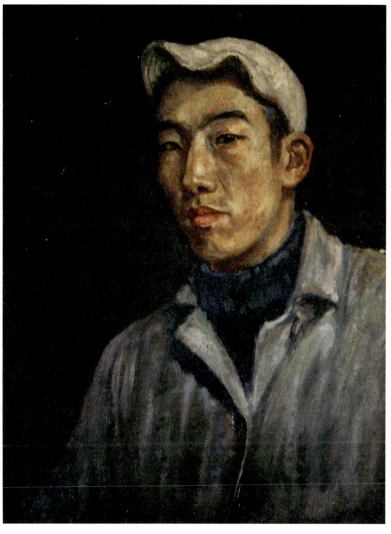

高莽自画像，这是他的第一张自画像，画于1943年十七岁时

高莽画《母亲》（油画1956年）。此画曾获得1958年全国青年画展二等奖（一等奖空缺）。现在此画挂在安贞家中的卧室里

那时的老爸也就是三十岁刚刚出头，他当时在中苏友好协会总会联络部工作。妈妈在对外文委也从事外事工作。他们经常出差。我在幼儿园上的是全托。偶尔我在家住的清晨，老爸高声朗读俄语的声音，会把睡梦中的我吵醒。记忆中少有的全家在一起的时候，是用小竹子板凳，围坐在丁香树旁。好像妈妈总是在洗衣服，爸爸在一旁忙他自己的事。也有时他画妈妈和我，有时为我们拍照片。丁香花有时是背景，丁香树一直都在那里看着我们。它好像是我们家庭的一员，好像会一直和我们在一起。

老爸有时带我散步，给我讲些刚刚开始紧张的中苏关系，讲如果好朋友意见不一致时该怎么办，讲一些我似懂非懂的事情。去剃头的路上，他还曾建议我：你长大当个理发员，"好给爸爸理发"……还讲过些什么，我都忘记了。在我对儿童时代的记忆中，就是妈妈常常带我去火车站或飞机场，或去送爸爸，或去接爸爸。

但是我记得爸爸对我讲到丁香花："我死的时候，用我的骨灰做肥料种一棵丁香花。"我那时根本不懂什么生死，只是明白了爸爸特别喜欢丁香花。从此，不管在什么地方，每当我看见丁香花，总觉得那是爸爸的花，丁香花开了，我就认为它们是为我爸爸开的。几十年了，一直如此。看到丁香花时，脑子里就想到那时候爸爸说的话，所以这句话我一直清清楚楚地记得。

一转眼我和爸爸妈妈一起生活了五十多年，我感到了时光的流逝，深切地体会到他们的健康是我最大的幸福。

今天又想起老爸的丁香花，心情突然变得好沉重……我不知道将来怎么替老爸完成他的心愿，我不知道那棵丁香花会在哪里，我不知道……我不愿意再想，我也不愿意再看见它们……

我多么希望永远像我小时候，全家人一起围坐在丁香花树前。

丁香花啊……

勤俭与吝啬

老爸不舍得用好的东西，如果他知道哪一件衣服买的价格比较高，他就舍不得穿了，而是"抬起来"，"抬"是河北方言，意思就是"收"起来。我说他"吝啬"，他说是"勤俭"。

老爸的一双凉鞋有些硌脚，他出去一趟，脚都被磨破了。我给他买了一双新凉鞋逼他穿，我知道他"财迷"，所以在他随口问价钱的时候，我就骗他，说的是新鞋价格的十分之一。他试了试新鞋很高兴，由衷赞叹："很舒服，我明天出去就穿。"第二天他果然穿了，回来赞不绝口："这鞋不错，挺软和的。"我看他穿了几次，心里也很舒服。我以为此事就过去了，我疏忽了。有天多嘴把鞋的实价暴露了，老爸知道后当时吃惊的样子我就不形容了，当天鞋架上又出现了他那双磨脚的凉鞋……

老爸洗脸洗脚的毛巾都用到很旧，有时毛巾的边都变成"飞边儿"了，他也不换一条。我成心把一条新毛巾挂在他挂洗脸毛巾的地方，他能视而不见地挂了半年，继续用他的"飞边儿"。有次还曾过分地将一块中间破了，而两边不太破的小毛巾剪断，让我把两边接起来他再用。他的衬衫的领子、棉毛衫的袖子、睡衣睡裤，甚至袜子都是缝补过的。有次我发现他的裤衩都缝过了。我看着那裤衩上粗针大线的、间隔不匀、足有半寸长的针脚，心里直发酸。我妈妈看不见；老爸不好意思这个事让我干；当然也可能是懒得听我唠唠叨叨；他又不舍得换一条新的，只好自己动手。

文洁若在我们家是一个响亮的名字。不是因为文洁若是萧乾老人的夫人，也不是因为她的学术成就：翻译了尤利西斯、翻译了那么多日本的名著、写了那么多令人叫绝的文章……而是因为我们听说的文洁若阿姨的一些轶事。

据说文洁若有次在国外出差，住在一家很高级的酒店。到了晚上，酒店灯火通明，好似一座水晶宫。一贯勤俭的文洁若觉得太浪费电了，她就一层一层地顺着楼梯走，认真地一层一层地帮人家关上每一盏灯……

于是在我和爸爸之间，"文洁若"是对对方的称赞和嘲讽。比如有时，爸爸在如厕，我以为厕所里面没有人，随手就把厕所的灯关上了。这时候就听见厕所里面传来了爸爸大叫："文洁若!!"

我最近又领教了文洁若。日本著名作家、诺贝尔奖获得者大江健三郎先生2006年9月9日在中国社会科学院讲演。这天来参会的人很多，很多人站在走廊里听，但是会场上鸦雀无声。文洁若提前二十分钟到了会场，但她还是来晚了，当时已经座无虚席。组织者对我旁边的一个记者说："给老太太让个座吧!"这样文洁若就坐在了我的旁边。爸爸和她隔着我点了点头，互致问候。会议中，文老忽然想起了什么，她向老爸递来一个纸条。老爸写了几个字，又将那纸条递了回去。一会儿纸条又被传了过来……反反复复在两个人之间传了三四遍的纸条，是一个黄色的小纸头，毫不夸张地说，也就是一个小拇指那么大。

我坐在两个"文洁若"之间，突然就觉得这真假文洁若真有一拼：他们在学术上都是那么杰出，那么成绩斐然，但在生活中又都是那么"财迷"、那么"抠门儿"。我想那小纸条儿应留下来做文物，结果被传到真文洁若的手里夹在书里当了书签。

老爸画画和写文章用的笔有好多好多，除了水笔、油笔、毛笔还有彩色笔。彩色中还有水晶金、水晶银……老爸把各种"水晶"专门留作送书时在书的深色扉页上签字……也有朋友送给他一些漂亮的

老爸下放劳动时画的山村的早晨。此画在多多的爷爷写的长篇小
说《沽河秋歌》中曾用作插图

笔，他写字台的好多抽屉里都"抬着"那些笔，桌上的各个盒子里也都是笔，老爸他都特别喜欢。他平时用的就是小商品市场买的最便宜的圆珠笔，那些"抬着"的漂亮笔只有关键的时候他才舍得使用。等关键时刻来临时，那些笔已经干枯了，写不出字了。

所以勤俭与吝啬，这个问题一直是我和老爸争执的焦点。

书与纸

老爸是文人，文人爱书，天经地义。

他的书门类繁多：中文的、俄文的，传记、小说、画册……搬家时装了二百四十六大箱，搬家公司的小伙子们累得牢骚不断，为此我不得不行点儿"小贿"。

如今在新家又有六年多了。出版社送的书、开会时发的书、朋友寄赠的书，加上他自己购买的书……六年又攒了多少，数也数不清。

几年前刚搬进新家时，觉得房子还比较宽敞，可是现在各个房间又被书堆得满满登登。听到我抱怨时，老爸说："这是我的饭碗。"

一次，一位亲戚刚搬家，邀我们去小坐。新房面积很大，装修讲究，的确很舒服。回到家，老爸看着被书柜占得几乎露不出墙壁的房间，颇有感触地说："我还是得住在有书的地方。"他抚摸着书脊由衷地说："摸着它们我心里踏实。"

偶尔出门路过新华书店、邮局、报摊，还有过街桥，凡是有书的地方，老爸都流连忘返。他好像忘了时间，忘了本来的目的，他一本本地看呀看，沉浸在书里面。

我小时候有次他带我去书店，他说："书不能多买，一定要买有用的。"我记住了他的话，而他自己怎么不以身作则呢？莫非他那么

《书葬》插图

2004年老爸生日时，我用明信片寄去了对他生日的祝福

八十岁的老爸在找书　宋晓岚拍摄

奶奶、老爸和多多（大约拍摄于1987—1988年）。墙上挂的是老爸的朋友们为他画的肖像

多的藏书全都有用?

对了,2002年老爸写了一篇文章名为《书葬》,写的全是他对于书的感情。此文获得冰心摄影文学奖。不难看出,老爸不但把书当成饭碗,而且还甘愿用书把自己来埋葬。《书葬》最大的获益者是我,因为老爸为此文配了我日常随便给他照的一张照片当插图,所以我也蹭着得了一个"摄影奖",这对于从来没有得过什么奖的我来说可是件大事呀。

老爸不仅爱书还特别爱纸。好像没人说过文人爱纸也天经地义,但老爸对纸的热爱,简直是无以复加。

药盒里那巴掌大的药品的说明书,如果是一面印刷的,他就认真地留下来,用小书夹子夹成一叠,留着写便条。朋友们知道文人用纸多,有人用剩下的一面白,集中送过来一些。那些纸的另一面再被用过后,他还不舍得卖废品,更别说是扔,而是用剪刀将那些没字的、最宽不到一寸的纸边儿再剪下,成了许多小纸条。他在我看不见的时候,偷偷地用胶水将它们粘成边缘不齐、大小不同、薄厚不一、皱皱巴巴的纸。他将厚厚一叠"A4"得意地送给我,用来打印。我看他兴致勃勃,不好意思打击他,只好凑合用了。老爸喜滋滋地看着他废物利用的劳动成果,干得更加来劲儿了。换成激光打印机后,他的"劳动成果"打印机不干了,他只好将"劳动成果"用于自己手写初稿。他手写初稿的纸除了"劳动成果"外,经常还有信封(包括牛皮纸信封)背面、街上发的小广告背面、报纸里夹带的一些宣传品的边边角角……总之一切可以写下几个字的地方。

我对于他兢兢业业地粘贴废纸,多次表示不满。我觉得他"有病"。他制作出的废纸,都不值用掉的胶水钱。况且对于老爸这么一个珍惜时间的人,放下那么多事情,用那么多精力和宝贵的时间……制作出利用价值如此低的"劳动成果",太不值得。这无论从经济上还是从时间上都得不偿失。但老爸不以为然，他乐此不疲。对于我对他的不理解，有一天他终于说："我这也是休息……"我无言……他既然喜欢，我能再说什么呢？对于我老爸这种人，真正的经济学家也没辙。

对老爸来说，如果书是他的"饭碗"，那么纸是他的"命根"。

礼品盒

除了保存废纸，他还喜欢收集一切用过的东西。他把用过的小瓶子，摆在桌上当笔筒，七八个"笔筒"，每个只能插进去一两支笔，稍不留神就会倒下去，扶了这个那个倒。水果箱、牛奶箱、保健品外包装、装饼干巧克力的小盒、一次性筷子、盛酸奶的小碗、冰激凌塑料皮……反正各种各样的包装，一旦进了我们家就别想出去了。老爸除了欣赏它们的图案，还把它们分别派上用场：水果箱等那些大一些的用来装书、装剪报、装画画的颜料……那些点心盒，用来装卡片、装信件，太小的剪成小纸片，"寄照片用"。总之全都派上用场。老爸经常会在你需要时，举着他收藏的冰棍棍儿，当看你正好能用上，他那一个满脸得意……

最让人烦的是中秋节，大大小小的月饼盒子每每都使老爸眼前发亮。他一边说着豪华包装"太浪费"，一边赞叹："看看这盒子做得真细致，垫布都是丝绒的。"每个月饼盒照例都被他填得满满的，用来装照片和各式文书，口中念念有词："看看，正好！""多合适！"他得意洋洋地边干边欣赏，一副陶醉劲儿。月饼盒子的丝绒也让妈洗了，铺平收好待用（不知能干什么用）。里面的每块月饼的小包装盒也分别放上橡皮、曲别针、零币……他患糖尿病不能吃月饼，但每年中秋节都是他收获的节日。

《北京青年报》和《人民日报》（海外版）前几年曾专门刊登过《高莽的白色书房》《高莽的书斋》，如今他的书房不亚于一个杂货摊。房间四周的书柜前堆着老爸的各式各样的、高矮不齐的、颜色各异的、新旧不同的纸箱和各种品牌的月饼盒。开始那扇亮堂堂的东窗，如今几乎被他的品种齐全的月饼盒收藏堵住了半扇。老爸每天在窗前的写字台上工作，日复一日。月饼盒的堡垒不断增高，年复一年。

这还不算，老爸的收藏直接影响到他的工作。老爸工作时需要查找大量的资料，翻译需要找参考书、找卡片、找字典；写作需要找书籍、找简报；画画需要找照片、找纸笔、找颜色；治印需要找刻刀、找石头、找砂纸……老爸又是个勤奋的，一刻也不停止工作的人。在这样的一个"杂货铺"中，找需要的东西，是多么大的工作量，更何况老爸的生理年龄已经是耄耋了。

每当老爸找不到东西时，他着急心烦。我看他那样，也替他着急。我不会俄文，又替不了他，所以我痛恨老爸找东西，也就更怪罪于那些破纸箱子。但是他必须天天找。找东西几乎成了他工作不可分割的一部分。遗憾的是他至今无怨无悔。

我感到奇怪的是，他居然在"杂货铺"里还能译出那么多作品、写出那么多散文、画出那么多画……这是他练就的一种本领。

从另一个角度想，对于从来不运动的老爸，满头大汗地在床上、椅子上和桌子上爬上爬下，在他的伟大收藏中翻来翻去，权当是他锻炼身体吧！

职业错位

都知道老爸的爱好广泛，他除了翻译、写作、绘画、摄影、书法、篆刻，还会做小布条粘贴画，用断了的镐把儿雕刻过鲁迅头像，用捡来的石头刻了一个妈妈的浮雕像，用鸡蛋皮做工艺品……

我在兵团时，老爸就是用鸡蛋皮粘了一个工艺大盒子。那个盒盖上面是红字"1973"，这是那一年的时间。盒子的正面贴的是一幅画，画上是一座山，一轮冉冉升起的太阳。这是我的名字"晓岚"的意思。在早晨的山上，好像使人看见了水蒸气。盒子的背面是一只又白又胖的大猪，那一年我在兵团的工作是喂猪。老爸请人把这个他精心制作的盒子带给远在内蒙古的我，对于不满二十岁的我，精神上是多大的鼓励呀。当时周围战友们羡慕的眼光，直到今天我都历历在目。

这些艺术品的制作材料，都是来自垃圾。谁也不知道他最大的爱好是收废品。

我和老爸一起出去时，特别不愿意路过废品收购站，因为他每每都在那一大堆破烂面前放慢脚步，悄悄地指着一块破木板："接到我桌上多好！"一会儿又看见一个塑料架子："多可惜，扔了！"他一下想起我在身边，回头看看我，不好意思地笑了。我总是拉紧他，快步离开那里。就是在我这样的监督下，我们家仍有破落地灯、坏电脑椅、旧文件夹、草编装饰画……无数的"宝贝"。有客人见到我家的东西，有时还赞不绝口。其实那些"宝贝"都是我爸捡回来的，修修一直用着。

我说我老爸是职业错位："你当个废品收购站的工作人员正好，保管尽职尽责！"老爸爽朗地大笑，由衷地赞同："对！对！对！"

1970—1974年我在兵团时曾在饲养班喂猪，爸爸亲手做了这个盒子，用鸡蛋皮粘了一只大猪，请人带给在内蒙古的我

老爸用普通的缝衣服的线，竟然能贴成这么漂亮的工艺品画

1970年爸爸妈妈分别下放到河南明港的两个"五七干校"。有一次
爸爸去看妈妈，路上捡了一块石头，为妈妈刻了一个浮雕像

老爸在"五七干校"用断
了的镐把儿雕刻的鲁迅

2016年，老爸用他自己的头发粘贴了他此生最后一幅自画像

经过一番深思熟虑后表示："我天生应当是个收废品的……阴错阳差……"

科盲

说到电脑，我又想起老爸的一些事。老爸是一个对一切新鲜事物都感兴趣的人，这一点从他有那么多的爱好上就可以看出来。

我懂事以后特别感谢老爸和他的业余爱好。我小时候老爸给我照了许多照片，能留下那么多儿时的记忆。那些照片从拍照到冲卷到洗印到放大……都是他自己动手。后来我发现照片细微处有好多不同，便问爸，他指着一张有小网格的说："这是我放大照片时在镜头上加上了妈妈的丝袜。"指着另一张边缘有些虚幻的照片说："这是我用东西在镜头前遮挡了一下……"我太佩服他了，他真会动脑筋，他简直什么都会。

可是近几年，老爸却让我失望了。

他分不清CD、VCD、DVD，不会用电脑、不知道MP3，甚至连手机也不会用。

有一次他出去开会，我好说歹说，劝他带上一个手机，并反复地教他怎么用，在家还试了两次。那天正巧有个急事，给他打电话，好半天他也不接，最终我不得不请同去开会的人转告他。老爸回来后告诉我："我怎么也开不开，按哪个键也不行。"后来他不好意思，还"跑到厕所，自己鼓捣了半天"。从此他再也不带手机了。有次听见一个朋友也讲了自己类似的一件事，他终于找到了同盟军，而更加理直气壮地拒绝学用手机。

别人送来录像带或光盘，他一直要等我回来才看，他决不会去动家里的录像机、摄像机或影碟机。老爸拒绝学电脑，虽然他早就体会到电脑对他写作上的帮助，也早已了解了网络的重要和神奇。他甚至写过文章大赞电脑的巨大功能。他多次在我帮他找到一个他需要的资料时，指着电脑赞不绝口："这玩意儿，太厉害了。"但是让他自己学，他不愿意。几年前曾经有次坐到电脑前，还不到半小时，胳膊酸了三天。算了！算了！

老爸不仅对于一切现代科技产品抵触，凡是沾上"电"字的一切，他也有一种天生的惧怕感。他对电的使用，好像只限于灯和电话。但是如果家里的灯不亮了，不管是灯管的毛病还是开关坏了，他都动员我找专业人员来修，而不让我动手。这对于那么善于自己动手，又那么怕麻烦别人的老爸，简直就不可思议。偶尔我忘记了关电脑插座的电源，他会打来电话："怎么小红灯还亮着？"后来老爸学会了关闭小红灯，就经常替我关闭，几次将我正在充电中的"小红灯"关闭了，影响了我的使用，令我气愤不已。

有一次老爸说一夜没睡好，因为——看着有小红灯亮，"我老怕

老爸速写我在电脑上为他录入稿件

出事儿"。

真逗！空调、电扇、电脑、电视机、微波炉、电暖壶、电熨斗、门铃……现代人生活中哪儿哪儿不用电？快把老爸吓坏了。

他几次在文章中提到自己是属于二十世纪的人，这简直是自我解嘲，是在为自己开脱。好像他只要自己承认进不了二十一世纪，我就得闭嘴。

我一直不明白想当年那个时尚的老爸怎么了：老爸照相一流，他用普通的照相机能照出一流棒的照片。他喜欢用侧逆光，还喜欢照黑影儿像……好多专业摄影记者看见老爸的摄影作品都怀疑地问："这是您照的？"老爸能自己动手做衣服，从裁剪到缝制，全都自己完成。"文化大革命"中不让看外国文学作品，老爸闲着就自己动手做了一套别致的沙发，从设计到制作他完全独立完成；他也能从事技术性蛮强的、挺复杂的事情。如今的他，怎么都不会接手机？他落伍了？他变笨了？

……我思考了很久，后来终于明白了：老爸就是艺术家，有关艺术上的事情，老爸触类旁通。对艺术的追求，可以促使他研究技术；而真正的科技上的进步，就离他太远了。他本来就是一个科盲。

老爸的科盲，终于让我这个一直崇拜他的人认识到："老爸不是无所不能的！"

"老痴呆"

人们对老爸的称呼从"小四"变成了"高兄""老高""高老师""高先生""高领导""老爷子""高老头""前辈""高老"……

他自称"老痴呆"。

听他这么叫自己，我觉得挺贴切，一点儿也不过分。

老爸曾经在热牛奶时看书，牛奶沸得到处都是；一边炸花生米一边看报，花生米变成小黑炭；到邮局领取稿费，忘带身份证；洗东西忘记关水龙头，使贵如油的水流了满地；他自己特意收的东西，刚刚放好，马上就开始找，他几乎天天到处找眼镜，还经常是我的瞎妈妈帮他找到；举着一个计算器递给我，让我接电话，因为他慌忙中把计算器当成手机；进家后钥匙留在防盗门上，被邻居提醒……甚至有一天早晨醒来，他手里还拿着尿壶，头下枕着尿壶的盖，原来老爸夜间起夜，尿着就又睡着了。

妈妈眼睛看不见，穿衣服有时需要老爸帮助看颜色，老爸常常把淡粉色说成"白的！"，把海蓝色说成"绿色！"，妈妈按他的说法，常想不起来这是哪一件衣服。我听见后纠正老爸，他就用"我是美协会员！"来对抗，使我忍俊不禁。吃饭时需要老爸介绍桌上食物：他指着西葫芦说"丝瓜"，指着左边说是"白菜"，指着右边也说是"白菜"。我在厨房里隐约听见了，大叫："那是昨天剩的西红柿炒圆白菜！"老爸酷爱吃水果，但是有时他分不清李子、油桃和杏子。他奇怪地说："它们怎么都一样？"

世界杯期间，老爸问我："电视中说四强中都是欧洲队了，怎么还有葡萄牙？"显然他把这个说葡语的国家当成了南美的国家，被我嘲笑一番："这要是别人也就罢了，您可是《世界文学》前主编呀！"（老爸看见我写的这事求我："这件事别写了吧，被人看了太不好意思。"我不听他的。"孝女"也叛逆一回，我欺负他不会用电脑。）通过以上这件事，老爸怕露怯，说话变得谨慎了。最近和友人谈到埃及，老爸小心翼翼地说："是亚洲？！"友人义正词严："北非！"

曾经，老爸接电话，只听他热情地对着听筒大声说："好！欢迎！

欢迎!"我和妈妈都以为是哪个熟悉的朋友。老爸挂了电话后,我们迫不及待好奇地问:"是谁要来?"谁知老爸含含糊糊地说了一个我们不知道的名字。再问老爸,他也不知道这个他重复的名字是谁。真不明白,不知道对方是谁,怎么就能稀里糊涂地热情欢迎人家。真闹不懂老爸的心理,是因为他自己的耳背不好意思再问,还是他对人的平等思想而觉得无须再问。总之,在如今的社会治安条件下,老爸如此没有自我保护意识,我觉得真是著名的不折不扣的"老痴呆"!

平等

老爸是"大孝子"。他亲自给奶奶接尿、擦身、喂饭、剪指甲,还亲手给奶奶做过衣服。奶奶一百零二岁高龄离世,他一直精心伺候于床前。

老爸是"模范丈夫"。我妈妈双目失明了十年,他从生活上和精神上给了她最大的安慰。他不记得自己每天都吃的药的药名,却把妈妈的十来种眼药搞得清清楚楚。他对妈妈每天的"甜言蜜语",让我总感到自己是个"电灯泡""第三者"。他每天看着妈妈的眼睛和她说话,就如同妈妈那扇"心灵的窗户"还亮着一样,这每每让我感动得想哭。

我十七岁时在内蒙古生产建设兵团,有次大概两周没有给家里写信,收到了爸爸的电报:"何故久无信?"我二十岁的时候,老爸在外地出差。我生日那天,接到了他的电报:"亲爱的女儿生日快乐!"那年头人家拍电报,一般都是报生老病死或接火车的急事。这两封电报我一直留着。在家里,老爸是我这个暴躁脾气女儿的"出气筒",我真心感谢他总能耐心地听我的发泄。

堂妹晓崟小时候爱唱歌,他给晓崟买了两个歌本《红太阳颂》

为庆祝多多通过全国司法考试，老爸特意刻了一枚图章送给他
（2011年）

（上下）。晓崟学会了上面所有的歌，《红太阳颂》也留到现在。晓崟
刚刚学会开车，老爸就给她找来地图。老爸说："我报名，第一个坐
你开的车。"这对还不太敢上路的妹妹是多么大的鼓励。

　　他对我的儿子多多特别喜爱，从来不把他当成小孩。多多上小学
时，有时老爸写完稿子，就请多多帮他改。看多多认真地逐字逐句地
看姥爷的外国文学研究的稿子，让人忍俊不禁。多多每次来，他会放
下手中的活儿，或牺牲雷打不动的午睡和他聊天，从中了解他的近
况，鼓励他的点滴进步。有时还虚心地向多多请教问题。

　　老爸爱剪报。天南地北什么有意思的事情他都感兴趣。和家里人
有关的事情也是他剪报的重点。当年我们夫妻在巴西工作，他把报纸
上有关巴西的报道全都剪下搜集起来。当我们探亲回国时或是有方便

的人带时，他就交给我们，一般那些新闻已经是两年前的了。

多多去了新单位，他又开始把有关的事情剪下来，装到一个旧的牛皮纸口袋里，等着多多来。多多看一眼，不屑地说："噢，我看过了，网上早就有了。"

老爸表面看上去很精神，其实身体哪儿都有病。对自己的身体他不在意，但是他居然给我剪下"如何治疗便秘"！老爸对自己的事情从来马马虎虎，但是他关注着周围的每一个人。老爸知道晓鋆喜欢小狗，他虽然不喜欢小动物，看到关于小狗的报纸和杂志，一定会留下来，电视里的有关节目，他也会马上打电话通知晓鋆观看……

老爸不仅对家人，对别人也是如此。

诗人书法家柳倩老先生准备举行展览，让老爸画一幅画，柳倩在画上题字。于是老爸画了一幅《屈原》。过了不久，柳老告诉老爸，他的《屈原》不知被谁"拿走了"，柳老为此特感伤心。我们听罢也都气愤。谁知道老爸自己不心疼，反而觉得挺美。"居然有人肯'拿走'我的画。"

有一次，老爸的一个朋友问他："你怎么对一位老先生那样说话呢？"全家都好奇怪，我爸？无论是对送报纸的、卖米的、开电梯的、清洁工、修鞋的师傅、收破烂的……他从来都热情地打招呼。老爸一贯谦和，我觉得他对人，从心里就没有高低贵贱之分。他"不礼貌"？！怎么可能？那天晚上他一夜没睡好，但是无论如何也想不起来是怎么回事。第二天，老爸非坚持去道歉不可。他觉得不管怎么回事，既然人家说了，我就得去道个歉。我们找到老先生的家，老先生迎门很是纳闷。我们说明了原委。老爸真诚道歉。老先生一脸狐疑连呼："不是您呀！不是您呀！"原来是一场误会，是他们认错了人。这回我爸坦然了，那天中午他睡了个好觉！

我想起他无错道歉心里就替他委屈。老爸遇到事情就是这样，他尊重每一个人，即使人家错怪了他，他也不生气。

一次，有个杂志在刊登采访老爸的文章时，把高莽误印成"高葬"，杂志印出来后，他们才发现。改已经来不及了。怎么办？编辑部人员都有些不安。印错了，还是这么敏感、这么不吉利的字。订正的话，可能反而造成更坏的影响……没办法，他们与老爸商量。谁知道老爸不但没生气，还安慰他们说："没关系，把高葬作为我的笔名吧！"过了一阵，老爸特意用"高葬"发表了一篇散文《我死了》。谁知道此文居然评为了 2002 年 "最受读者喜爱的杂文"，还被收入人民文学出版社《中华杂文百年精华》一书中。

对于一位老人，午睡是必需的，不是可有可无。老爸也习惯了，如果哪天没能睡成午觉，那他下午就全没了精神，头脑不清楚，像大

方成先生为老爸画的漫画像。这就是我老爸的常态

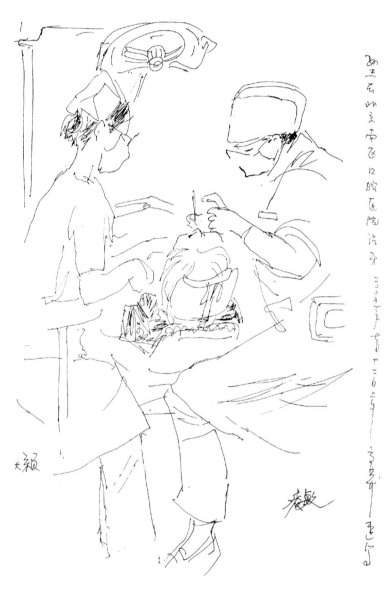

老爸带老妈去修牙，画下了大夫们工作时的专注（2005年）

病了一场。多次爸爸睡得正香，有人来电话把他吵醒，他非但不气恼，还尽量把音调调高。因为怕对方难堪，他装着已经睡醒了。有时他身体明明不舒服，躺在床上，吸着氧气。有人来电话找他，我要挡驾，他不让，装着精神焕发。对此类事情我一点也不理解，但他就是这样，总是替别人想，怕人家失望。

曾经有位记者采访老爸："您画了那么多中外著名作家，您画普通人吗？"唉，我巴不得老爸能不画普通人。事实是老爸走到哪儿，就画到哪儿，看谁"上画"，（老爸给我讲过："长得漂亮的人不一定'上画'。"他还把"上画"的人具体指给我。所以我懂他的"上画"。）就随手找张纸给人家画张像。被画的人有时不知道是谁在画他，所以可能也不见得保存老爸给画的像。他去邮局、照相馆、复印社都画。

有次一位不认识的人，找到我们家里。她带来一幅少女的画像，她说那是二十年前，老爸到她工作的复印社时给她画的像。她想看看高先生。这么多年，她能辗转找到老爸，真不容易！老爸看到他的作品被保存着很感动，和人家聊了好久。她除了"看望"以外，也是为了顺便推销一点儿她们公司的产品。她真又细心又能干！

有朋友的女儿不到一岁，向老爸求字，他认真地想了好多天，给婴儿画了想象的一幅肖像。这位朋友在文章中说："令我惊讶的是，无论是相貌还是神态，与现实生活中的女儿，竟有惊人的相似之处，真是神来之笔。"

签字售书时，老爸还给读者画。开会时他耳背听不见，便画得来劲儿……不过"普通人"因为普通，所以媒体便不关注，影响就没有名人大。就显得老爸好像只画名人，因而也就有了记者的问题。其实在老爸的眼里，在他的心中，人都是一样的，是不能用"名"和"普通"区分的。

我对老爸最大的意见是：他从来不会拒绝。不管他自己当时身体处在怎样的状态：腰痛得根本直不起来、血压高到180……他全然不顾。不管对方是谁，不论是否认识，本地的、外地的，从文人、学者到司机、炊事员，只要人家开口，他都会答应。

老爸就是这样，按照自己的哲学、按照奶奶的遗传、按照我妈妈的指示："答应人家的事情就尽力办好。"在他已小有的名气和从不拒绝的信条下，就有永远也干不完的事。

一会儿画画，一会儿写字，一会儿翻译一篇文章，一会儿给人家刻个图章。然后再去装裱，再去包装，再跑邮局寄……没完没了无尽无休。我看老爸有求必应，实在太累，真是忍不住了。有一天冲着他大叫："爸，你不想活了？""老爸，你要学会说'不'！"他笑着看着我，也不说话，也不辩解，好像是我特别傻。我可能真是太傻了，明明知道他改不了！

一次，多多谈到姥爷对他影响最大的地方，我以为他一定会说是：勤奋、对事业永无止境的追求等等。没想到多多说："是平等！姥爷能平等地对待每个人。"

多多说得对，老爸就是这样一个"平等"待人的人！

"为人力争无己　从艺尽当存我"

这句话是老爸写的一个条幅，我觉得这也正是他为人处世的真实写照。

老爸在生活上什么都不计较。他似乎没有发过火，从我小时候直到现在，老爸发脾气的次数屈指可数。他总是爽朗地大笑，不计较对方对他的不"恭敬"，他总是站在对方的角度想问题，我说他"中庸!"他也是笑。

记得我小时候他可对我吼过一次,是因为我吃完饭的碗底剩下几颗米粒。他突然对我声嘶力竭地喊:"吃干净!"这一嗓子把我吓得一哆嗦,手里的碗险些掉到地上。从此我总是把碗底儿吃得很干净。从此记住了老爸的发火,也记住了"粒粒皆辛苦"这句古诗。

有些事情他特别跟自己较真,叫人不可理喻。

有一次他去邮局取稿费,忘记带身份证。他回家拿了身份证又走。时间已到了中午,天气酷热,饭也做好了。我和妈妈都劝他:"下午再说吧!"一向随和的老爸,这时毫不迟疑,头也不回地顶着大太阳走了。从邮局回来以后才说:"我就要惩罚自己!"他在忘了某件事时,都会这样当即补救。我一直认为他这是"自虐"。对他这样"自我惩罚"特不以为然。

老爸年轻时画油画,后来改画国画。但是他认为:最不容易画的是连环画。至于他为什么这么认为,我也没有好好问他。我们家好多年都一直订阅《连环画报》,每期老爸都很认真地看。最近我也发现画连环画太不容易了,我也特别赞同老爸了。

爸爸很少看电视,但是如果有中国女排的比赛,他无论多忙,手头有多么紧要的稿子,他都会放下来,坐到电视机前。两只眼睛紧紧盯着屏幕,为我国女排姑娘们呐喊。这时候的老爸就是一个真正的标准的球迷。他忘记了周围的一切,他的精神完完全全地倾注到比赛场上。他的这种状态不只是我,连他自己都不能解释。他比较喜欢看的文艺节目是杂技,他觉得杂技是"真功夫"。老爸还喜欢武打片。有记者听说后特别怀疑:大学者会喜欢武打片?我了解老爸:他看武打,一是中国功夫令他敬佩;二是——"不用动脑子",这对他是真正的休息。

老爸容易受感动,看电视、看书、看报经常能把他感动得热泪盈眶,有时别人讲一件高兴的事,他也会哭……以至有时多多在念一篇自己写的东西给他听前，都先警告老爸："姥爷别哭，要不我不给你读了！"曾记得在什么杂志上看到一件事：有一位作者写了一篇文章拿给高尔基，高尔基边看边流泪。那作者很高兴，逢人就讲他的文章把高尔基感动哭了。后来别人告诉他，高尔基不管看谁的文章都会哭。看来我老爸就是高尔基！

老爸为人宽厚。他在单位时，一位新来的编辑，因为一件工作上的事情，在大会上给他这位大主编言辞激烈地提了好多意见。其他的人都为那新人捏了一把汗。没想到老爸认真考虑了新人的意见，从工作上进行了改进，后来老爸和新人一直是朋友。

"四幅漫画"的事情也是这样，老爸新中国成立初期画的反对浪费的漫画，遭到文艺界第一次意识形态领域的批判，他会上检讨、会下检查，每次运动也逃不脱。在当时的社会环境下，对于他这个懦弱的刚刚二十多岁的年轻的知识分子是多大的打击，对他的前途带来的影响可想而知。他心里不但不恨这件事，还和当时领导批他的华伯伯成为几十年的朋友，因为他可以理解每个人各自的无奈。

爸的"无己"和"存我"，使人觉得有好多很矛盾的地方。

他的"无己"是做人时要使别人感觉不到自己的存在。他从不计较别人对他的态度，他可以原谅别人的缺点和不足。

他的"存我"又让他对艺术上的问题，决不姑息迁就，要尽量张扬自己的个性。

我的小姑子永清上老年大学学画，进步很快。每次她请老爸指导她作品，老爸都特别认真。有时我回婆家时永清让我带一幅新作品请爸爸提意见，老爸不是简单说一说，让我带个口信儿，而是专门给永清写封信，哪儿好，哪儿不足，一、二、三……好的地方老爸就大事鼓励，他认为不足的地方，一点情面也不留。

一次美术馆办画展，我陪他一起去。顺便又看了旁边的一个油画展。人不多，他认真地看了每一幅画。这时候画家本人随口来征求意见，我觉得只要说个"挺好！不错！"就可以了，况且时间已不早。老爸不是，他一五一十地，仔细地指出每幅画的缺点和不足，一幅一幅地，一个部位一个部位地说，真叫一针见血。我劝他走，他也不理会。离开那个画展后，我发牢骚："人家也不认识你，你何必说那么多让人不爱听的话。"我觉得这太不像他的风格。他看着我说："在艺术上不能说假话。""美化现实不是真正的艺术作品。"

马马虎虎，性格大大咧咧的老爸，工作上对自己的要求却很严格。他写每篇稿子都是一遍又一遍地改，他一般用颜色笔改稿，前几遍他改完的稿，简直就像京剧里的大花脸。十几遍下来最后一遍也许就是把一个句号改成逗号。即便是这样，他每一遍修改都是不能省的，那真叫累、真叫繁琐啰嗦，当然也叫精益求精。

一次某报一位二十二岁的小记者，就俄罗斯情结话题电话采访老爸。电话中谈了半小时，过后发过来一篇采访记录："请高老看看有没有记录不准确的地方。"按说老爸只要看一眼就行了，结果他一遍、两遍、三遍……愣是"全篇飘红"地无数遍修改，他不理会我的牢骚满腹，孜孜不倦一丝不苟地把一篇"素材"改成了一篇正式的文章，并改完了最后的一个标点符号。在当天夜里十一点多钟发回给小记者。我想小记者肯定不知道，对于我老爸这种认真的老先生，没有写完的稿件，是不可以从他眼前通过的，不然他绝不会请老人熬夜帮他看素材。

我用电脑给老爸改稿子，有时落了字，他就会指着稿纸奚落我："你看，你看这儿怎么没有了。"我强词夺理："谁没疏忽的时候！"有时在录入文章时，我看见一个生僻字，当时懒得查字典，空着格儿，过一会儿就忘了。老爸改稿发现后，就会用红笔在那个空格儿边上标上那字的拼音。老爸并不埋怨我，也不责怪我，但是我心里特别感动。论时间他比我紧张得多；同是查字典，他没学过汉语拼音，难度比我大。对我嫌麻烦的事，他默默地做了，又毫无怨言。

他从报纸上看见一点儿错误，也会认真地指出来。一次某报上刊登了一幅托尔斯泰的照片：照片注释上写的是"恩格斯"，他给编辑写了封信，人家没理他。过几天他又看见另一张报纸的同一个问题，他又给这张报纸写了封信，还是没人理他。还有一次报上把刘白羽的照片注上是巴金，他又写了信。我说："算了吧，人家也不理你！" 我打击他，规劝他，讽刺他，都无济于事。他也不理我，他坚持写。他写这些信都是一丝不苟，认认真真，客客气气。他就是这样一往情深。

老爸开朗、率真，从来没有把自己当成名人，他在平凡中表现出不平凡，他有一颗平常心。他始终遵循着自己的"为人力争无己，从艺尽当存我"的信条。

永不掉队

老爸在五十年代初期曾翻译过一篇乌克兰作家冈察尔的短篇小说《永不掉队》，这篇小说曾被收入中学语文教材，鼓舞了许多人。我觉得无论在老爸生命的任何时候，永不掉队的精神也一直在鼓舞着他自己。

老爸一刻不停地画、译、写是为了他的俄罗斯情结，他的梦想，他的追求，他的抱负，他的习惯，他的精神和他的身体需要……

今年老爸已经八十岁了，耄耋老爸看上去很年轻。

在公交车上从来没有人给他让座，这不能怪如今的社会风气，因为他的外表实在不像是一位老人。有时我挽着他胳膊散步，心里常常会有一丝尴尬，总怕被不认识的人误会了我们的父女关系。所以我不喜欢老爸显得太年轻。

為人力爭來己

從藝儘當存我

丙戌夏 八十老朽 高峰 書於北京

老爸那些有些自来卷的头发虽然越来越少，但是并不太白，而且向上立起，让人看到他就能联想到"怒发冲冠"这个词。楼里的一个六岁的女孩，有次看见老爸说："爷爷你看你的头发！"记者来给他拍照或摄像，总是情不自禁地想把老爸的头发梳好，每每都被他拒绝，他不喜欢头发被整理归顺的样子。摄影家给老爸照像，镜头上有眼镜片的反光时，老爸不让照相者调角度，他会坚持说："这样好看！好看！"于是蓬乱直竖的鬓发，和只看见眼镜而不见眼睛的脸，还有他笑时咧着的大嘴，就构成了老爸一张独特的脸。

看病的大夫在填写年龄时，一听到他说八十，总是下意识地抬起头，用审视的眼光重又认真地看他一眼，怀疑的神情溢于言表，好像他是个冒名顶替者。

他一听见烧水壶水开了的叫声，会一个箭步冲过去，奔向厨房……他还操心家里的琐事，扫地、下雨关窗、壶开灌水、晾衣服，他为妈妈数药粒儿、上眼药、剪指甲，他会在任何需要他的时候，第一时间出现在你的眼前……

老爸看见楼道里被人贴的小广告，会一点儿一点儿地往下撕。有次一个租房小广告被粘在地下好多张，粘得很牢，老爸低头弯腰撕，蹲着抠了很长时间。我看老人这个姿势太费劲，就劝他算了，他坚持把它们弄干净。老爸不能容忍它们破坏了楼道的卫生，更不能容忍小广告对人们的欺骗。

他看电视时音量放到最大，因为他已经听不清；糖尿病影响到他的视力，他的眼睛也看不清了；腰椎间盘突出，犯病时，平卧在床，一动也不能动；好的时候他每次从椅子上站起来，必须向前探着上身，撅着屁股，慢慢地、慢慢地几分钟才能直起身来。腰椎管狭窄变形压迫下肢的神经，所以两条腿走路没劲儿，有几次他腿一软几乎趴在了便道上……他的胆切除了，他的肝硬化了，他的动脉也硬化了，心脏……他自己说："除了妇女病，我什么病都有。"

看牙齿、看眼睛、看耳朵，大夫都说是"退行性……"，换言之"零件老化了"。是啊，什么机器用了八十年，零件能不老？医生三番五次地提示他："脑力劳动也是劳动！"还几次义正词严地警告老爸："千万不能太累。"

有时老爸偶尔也会说："这本书搞完了，不干了！"开始听他这样说，我相信了，还曾为他幡然醒悟而兴高采烈。那年老爸的生日，我特地自制了一张贺卡送给他，上面写了："祝老爸明年不再出书！"可是事实上他一点儿也没有停下来，仍旧整天忙忙叨叨、一刻不停。这样被老爸愚弄几次以后，我终于明白了，"不干了！"只不过是老爸"太累了！"的另一种说法而已。和真的干不干没有关系。他出书就是为了送人，他的每本新书出版了，他自己买两三百本送给朋友。

他看着楼下的老人们练剑、跳舞、散步、下棋、打麻将……他也挺羡慕，但是我心里明白，老爸根本做不到。健康的需要，在老爸心里完全不是那么回事，其实老爸是工作的时候才觉得充实。真实想法是："不干活，活着多没意思！"

所以八十岁的老爸从不锻炼身体，基本不下楼、不走路；根本不做操、不跑步……大夫和朋友们建议他的体育锻炼他一样也不做，他做的只是保持健康心态。

老爸保持青春、保持健康的格言是"从不锻炼"。有位记者这样写过："高莽不忌讳谈死。""生与死的思考其实没那么玄妙，历史的沧桑、岁月的尘埃最终化为温暖的记忆，包围着这位老人。"

但是老爸永远有好多好多的安排，永远有干不完的事情，他一个计划接一个计划。他每天的日程总是排得满满的，他从没有停止手中的笔。

他的《高莽译文集》《我画俄罗斯》《故乡·亲友·远行》《墨

痕》还没出版……

他的《历史之翼——高莽人物速写集》《众人说……》《游记》还没编完……

他的帕斯捷尔纳克的小说和阿赫玛托娃的诗还需要再译……

他还在继续答应别人的求画、求字、求印……

八十岁老爸还在关注着国内外大事，还在研究俄罗斯文学，还在不断地追求他的人生目标，还在继续认真地做好他答应的每一件事。

八十岁老爸依然开朗热情，依然会给人带来快乐，依然不时冒出只言片语逗笑他身边的人，依然爱世间一切美好的事物。

老爸是一个在生活上马马虎虎、不懂健康、顽固保守、迷信胆小、糊涂健忘的"老痴呆"，是一个普普通通的人。

老爸又心态平和、豁达乐观、体贴宽厚、诙谐幽默、勤奋简朴、淡泊名利、不断进取，是一个不同寻常的人。

老爸永远是我们家的"魂"。

老爸的激情与浪漫同在。老爸一直也没有停止攀登。老爸永不掉队。

这就是我的老爸。

写于2006年老爸八十大寿前夕

宋晓岚，高莽和孙杰1953年响应党未来的号召的独生女儿。在家里从事多种职业：清洁工、采购员、炊事员、速递工、护士、医生、打字员……还是礼宾司官员、秘书处处长（处员空缺）等，自诩"里里外外一把手"。

童心

宋晓鉴

我从小就认识高莽，因为我和他是一家人。我爸爸是高莽的亲哥哥，那么，我就是他的亲侄女，但是才子高莽永远也搞不清这样的关系，给别人介绍起来——"这是我的亲戚。"

小时候，我在天津上学，寒暑假和所有的闲暇节日大部分是到北京度过，一是因为从事公安工作的父母工作太忙，而且越到大众休闲时期也正是他们的工作高峰期，无暇顾及放假在家的我们，把我们送到北京由奶奶照顾是他们最放心的。更重要的是，我们也都喜欢到北京来，从学期的一开始，就计划着下一个假期的时间了。因为，这里有可亲可爱，总是在干活，不知道什么时候吃饭、什么时候睡觉的奶奶；有总是有意想不到的新花样出现、总是兴致勃勃地干每一件事情的叔叔；有细心安排好一切的婶；有周围总是围绕着一群小朋友、发动他们帮助我完成寒假和暑假作业的姐姐；还有那具有神秘色彩的四合院、假山、葡萄架、藤萝架、大枣树，开在窗根下喷香的花、院子中间对角铺设的镶嵌着石子花纹的方砖。空气中都弥漫着轻松、悠闲的生活气息。

高莽叔叔没有家长或长辈的威严，与我们这些孩子的关系都是很平等的。长大以后知道他当时从事口译工作是相当紧张的，但是当时我并没有感觉到。他带着我们到藤萝架或葡萄架下或花前月下摆谱照相，看着他到大街上写生，到复兴门外的小河里游泳。我们每次来，他只要没有出差，都要饶有兴趣地打听我们的一切，问我这次有什么打算，想要到哪里去玩儿？还有什么地方没有去过？或者给我们提出建议，应该到哪里去看看，给我们计划好第二天的时间。清晨，婶上班之前就会给我们一个详细的出行建议，包括如何乘车，在哪里换乘，详细到换乘时向哪个方向走大约多少步，下车后向哪里走，当地有什么明显的标志，也就是现在所说的地标性建筑等，要去的地方几点开门，几点关门，从家里出发大约需要多少时间，等等等等。直到确认我们已经明白了。当时我还不能体会，能把路径描绘得如此清楚其实是需要很惊人的记忆力和观察力的，尤其像我这样的"路痴"，不得不佩服。那时候没有电话，迷路了无法给家里打电话求救，我记得最牢的一个办法就是记住走过的路，原路返回。

叔叔休息在家的日子是我们最感惬意的日子。一切都变得很好玩儿，他干什么都很投入、很快，不经意的计划使得他能够同时做几件事情，包括做饭收拾房间这样的生活小事都安排在了他的大事业之中，听不到他抱怨过哪件事情是他所厌倦的，让我感觉他干什么都好像是在玩儿，像孩子一样有用不完的时间。

他工作不模仿，按照他自己的需要和审美创造他的世界。他带着好奇心学习研究他所感兴趣的东西。"文革"时期，环境不准许他读书作画，他就干木工，做家具。我记得他向婶的后辈——一位哑巴木匠学习木工手艺的专注表情。叔叔的手很巧，干什么像什么，他给自己设计的沙发床独具匠心，一床多用，平时是单人床、沙发，人多的时候还可以做双人床，床下是可以移动的储物箱兼做床凳，床旁的木格子架，可以很方便地取用他的书籍和摆放他的宝贝工艺品。三十年来没有出现过任何质量问题，多次搬家挪动也不会散架。因它的个

高莽为宋晓鉴画的速写之一

性化而不显老旧，家里人和朋友们的很多照片都是用这个永远时髦的"百宝架"为背景拍摄的。

我至今不舍得丢掉的是叔叔与婶合作为我缝制的一条花裙子。那是七十年代初，大众向往着美又还不能认可超出流行款式的服装，做裙子的布料可以接受的是若隐若现的花纹，白底或浅底色，叔叔买来的花布是浓重的紫红色底，深黑色乱条纹，包括奶奶和婶婶在内，都认为难看，主要是特别不适合做裙子用。叔叔却认为做成短裙一定很好看，坚持让婶做出来试一试。婶根据花布的式样，设计成镶嵌了黑道的两截式短裙，还记得我焦虑地等待着裙子降生的过程。婶做了拆拆了做，总是不满意。裙子最后诞生几乎用了一个星期的时间，我忐忑不安地穿上它上街，其实不知道它是否好看，当时我的标准就是大家的认可。新裙子得到了极度的赞赏，正因为如此，整个夏天我几乎再没有穿过它，它被同学们借去当作样品流传，直到第二年的夏天，周围都充满着款式和花样雷同的复制品。

我十一岁除夕前，叔叔出去理发，因为除夕前人很多，他认为等待理发纯属浪费时间，拿出推子问我敢不敢试着给他理发，并且强调说理发其实很简单，鼓励我在他的脑袋上试一试。那时候我浑不懂事，什么都敢答应，在他的脑袋上动手之前从来没有摸过理发推子，也根本不明白发型对于一个从事外事工作的人是多么地重要。我拿起推子在叔叔的头上连夹带揪，搞得头上黑一块白一块的，无法收拾，我后悔，害怕得哭了，简直无法收场了。叔叔并不着急，还不断地对着镜子指指点点告诉我应该在哪里下推子，说："你就大胆地推吧，没关系，出去时我可以戴上帽子，只要短了就可以。"幸亏邻居一个大哥哥来了，给高莽改造了一个超短的但还算整齐的发型。我那时觉得，那位大哥哥真是救命恩人呀。

正是因为他有一颗童心，使得他做任何事情都像孩子全心身地投入，不论事情本身是否值得，只要他觉得好玩儿。和叔叔一起做事情，感觉是紧张的，脑子要不停地跟着他转，他的思维敏捷，变化多端，没有固定的模式，而且很注意细节。我稍不用心就有被他指挥得团团转的感觉，但当用心地和他一起干事情的时候，就会感觉非常地愉悦和享受。

小的时候，我曾经和他一起给岚姐用纸浆制作鸡蛋皮装饰的盒子，为小崴妹妹制作跑马灯。他用气球恶作剧式地制作成"牛皮"，并给我们出谋划策如何引诱喜欢"吹牛"的小崴妹妹去吹，然后抓拍"牛皮"吹爆的一瞬间的照片，让我至今想起忍俊不禁。

叔叔曾经给我画过几次像，第一次是在我二十五岁的时候，记得当时他一边画一边说："我给几个小姑娘画像，都是很快就结婚了。"搞得我那段时间总想把自己快些嫁出去。第二次画像是1997年，我情绪最低落的时候，我不能从爸爸去世的阴影中走出来；工厂倒闭了；我开的书店也垮了，无事可做，心情灰暗，感觉自己十分无用。那年生日，叔叔为我在日本纸上画了像，又在画像的后面题字："你的心灵 有声有色；你的精神 无私无畏；与你相处 只有自豪；你是女神 女性之最。"我感觉自己好像真是个"天仙"了。从那天起，我才开始自信了起来。最近的一次是在我五十岁生日的那天，岁月留痕，我能体会到叔叔想尽量地画得美丽一些。

2003年春节前，我家的小狗小白丢了，叔叔看我心痛的样子，送给我一张大画，身穿红衣服的我在白桦林中牵着三只小狗，并在画上题字："白桦林和狗是宋晓鉴的梦 是她的世界"。很多次我心浮气躁的时候看这幅画，平和了许多。

实际上，我不能明白地区分他所做的哪一件事情是属于工作范畴，哪一件事情是出于"好玩儿"，我总觉得他的许多作品就是在游戏的过程中诞生的。他关心身边的每一个人，他的许多创作来自才情不可阻止的迸发，孩子不能没有游戏，童心高莽也不可能让他停止工作，工作后的高莽，就像游戏后的孩子一样愉快，虽然累，虽然也许没有价值，但他追求的不只这些。

写于2006年

宋晓鉴，高莽的侄女。

当我对伟人满怀景仰时

宋立崧

当我对伟人满怀景仰时，

家中的伟人就是在社会上被承认的成功者。

那时，看到的是：

能够与国家领导人的活动联系在一起；

能够在中国著名的历史事件中起作用；

能够出现在主流媒体的报道中；

能够在各种公开刊物上读到他的文章；

能够出席有影响的外事活动；

能够在中国最大的会堂里展出作品；

能够被文化最高殿堂收藏墨迹；

能够让著名的历史人物签名留念；

能够在重大活动中讲演和抒发心曲……

当我知道伟人也是平凡人的时候，

家中的伟人让人记住的是生活中的点点滴滴。

于是历历在目的是：

自制家具时，认真细致的工艺要求；

饭后收拾碗筷，将桌子擦拭得明亮到各个角度看都没有污迹；

包裹器物时，一件一件的工整有序；

读书时，专注到不受嘈杂家务影响；

询问时，对任何细小的问题都尽可能刨根问底；

聊天中，注视对方并可指出对方多种体貌特征；

娓娓道来的生活描述中，可以充满智慧的判断；

不经意中谈论的尽是人生的哲理……

于是，我想到：平凡人做平凡事不一定伟大，

但伟大的人做平凡事一定"不平凡"。

远远的大人物留给我们的是光环，

近近的人让我们记住的是

活生生的行为和日常的语言。

也许正是做每一件事的不平凡，

造就了人生的不平凡，

造就了成功，

造就了伟人。

我很幸运，有这样一位不平凡的叔叔——高莽。

2006年10月25日叔叔八十大寿时

宋立崧，高莽的侄子，1957年出生，1982年毕业于中国石油大学开发系；1982—1990年在天津渤海石油公司工作；1991—2017年在中国海洋石油总公司任职；2017年4月退休。

说说我的叔叔高莽先生

宋晓崴

我从小就很喜欢叔叔，因为他特爱逗乐儿。小时候放暑假时，我常去北京叔叔家跟奶奶待些日子。每当见到叔叔，我就知道又要开始笑了。那时我的头发长得又粗又硬又长，叔叔说：剪下来给我家当地板刷子吧。九十岁的奶奶喜欢边看电视新闻边对国际大事发表评论，叔叔说：真遗憾呀，你奶奶没嫁给个美国总统。

我在体校练游泳，叔叔做了一个走马灯笼送给我。他在上面画了神气十足的我预备跳水，然后飞身一跃，一头扎进了鲸鱼的肚子里，姐姐哥哥全力相救，我才得以脱险。有一年我生日那天，叔叔在气球上画了个大牛头。我在哥哥姐姐的纵容下使劲地吹那个气球，只听"啪"的一声，牛皮被我吹破了。

我也特别佩服叔叔的多才多艺。叔叔曾说他是爸爸他们兄弟四人里受教育水平最低的一个。他的哥哥每人至少有个大本文凭，他自己却只有高中毕业证书。尽管如此，叔叔却神奇地既能翻译又能写作，既会画画又会雕刻，他的摄影作品的水平也相当高（当然，都是老式过时的黑白照片），而文学编辑是他赖以养家糊口的官方工作。我并不完全清楚叔叔的这些本事究竟是怎么学到和操练出来的，也不知道是不是因为艺术相通，所以艺术家都是这样心灵手巧。但叔叔的确是唯一一个我有机会亲自认识和了解的艺术天才，也是我们这个学者成群、牛人辈出的大家庭出产的一位真正的艺术家。

像几乎所有知识分子一样，"文革"时期，叔叔不幸必须远离他所热爱的工作，改造思想，但他也因此获得了一些可以自由支配的宝贵时间。记得我曾跟他一起骑车去美术馆、出版社送画稿、书稿，披着紫色的夹被或长袍给他所画的燕妮·马克思当模特儿，陪他站在华灯初上的雨中街道旁写生，随他拜访住在天津的画家、作家、翻译家朋友。

叔叔是个闲不住的典型。坐那儿聊天，他多半要掏出笔和纸，给对面的人画个速写。休假在家，他大概会操起工具，自己糊一个鸡蛋皮工艺品盒或者是打一件家具。叔叔相当实在，不善客套，不喜做作，不屑虚假。他吃饭极不讲究，无论吃什么都稀里哗啦地飞快吞下。他待客也非常随便，有时来访的亲朋好友赶上了饭口，他就把人家留下，也不管家里有没有好吃的。仅黄瓜丝拌麻酱面这种最简单的家常便饭，我就帮他端过好几次，连当时小小的我都觉得很寒酸。

叔叔有一颗善感的体贴的慈爱的心。他对我年迈的奶奶、瞎眼的婶婶的长年日久的陪伴和无微不至的照顾，使每个了解内情的人都无法不由衷感动。叔叔却把这视为最自然而然的事情，视为责无旁贷的义务。那是他心甘情愿的人生选择。他不觉得自己的做法多么高尚，不觉得自己因此浪费了时间和才华。相反，他从中所体会到的是自己对亲人感情上的依恋，是自己心灵上的慰藉，是自己精神上的支撑。我觉得，当叔叔看到自己最亲爱的母亲和妻子快乐幸福地生活着时，他感到无比充实和满足。

叔叔敏锐的观察力和洞察力也是我所不能不说的。在平时的言谈话语中，他对人对事的很多看法和评价，都给我留下了深刻的印象，并对我的思想和行动产生了指导和影响作用。记得我刚开始谈恋爱时，叔叔告诫我说：一个人本质上主要的东西这时候都已经形成了，不要试图通过爱情改造对方，而该观察判断一下能不能接受这样的他。十几年前我出国留学的时候，叔叔对我说，你这一走，多半就不再有机会和你爸爸好好告别，要做好思想准备。谈起我婚后在国外的家庭生活，叔叔说，如果双方不能在事业上一起奋力拼搏，对方照顾好孩子和家也是非常难能可贵的。这些忠告在我看来属于英明，后来也一一被事实证明确实如此。特别是在父亲去世时，我果然没能赶上见他最后一面，成为我心中永恒的痛。长期以来，遇事时我常会想：叔叔知道了会怎么看？也常习惯性地问生活在他身边的姐姐们：对这事儿叔叔是怎么说的？

叔叔喜欢忙碌。不知疲倦地工作对于他来讲不是劳苦，而是享受。这是我特别能够理解他的一个地方。现在叔叔非常非常忙，远在万里之遥的我可以相信，他同时也非常非常快乐。在目前这样可以大干一场的好时光，我祝愿叔叔工作顺利，不断出活儿，为后代、为中国、为人类留下更多的优秀作品。我也希望叔叔多多保重身体，劳逸结合，为后代、为中国、为人类健康地多活些年。

这就是我的叔叔高莽先生。在我的心目中，他不但是一位多才而又勤奋的艺术家，更是一位极富人情味儿的、极具人格魅力的、睿智的长辈。

2006年10月写于高莽八十大寿

宋晓葳，高莽最小的侄女，旅居加拿大的学者，现为菲莎卫生局高级临床科学家。

叔叔画的小时候的我

叔叔给我做的灯笼

悼念我的叔叔高莽先生

宋晓崴

2017年10月6日，温哥华的天阴沉沉的。清早我便收到姐姐的短信"高老走了"。我整个人一下子就蒙住了，不明白叔叔怎么可能这么快就离开了我们！自那刻起，像是有块大石头一直堵在我的心里，隐隐作痛。

高莽是我的叔叔，是我爷爷奶奶最小的儿子。小时候我每次回奶奶家，总能见到叔叔。我跟着他遛弯，拜访朋友，听他讲道理，给他当绘画和摄影模特。叔叔学问大，又和蔼睿智，还特会逗笑，我从小就爱他，崇拜他。我的父亲和姑姑伯伯们都走得早，二十多年来，叔叔是我父辈中唯一的亲人。

去年10月，我回北京给叔叔贺寿，见他九十高龄，虽身患重病，却神采奕奕，笔耕不辍。当时，中国书籍出版社刚刚出版了张期鹏编著的《高莽书影录》，我很喜欢，让叔叔题赠我。他画上我的头像，边画边说不像，我说挺像的啊，他便在画旁题上"像不像小崴说了算"——这是叔叔最后一次为我画像。今年5月，我回国开会，从杭州给叔叔买了丝绸睡衣，岚姐说试试合身不，叔叔拉着我的手，打趣说"你姐姐让我穿着花睡衣接待外宾"——这是我最后一次握住叔叔的手。

叔叔说他画得不像
我，我说他画得像

　　就在半个月前，9月21日，姐姐发短信告诉我：高老可能快不行了！当时我的两个姐姐及其他家人四处奔波跑医院，但因为他的病情严重，加之年事已高，叔叔被收住院已近乎无望，姐姐们犹豫实在不行就让高老在家吧，挨一天算一天，不折腾还能少受罪，实在挺不过去时再送急诊抢救。我读了叔叔的血象报告，担心他业已时日无多；再看叔叔当天的照片，他依在婶儿的病榻边，虽身体瘦弱，但目光清澈，笑意盈盈。我不相信这该是叔叔的最后时刻，千方百计地让他住进了医院，坚信现代医学能帮他度过此劫。叔叔像以往一样豁达开朗，在病房里还说"医生给我治病说明还有希望"。可惜，谁都无力回天，只是我没想到啊，我没想到，没想到这么快就会失去他！早知如此不如当初让叔叔留在家里，或许那样他的生命就可能仍在延续？

　　叔叔的人生精彩而充实。他一生忙碌，从未虚度光阴，现在是时候好好休息一下了。唯愿他在另一个世界里依然幸福。而我，从此回国探亲再也见不到亲爱的叔叔了！每当想到这里，便不禁泪流满面……

2017 年 10 月 9 日

关于外公高莽与死亡间的几片记忆

徐枫

"我就要死了！"外公对我说这句话的时候，认真地盯着我的眼睛，而在我们之间的桌子上，放着庆祝他九十岁生日的蛋糕。

我忍不住大笑起来。

"你总是这么说！这已经是你第二十七年在生日时说这话了。"我装模作样地掐指算了一下，其实我根本记不得是第几次了，数字是我随口编的。但是，我确实记得外公第一次说这句话的样子，那时候我六岁，突然间意识到什么叫作死亡，我偷偷哭了很久。

我的外公高莽先生，算是小有名气，翻译家、画家、作家、社科院荣誉学部委员之类的，也是个著名的喜欢开玩笑的老头儿。但是最了解他的人才知道，这一切都是他的伪装，内心里他是一个特别惧怕死亡的老人，证据就是，他总是把死亡挂在嘴边。

"某某死了，他比我还小两岁呢。"大概是1988年，他如此对我说。原因是在一个月之前，他的老同事，社科院的一位老专家去世了，享年六十三岁。据说他是趴在书桌上睡着了，第二天早晨他夫人看他还在那里趴着，想过去给他披大衣，才发现人已经没了。高先生很受触动，难过了很久，之后他更加拼命地干活，每天晚上伏案工作到凌晨两三点，日日如此。

高莽和徐枫夫妻

"你不怕累死啊？"我问他。

"我更怕活儿干不完啊。"他看着六岁的我苦笑着说。可是对于一个翻译家来说，什么才叫把活干完呢？译尽天下文章？我回答不了。

差不多也是那时候起，外公不让我叫他"姥爷"了。他觉得第一音同"老爷"，像旧社会，不好。再说，他也很喜欢一个八九岁的小孩，在大街上没大没小地对他"高先生、高先生"地喊着。他在八十年代死板陈旧的街道上，穿着扎眼的红色夏威夷衬衫，拉着我的手，享受着人们投射来的异样目光。那个六十多岁的老头，总会像这样在不经意间流露出来艺术家的心。

再后来，外公每次说他要死了，我也就习惯了，对于他来说，必然到来的死亡，是一种适当用来玩笑的极好内容。甚至于每当他说起"我要死了，今年就要死了"，我总是忍不住大笑。我想，他是永远不会死的，对吧。

九十岁生日过完，母亲和我商量要把外公送到医院，我欣然答应了。我跟母亲说，没事的，你看外婆前年住院，大家也是紧张兮兮的，现在还不是一点事情都没有。我和母亲说这些话的时候，外公正坐在外婆床边念书给她听，他似乎没听见我们在说什么。给外婆念书，是他最近一年新增加的习惯，有时是小说，也有他最近翻译的诗歌。外婆躺在床上，静静地听着。她已经失明二十年了，分不清白天黑夜，记忆也是模模糊糊时好时坏的。她甚至不知道，外公因为肝部腹水，已经如同孕妇一般挺着大肚子，她看不见，她真幸福。

还是1988年，那时外婆的视力受到青光眼和白内障的影响，已经开始减退。但是为了帮助外公翻译稿件，她还是很吃力地左手拿着一只硕大的高倍放大镜，右手誊写外公的稿件，只有这样，她才能看清外公硕大的字体。外公偷偷跟我说，外婆的眼疾是从她母亲那里遗传的。外婆的母亲是银行家的大老婆，丈夫娶了姨太太之后抛弃了她和两个孩子。年纪大了犯了眼病没有人管她，她瞎着眼睛做饭，趴在灶台上用大笊篱捞大锅里的面条，两只手烫得都是泡。这个景象在外婆的记忆中盘旋了一辈子。

所以她越是视力不好，越是试图找活给自己干，誊写稿件、做饭、洗碗，无论怎么劝她也不听。外婆不想给任何人添麻烦，她希望自己"有用"。

外公偷着跟我说，关于死亡他并不害怕，但他很诚恳地祈求，能走在外婆后面，他怕走了之后外婆没人照顾。也是那几年，外公的字写得越来越大了，他怕外婆看不清，一直到外婆双眼彻底没有光感为止。

相比起来，外公的童年过得更加幸福一些，家里的条件能支持他上学。不仅如此，外公喜欢画画，当时教他绘画的老师科列缅季耶夫是俄罗斯绘画大师列宾的学生。高先生一生都在画画，刚一毕业因为他俄语好，又会画画，就被招聘进入杂志社，画讽刺漫画，翻译进步

外公就是这样完成他的画作的

高莽先生正在画《巴金和他的老师们》

文章。我曾经问他那时候是否想过被抓，被日本人，或是国民党。他当时回答我，天天有人被抓，可是还没轮到他东北就解放了。

解放后外公就一直画油画，"文革"时不敢继续画了，一则怕指责成苏修特务，另外外婆对油画材料味道的过敏越来越严重。于是偷偷烧了所有的画板、画笔和松节油，开始改画国画。

还是因为画画，他早在五三年就被批判过，是因为他的一幅漫画，讽刺了当年大拆大盖重复浪费的建设方针，甚至有位记者说，高先生是新中国文艺界被批判的第一人。当时带头批判他的人是华君武先生，外公回忆说，当时到处检讨、道歉，过了很久才平息。不过他也说，当时幸亏有这件事，华君武给他提了醒，在后来动荡的日子里，他才算平平安安地度过了，否则以他的性格，不知道会被安上什么样的罪名。高先生和华君武先生一直关系很好，到华老去世前半年，我陪高先生去探望，两个人还说起这个事情来，都是大笑。华老还记得第一次上门找高先生的时候他家里的门牌号，可当高先生给华老画了一幅素描，请他签字的时候，华老无论如何也想不起来7月4日的"日"字怎么写了。回家后高先生无限唏嘘，说怕没多久和华老相处的机会了，果然被他言中。

九十年代初，高先生突发奇想，想画一幅大点的作品，当时家里房间很窄，没有地方，于是他把宣纸铺在地上，自己半悬着趴在床上，光着膀子画了几个月，终于画成了关于梅兰芳先生的大型群像《赞梅图》。看着图上二十几个西装革履，衣着光鲜的伟人巨擘，谁能想到，却是画家本人在酷暑中，只穿裤衩背心完成的作品，因此每次看到这幅作品，我总是感到好笑。

如此艰辛完成的大幅作品，印象里高先生一共只有两幅，剩下的大多是随手拈来的灵感。经常是在吃饭或闲聊时，他突然来了感觉，随手抓起一张纸板或是在随便一块能作画的物件上就画起了素描。所以家里很多亲友的肖像，至今仍呈现在月饼盒上、一次性纸盘上，甚至修改过的稿件的背面。

"以后这些都留给你。"他说，然后幸灾乐祸地看着我对着一堆废纸盒子发呆。

"文革"的时候高先生也没停止创作，那时不能写作，不能翻译，也没有条件作画，于是他就自己开发材料。他用染了色的鸡蛋皮画过秋日里的枫树，用棉絮画过自画像，还用干校里断了的镐把儿，雕刻了一个鲁迅的头像，这些作品至今还保存在家里。

"你那时候想到过自杀吗?"我问他。

他想了想很肯定地对我说："从来没有。"

九十一岁生日的前一个月，外公终于同意住院了，在我的记忆里，他的身体一向不错，这是他第二次住院。

外公住进医院之后的情绪很差，脸色也发灰，似乎总有想说的话，又说不出来似的。我跟母亲和小姨商量，想着尽量跟医院沟通，看手术是否能解决他现在肝部的问题。医生踌躇再三，最后很慎重地给我们出了一个方案，并且再三强调，老人的年纪已经这么大了，肯定会有风险。我们还是同意了，因为当我们把方案说给高先生的时候，感觉他的脸整个舒展开，又焕发出光亮了。

高先生并不惧怕死亡，但他热爱生命，也热爱生活。自从离休之后，他像是解放了天性似的忙碌起来。在2000年之前，他更多的是埋头翻译，比较少画画，那时候他还能往返骑十公里的自行车去接我。可到了新世纪，他反而因为年龄原因，翻译得越来越少，画画越来越多，家里的自行车也早就不知道丢到哪里去了。我印象里他最后一部下了大力气的译作是1997年前后翻译阿列克谢耶维奇写的《锌皮娃娃兵》，我也有幸成为了这部译作的第一个中文读者。

外公和阿列克谢耶维奇二十世纪七十年代就认识，之后偶有见面，但是书信往来不断。也正因如此，2015年，当阿列克谢耶维奇获得诺贝尔文学奖之后，家里的电话几乎成了热线，很多记者来电话问的第一个问题是："高老，这人是谁啊？"之后，还是托这个白俄罗斯女记者的福，高老的译作在《钢铁是怎样炼成的》之后，又一次地回到了书店一进门第一排的位置，我也有了跟同学和朋友吹嘘的资本。总是假装不经意地拉他们逛书店，然后惊喜一样地说："看！这是我姥爷翻译的。"有时候我会忍不住想，假如我外公不是一个俄文翻译家，又或者中俄之间不是在我外公最为成熟稳定的那段时光交恶，或许他能取得比现在更大的名气。当我把这个想法跟他说的时候，他只是笑笑，并不在意。

千禧年之后，外公的翻译工作重心更多地转移到翻译和整理诗作上，他爱普希金，更爱阿赫玛托娃，他去拜访了高尔基和托尔斯泰的墓，之后在莫斯科新圣母公墓和其他类似的公墓徘徊了很多天，在那里他遇到了许许多多熟悉的面孔。他把他们的陵墓写下来、画下来、拍摄下来，整理成一本《灵魂的归宿》，用这种方法他回忆了很多老朋友，也认识了许多新朋友。他说写这本书是因为他觉得墓碑很漂亮，应该让国内了解一下俄罗斯的墓园文化。而我猜他终于通过墓园触摸到了死亡的意义，肉体的死亡，是灵魂的永生，生而向死，向死而生，是人类无法摆脱的宿命，也是一种境界。高先生又开始拿死开玩笑了。

一天又一天，高先生就这么紧凑地生活着，画画、翻译、写作、会客、采访，好像他每天都有不重样的工作要完成，你很难不羡慕他的充实。手术完成之后他醒了，我笑着跟他聊天，跟他聊阿赫玛托娃、聊列安德烈耶夫。他并没有提起他就要死了的事情，但是母亲跟我说，外公在半个月前自己要求去理发馆剃掉了蓄了两年的胡须，并去照相馆拍了白色和蓝色背景两张证件照，选了黑色的衬衫，系住领口的扣子。

我躲进厕所想哭，但忍住了，镜子里的人已经不再是六岁了。

五天之后的葬礼上，我也没哭，礼貌而克制地感谢了每一位来宾，那时候我想，也许他就是在训练我，让我理解和接受关于他死亡的一切。我对所有来宾说："他享受了他的人生，请不要为他幸福而充实的一生哭泣。"这句话明明是我在车里号啕大哭时想到的。

全家人从火葬场回家的时候，外婆依然躺在床上，她并没注意到外公没有回来，她真幸福。

回忆外公人生的最后一年，他确实添了很多新的毛病。他不再热衷于伏案工作，而是一天天地趴在外婆床前，念书给她听。他经常坐在沙发上发呆，你问他在想什么，他却几乎听不见你的话，只能凭借口型猜测。以前很少下楼的外公，甚至要求母亲每天陪他出去散步，一个六十岁的老人，陪着一个九十岁的老人，在花坛前从春天坐到夏天，后来外公只能坐在轮椅里被推下楼了。

外公住的小区里栽满了银杏树，外公非常喜欢。可是当秋天到来，金黄色的银杏叶子纷纷飘落的时候，那个我最爱的人，再也没有回来。

2022年3月17日

徐枫，徐永强和宋晓岚的儿子。

"老虎洞"的艺术家

不安的灵魂归宿何处
——读高莽《灵魂的归宿：俄罗斯墓园文化》

邵燕祥

高莽的这本书，同蓝英年的《寻墓者说》，都主要写了俄苏文艺界的一些"旧人旧事"。不同之处，蓝英年是虚写其"墓"，高莽则大多是曾亲去墓前凭吊祭扫，在文边配了这些墓前纪念碑、雕塑像的照片。

高莽把他的书题名《灵魂的归宿》，然而我以为，他写到的许多死于非命或受尽苦难的不安的灵魂，生不安枕，死不瞑目，"应有未招魂"，怕未必能算在公墓一角就找到了归宿。

女诗人安娜·阿赫玛托娃，年轻时丈夫就遭镇压，后来本人又被日丹诺夫点名批判，坎坷终身，她的土坟上覆盖着石片，坟前有一堵石块垒成的墙，据说象征着监狱，坟头上竖着黑色铁铸的巨大十字架。高莽说他面对这苦难铸成的十字架陷入沉思："她来到世间，接受了苦难，又背负着苦难而去。她是母亲中最可怜的母亲，她是妻子中最可怜的妻子。"高莽说："那个时代对她太残酷了！"

"那个时代对她太残酷了！"这句话也适用于这本书里写到的大部分墓主。

书中涉及的二十二位文学家，都是我们比较熟悉的，高莽还写到

2017年9月11日邵燕祥和高莽拍摄于高莽寓所"老虎洞"

了十五位艺术家，五位汉学家，八位其他各界人士。

如在二十世纪二十年代至三十年代与斯坦尼斯拉夫斯基齐名的大导演梅耶荷德（1874—1940），他提倡现代艺术，追求创新，深得国内外部分舞台艺术家钦佩，但为苏联当局所不容。下面是高莽为他和他的妻子、话剧演员赖赫（1894—1939）开的一份时间表：

1937年12月17日，联共（布）中央机关报《真理报》刊出《异己的戏剧》一文，辱骂梅耶荷德的艺术探索。二十天以后，1938年1月7日，苏联政府艺术事业委员会通过决议：查封以梅耶荷德为名的国家剧院。那一天，赖赫在舞台上第七百二十五次，也是最后一次，扮演《茶花女》中的主角玛格丽特。她在梅耶荷德剧院工作十三年，创造了十几个使人铭记在心的角色。

1938年6月20日，梅耶荷德出差到列宁格勒，突然被捕。同一天，他在莫斯科的寓所遭到搜查。赖赫在搜查证明上签了字，同时附了一句：搜查人员，"蛮横无理"。

二十四天以后，7月14日凌晨1时，赖赫在家中遭人杀害，身上留下十七处伤口。寓中没有遗失任何东西，当局通知赖赫的子女：四十八小时之内腾出寓所。搬进去的是贝利亚的司机和贝利亚手下的一名女郎。1940年2月2日，根据苏联内务人民委员部主席贝利亚的批示，梅耶荷德被处决。

斯大林统治下的苏联，是贝利亚们的乐园．而像梅耶荷德夫妇这样的遭遇，"文章憎命达，魑魅喜人过"，竟是千百万正直敬业有思想有个性有创造性的知识分子的典型命运，专制主义的极权统治是一切思想者、知识分子和文化人的天敌，是人类进步的天敌。

高莽写到的汉学家中最年轻的一位，维克托·彼得罗夫（1929—1987），对中国十分友好，他研究鲁迅、瞿秋白、巴金、老舍、郁达夫……著述等身，受同行们尊重，受同学们爱戴，但一直是大学里没有任何职称的老师。原来，1950年代初，他在大学读书时便爱上了艾青的诗，他的学位论文选题为《论艾青》。为此，他对艾青的诗歌创作及生平事迹作了全面研究。谁料在准备论文答辩时，校方忽然通知他，艾青在中国被宣布为一个"反党小集团"成员，因此要求他改换题目。彼得罗夫经过一番思考，决意不改。他向校方表示：我可以不要学位，但我不能背叛学术良心——这就是为什么在事隔二十多年后，高莽与他重逢，听说他身体不好，关心地问他病情，他没细说，却殷殷打听中国老一辈作家在"文革"后的情况，特别是艾青。

可惜彼得罗夫已经在1987年，以五十九岁过早地逝世，然而他不肯违背自己良心，不惜牺牲"功名"的士节，值得我们永远纪念。

高莽书里还介绍了风格不俗、很有特色的赫鲁晓夫墓。那墓碑由黑白两色花岗石交叉组合，两者中间托着完全写实主义的赫鲁晓夫头像。这一墓碑的设计者是著名的现代派雕刻家涅伊兹韦斯内，在这位雕刻家和赫鲁晓夫之间还有一段"官司"。

1962年，赫鲁晓夫率领党政领导全班人马参观莫斯科美协成立三十周年的画展，看到一些非现实主义的作品（其主要作者是涅伊兹韦斯内），就以粗野的话训斥他，而他也毫不示弱，跟这个大人物顶撞。赫鲁晓夫骂他吃的是人民的血汗钱，拉出来的是狗屎；涅伊兹韦斯内反驳赫鲁晓夫，说他根本不懂艺术，是外行，是美学领域的文盲。

赫鲁晓夫下台以后，想和文艺界缓和关系，邀请挨过他批评的文艺界人士到家中做客。他三次邀请涅伊兹韦斯内，涅伊兹韦斯内都没有去。

赫鲁晓夫去世后，赫鲁晓夫的儿子找到涅伊兹韦斯内，请他为父亲设计墓碑，雕刻家表示同意，但提出条件：按他自己的想法做，别人不得干涉。他后来才知道，请他设计墓碑是赫鲁晓夫的意愿。涅伊兹韦斯内设计的墓碑，最后成为一件吸引广泛注意的作品。墓碑的构图费人疑猜，诱人思考，而雕刻家与赫鲁晓夫的关系，也给人以深长的启发。

2002年7月25日

邵燕祥，诗人，作家。

庄严与凝重之美

——致高莽

李瑛

　　高莽同志：春节期间收到你送我的一份十分厚重的礼物，衷心感谢你。我手捧着你送我的这份礼物——这部大书《墓碑·天堂》，我说它十分厚重，不单是指它三四百页、大型开本、纸质极佳的分量，更主要的是说它庄严肃穆的主题、深刻的思想、巨大的美和凝重的情感。这部在《灵魂的归宿》一书基础上做了极大删减、补充，且又重新调整、编排的新著，更完整、更丰富、更充实，也更显珍贵了。

　　你在书的封面上写了一句表达本书主旨的话——"向俄罗斯84位文学、艺术大师谒拜絮语"。真要感谢你，带领我们向这些璀璨群星表达我们深深的崇敬和怀念。你在书中所收的众多人物，特别是我最早就接触到的作家和诗人，如普希金、莱蒙托夫、屠格涅夫等的著作，我是在北大读书时从图书馆借来读到的，但更多的稍晚些的作品，特别是表现苏联反法西斯卫国战争时期的作品，我大都是从进步同学那里辗转借来，如饥似渴地秘密读到的，有些还是解放区用粗糙土纸印刷的简陋的小册子。

　　正是它们，教育我们认识了社会和人生，进一步提高了我对爱国主义思想的认识和对和平的热爱。我渴慕解放、自由和真理，我喜欢读英雄人物的书，就是那些发生在遥远的欧洲反法西斯战场上的许多震撼人心的故事，故事里的情节和细节，增强了我对人民与和平生活的爱，以及对敌人的恨，比海菲斯特斯的铁锤将普罗米修斯钉在山石之上还牢固。为人类的尊严，苏联人民即使在最艰难的时刻，也没有放弃过胜利的信心。是他们，引导我走上了革命的道路。新中国成立后的最初几年，我们有机会接触到了大量苏联影片，大大开拓了我的视野和胸襟；苏军亚历山德罗夫红旗歌舞团来华进行巡回演出，带来许多有趣的具有浓郁俄罗斯情调的歌舞，使许多优美的歌曲家喻户晓。直到今天，许多人还都在不时哼唱。应该说，他们许多作品中人物的思想、性格、情趣，一直影响到我的今天。我深深崇敬这些大师和他们笔下的真实，但对他们的生平境遇有的稍有了解，但更多的是了解不太多或全不了解。

拿到这本书，我首先就逐页翻读了每页所附的多幅精致彩照，从中可知你满怀激情地走访了那么多墓地，寻访了那么多巨星，探访了众多有关人士，查阅了大量典籍史料，诚挚地拜谒他们，追念他们走过的道路，缅怀他们不朽的业绩，并用你的相机和笔把所闻所见、所思所感如实地记录下来。这些照片里既有他们的手稿、实物，又有他们的亲人和故居，更重要的是有他们安息的坟冢。一座座墓碑，不同的石材石质，不同的颜色，不同的艺术造型，不同的形式设计，但都与墓主的伟大思想精神、品格和情趣保持了高度一致，真使人眼花缭乱，目不暇接，座座都使人喜爱。它们虽分散在不同的墓地，却都处在一片蓝天之下，阳光照着，轻风吹着，蜂蝶翻飞，白云舒卷，花朵恣意地开放，草木葱茏地生长，在绿荫掩映之下，这些哲学家、思想家、艺术家、诗人，这些才思过人的大家，这些享有赫赫威名的巨匠，在经历了不同的暴风骤雨和对人的隐秘灵魂进行了深邃入微的艰辛探索、解剖之后，现在是无愧无悔地安息在这里了。这些以自己无畏的劳动播下一粒粒人类进步文明种子的人，以不同方式，不同作

品，使我们看到人性真正的尊严和力量，净化了后来人的情操，丰富了人们的精神世界，让人们认识了走向人的真实和真实的人的道路，以及许多比生活更加深刻的东西，从而激起人们对未来、追求、创造的渴望和勇气，使人类文明发展、历史进步。如今，他们像在寂静里彼此低声絮语，也许在谈论着过去、今天和未来……是的，这里是墓地，是许多条道路的终点，但这里没有晦暗，没有阴郁，也没有纷扰和神秘，一切都处在自然、纯朴和高度的恬淡之中。

我在读了你一篇篇简述式的亲切的文字之后，大大增进了对他们和他们所处的时代、遭遇的认识，因此，也更全面、更深刻地理解了他们的作品。读着它们，不禁使我想起过去雨果写的那么多诗意盎然的悼亡文字，比如《拿破仑的葬礼》，真是写得又肃穆，又尊荣。皇冠、战旗、军鼓、骏马，枢车拖着巴黎全城的欢呼，在教堂的钟声里穿过了人群；不仅如此，还有他写的《巴尔扎克之死》《巴尔扎克悼词》《吊唁大仲马》以及《乔治·桑的悼词》等等，通过对资产阶级腐朽本质的深刻揭露，辛辣的嘲讽，表现了对穷苦人民的极大同情、对人类命运的关注、对生命的爱，以及对世界深邃的思辨，多么有力地影响和启示着我们；还使我想到聂鲁达写的悼念艾吕雅、马里亚诺·拉托雷以及1957年在北京写的悼念马雅可夫斯基等的悼词，一篇篇充满浓郁诗情的篇章，是何等地激动人心啊！

　　还需要说到的是，这些墓碑，这些坟冢，大都是著名雕塑家和建筑大师苦心经营创作而成的，它们在凝固的静态中，以概括简洁的形式和娴熟的雕塑语言，高超的技艺，既突出了它们庄重肃穆的主题，又不乏时代气息和激情，每一座都含蕴着一派无穷的力量，哲学的力量，生命的力量，思想的力量，美的力量，一看就使人感到惊心动魄。

　　啊！这些雕塑大师的名字和这些墓主的名字，都应该用金子镶嵌在历史之上！

　　死亡确实使人恐怖，古往今来，人们都敬畏它，因为它意味着永远的消失和毁灭，因此也就成为一个人们永远谈论不完的痛苦的话题；但是，既然死亡和诞生一样同是自然秩序的一个组成部分，那就让我们坦然面对吧。重要的是当又一天的太阳照耀在这些墓石之上，人们思考死亡的时候，让我们珍视今天，认识生，热爱生，以积极的态度理智地选择自己认为适当的道路和方式，勇敢地走下去。

　　这里，我要向你，我可敬的兄长深深地致谢，因为你从一个特殊的角度，不仅向我们进一步讲述了这些足以自豪的先人，更向我们呈现了一个伟大民族灿烂的历史和文化。

原载《人民日报》2009年3月30日

　　李瑛，诗人。

高莽先生和他的两幅速写

冯姚平

高莽速写：
《冯至走在泥泞的五七大道上》

高莽画：冯至先生在"五七干校"

那天一早打开手机，赫然入目的是"2017年10月6日晚，10时30分，高莽先生在平静中离开了我们……"这是凌晨外文所友人转发的高莽先生女儿的微信。这个消息太突然，我简直无法接受。可敬可爱的高莽先生就这么走啦，本来我是准备过了节马上就去看他的呀。

我的脑子里马上映出的是去年10月24日那个难忘的快乐温馨的晚上。那天外文所友人和北青报尚晓岚来接我一同去看望高莽先生，给他过九十岁生日。早就听说他这两年身体不好，心里一直惦记着。这次在他们的"老虎洞"（他和夫人孙杰都属虎）相聚，见到大病初愈的高莽先生思维敏捷、幽默风趣、谈笑风生，大家都非常高兴，笑问他"怎么想起留胡子了"。是啊，九十岁的人一点儿不显老，猛一看留着胡须是不习惯，但越看越觉得亲切，有长者风度，耐看。要说他真不容易，妻子卧病多年；去年自己也生病，他笑着说，把女儿和侄女们都累坏了。我把我编的《给我狭窄的心 一个大的宇宙——冯至画传》带给他，他翻看着。看到《冯至走在泥泞的五七大道上（高莽速写）》这一页时他笑了，我说："谢谢你，这是我爹在干校时期唯一的'写真'。"

高莽画冯至先生（水墨画）

2016年10月24日冯姚平女士到高莽寓所探望高莽

他告诉我们，九十岁了，最近画了一张自画像，把我们领到另一个房间，只见画架上的高莽也在亲切地向我们微笑。他要我们写点什么留念。我见留言的都是他的作家兼画家的朋友，现代文学馆曾为他们举办过展览。我不是文化人，不好意思写，他笑着鼓励我签了自己的名字。

我很荣幸地参加了快乐、温馨的家庭生日晚宴。俄罗斯风格：面包、黄油、奶酪、香肠、沙拉、酸黄瓜、土豆泥、甜点等等，显然都是高莽先生喜爱的。大家吃得非常高兴，其中最美味、最地道的是宋晓岚妹妹做的红菜汤，我也是到这时才知道高莽原来不姓高，姓宋。

尚晓岚给我们照了许多照片，我建了一个文件夹命名为"90岁和80岁 高莽先生和我"，留作最好的纪念，去年我正好八十岁。

转眼到了今年9月末，我请孔夫子网的同志来收旧书。我父亲的外文书和中文书都分别捐给了社科院和现代文学馆，还剩下一些马列著作没拿走。看着这几箱书我犯愁，难道就当废品处理吗？我不忍。孔夫子网的刘杰来看过，她认为大部分他们可以收走。我如释重负，为这些书籍能继续发挥作用而高兴。就在他们整理图书做书目时，意想不到的事发生了：在父亲的一本旧书里，发现了高莽先生的两幅旧作。那是在干校时高莽先生画我父亲的速写，一幅画正面，另一幅是背影。

记得父亲曾笑着拿给我们看。只见他一手提着马扎，一手拿着书包，穿着松松垮垮的汗衫和短裤，人瘦了裤腰肥了，鼓鼓囊囊地掖在皮带里，头发一如既往地"立"在头上。我们惊呼："太传神了！谁画的？""高莽。"我第一次听到高莽的名字。

父亲过世后，我一直想找到这两幅画，不知是夹在哪本书里，还是父亲又还给高莽了。我曾向高莽先生要过，他给了我一些复印件，但都是从干校回来以后的画，没有这两张。他说：我随手拿张纸就画，画了不少，找不到了。你要是能找到拿给我，我重新画过。见到这两张小纸片上的画，我心中狂喜，第一反应就是：我要拿去给高莽先生看，他一定也会觉得有意思。

国庆节期间孩子们回来探亲，我本打算他们一走，我就去看高莽先生的。但是他们10月7日下午走，清晨噩耗却来了。高莽先生再不能看见他四十五年前的旧作了。而我，从这两张小画接触高莽，又以这两张小画送别了他。我在想我要怎样保存好这两张小画，它们承担着我们对两位往者的思念。

载《北京晚报》2017年10月26日

冯姚平，冯至先生的女儿。

和高莽的翻译交流

于彬

　　退休期间遇到高莽使我的生活有了一个转折与提升。他是我很早就听说过的著名翻译家、作家和画家。我知道他研究和翻译了大量俄苏文学作品，并以中国水墨画的形式创作了很多俄罗斯作家的肖像。

　　早在1959年，我就和高莽的妻子孙杰一起在南口下放，并成了好朋友，只是多年没有来往。退休后一次偶然的机会，我和高莽在苏联驻北京大使馆相遇，并受邀请去他家见他的妻子。之后高莽送给我一些他写的书，那些书把我带进了他如此了解和热爱的世界——也是我的第二故乡俄罗斯。

　　高莽在他的《我画俄罗斯》一书的序言中这样形容他的俄罗斯情结："俄罗斯文学的民主精神很早就渗透我的头脑。俄罗斯美术中的平民意识又加强了形象的认识。阅读俄罗斯作家们所描绘的茫茫的草原、蓝色的海洋、茂密的森林、石砌的城市、贫困交加的人物……都深深地震撼着我的心。我在潜移默化中受到俄罗斯方方面面的影响。成年以后，我在中苏友好协会当翻译，在报刊当编辑，以及后来从事学术研究，主攻方向仍然是俄罗斯文学。回顾往昔的日子，我发现几十年来从没有停止对俄罗斯的关注和钻研。"

　　对高莽的了解缘自他和我一样的对俄罗斯的情感，以及他的文学和绘画才能，我自然而然地把他视为偶像。也正因此，我产生了想把他和他的作品介绍到苏俄的念头。我想让苏俄人民通过高莽的画和文章了解我们的国家和人民，了解中国有以高莽为代表的很多文化人对俄罗斯人民及其文化了解颇深并富有深厚的感情。

于是，我在高莽的指导下，翻译了他的一系列文章，如《我画俄罗斯作家》《巴金和他的老师们的群像》《莫斯科印象记》《我画俄罗斯》，并发表在俄罗斯《伙伴》和《中国》等杂志上。

另外，我在俄文版《中国》杂志上，撰写文章介绍高莽在莫斯科举办画展，文章标题为《终生的爱——高莽的画在莫斯科》。《俄罗斯文学报》还转载了我翻译的高莽的《我画俄罗斯》。我发表的一些中文文稿也请高莽帮助修改。就这样，这位大名鼎鼎的文学家和名不见经传的我成了好朋友和翻译伙伴。我也在这种形式的中译俄、边译边写和直接写作的过程中，感受到了同以往完全不一样的创作的自由和乐趣。

于彬，高莽的朋友，在苏联第一国际儿童院长大，1953年回国从事杂志编辑、编审及教学等工作。

附：

国际儿童院之歌

高莽 译

我们从不屈服，我们总在前进。

一旦战斗打响，

我们一定会胜利。

把你们从大地上——扫光！扫光！

父亲在牢中已经囚了三年，

食不果腹，饥饿绕肠。

反抗在心中燃烧。

如同烈火在黑暗里——反抗！反抗！

我们会长大，我们会变更强。

我们能使用任何刀枪。

时间一到，我们就会让你们偿还，

偿还我母亲的泪水汪汪——偿还！偿还！

任烈风迎面狂吹。

哪怕地平线上险情漫长。

我们会代替受尽折磨的父辈，

奔向火红的战场——奔向火红的战场！

2007年于彬与高莽在高莽
画展上合影

发表在俄罗斯报刊上
我介绍高莽的文章

高莽的"老虎洞"

彭龄　章谊

今年是虎年。兄长辈夫妇俩都属虎的，我们认识两对，一对是胡风夫妇，我们是从梅志先生的散文《胡风与我这一对"虎"》中得知的。女孩子属虎，尤其是老大，被看作命"硬"，往往不受父母待见。梅志先生小时就是如此，她下面有两个妹妹，母亲总抱怨："上面有只'虎'压着，哪个男孩敢来投胎呀！"长大了，母亲希望她找个温顺、属相好些的丈夫，她却偏偏爱上了同是属虎的胡风。但这一对"虎"却并未"相克"，他们在磨难中相互鼓励，相互支撑，终于冲破逆境，赢得世人崇敬。梅志说："这恐怕是属虎的好处吧……"

另一对便是高莽和他的夫人孙杰了。那还是十多年前，我们才从埃及任满回国，高莽老师邀我们去他家坐坐，"看看我为曹老画的像……"他为我父亲画过三幅像，另两幅是为父亲纪念活动画的，活动结束，不知何人收走了。他保存的只剩这一幅，画的是我父亲在从化的花海中，边款上有父亲的亲笔题词："粤江二月三月来　满山遍野奇花开　给高莽同志题画　曹靖华　八一年春"。那时，他的家还在紫竹院附近，我们看到高莽的书橱中、桌案上，摆着大大小小的老虎造型工艺品，瓷老虎、布老虎、泥塑老虎，这对高莽这位对东、西方文学艺术都有着极高造诣的翻译家、作家、画

家来说，本没有什么奇怪。只是他为何独独喜欢虎呢？高莽笑着
说："我和老伴都是1926丙寅年生人，都属虎，自然偏爱虎。"我们
这才知道原来高莽夫妇也是一对"虎"。

　　两年前，我们陪同一位友人去拜访高莽，这时他的家已迁往劲松
桥附近的农光里，这里我们也曾经去过。不过这次去发觉房间布置与
以前不大一样，显然重新进行了装修，书橱里、桌案上老虎造型的工
艺品摆设都还在，不过晒台或飘窗铺上了花毡，摆上了靠垫，俨然变
成了一个消闲、休憩的处所。靠垫旁卧着两只毛绒绒的写真虎，第三
只卧在旁边的座椅上，体态略小，造型却更加活泼，上面的镜框里是
高莽为爱女晓岚绘的头像。我们问晓岚："莫非你也属虎？"她说：
"我不属虎，但爸妈喜欢虎，就多买几只装点他的'老虎洞'。"我们这才注意到，墙头高悬的"老虎洞"三字，以前似乎未曾见过。高莽说那是请年愈九旬的翻译界老前辈杨绛女士题的，老人不但笔力不老，依旧著述、翻译，而且书法亦同样清秀。关于高莽这"老虎洞"，我们陪同前去拜访的那位将军兼教授的友人曾著文说："高莽家中果真是老虎洞。走进高莽密密实实、摆满书籍和工艺品的家中，很容易看到各种各样的老虎装饰，尤其是橱窗里的老虎布偶，虎视眈眈地注视着我这个客人，看上去非常可爱。"

谈到"老虎洞"，高莽从书案上拿起一块"老虎洞"的地名牌，这是他刚迁到农光里时，看它挂在一根废弃的电线杆上，便收藏起来。北京过去叫"老虎洞"的地方，不止农光里一处，也不是所有名叫"老虎洞"的地方早年都养过虎。"老虎洞"实际上是明、清时土木工程建筑上的术语，统称堤形道路交岔口处修建的供行人车马通行的拱形涵洞。如沙滩至景山东街一带，早年曾有东老虎洞、西老虎洞（后改为东老胡同、西老胡同）。但农光里元代时确曾养过虎，虎园四周有高墙环护，墙内有壕沟、园地、沼泽，并有砖石拱门洞通虎园。元末废弃，后即以老虎洞为村名。五十年代初华北农业机械总厂建平房宿舍，更名农光里。但大地名仍叫老虎洞。九十年代初大规模拆迁改建新区，老虎洞名称便废弃了，但小区内如今仍保留着虎城中学的校名。

高莽说："很多人给书房、画室取名，都选'斋'呀、'居'呀文雅的字眼。我和老伴都属虎，过去在紫竹院附近住时，曾见一废桥墩上隐约刻有'三虎桥'字样，那时并没太留意。迁到这里，拾到'老虎洞'地名牌，知道是这里的老地名，说明我们还真同虎有缘。给书房、画室取名，也不管它雅不雅，干脆就用现成的'老虎洞'。现在这块地名牌已经成了文物了……"他脸上的神色像孩子般颇为得意。

要说虎，高莽这位东北汉子，应属虎类中体形最大、毛色最美，

高莽和母亲一起制作的虎图盆

也最凶猛彪悍的东北虎。他或许也有笑傲林海雪原、兴风狂啸的时候。但在我们的印象中，他为人处世向来低调，从不争强斗狠。而研究学问，却全力以赴，一丝不苟，正如他为我们题词所云："做人要无己，从艺需有我"。在我们印象里，他始终是一位坦荡、耿直、和蔼、谦逊的兄长。在他的"老虎洞"里，最令我们感慨的是处处洋溢着的平实、温暖、和谐与温馨的气氛。俗话说一个成功的男人背后，总有一个女人。而高莽却总是感慨地说，他之所以能取得今天的成就，离不开三个女人——母亲、妻子、女儿的理解、关爱与支持。

高莽是有名的孝子。"老虎洞"中，除了高莽在国内、国外搜集的布的、瓷的、绒的、皮的、泥的，各种各样，富有地方特色的老虎造型的工艺品外，他最感珍贵的是一只他与母亲合作制作的"虎图盆"。那还是在"文革"期间，高莽的母亲将高莽准备废弃的旧书报泡成的纸浆，用一个洋瓷盆做胎，糊了一个纸盆。高莽在外面用鸡蛋壳拼了几只虎，使它变成了颇具特色的民间手工艺品。尽管高莽的母亲不识字，却有对艺术的灵性和对知识的敬畏，从小她就不许高莽随意坐在报纸、书本上，不许把带"字儿"的东西随意丢弃，使高莽自幼就养成努力学习、尊重知识的习惯。儿子的成长与成就，老母亲都一点一滴看在眼里，记在心头，常常是他画作的第一位读者和评论家。母亲的理解与支持，始终是儿子刻苦奋进的动力。老母亲九十岁时，高莽自干校回来，记挂着小时穿的鞋、袄都是老娘亲手一针针、一线线缝制的，便想着为老娘亲手做一件衣服，也尽尽孝心。衣服做好后，母亲高兴地穿上了。不料夜里，高莽见母亲屋的灯亮着，过去一看，母亲竟把衣服拆了，原来是嫌他扎的线不直，打算重新缝。老母亲一丝不苟的精神，又一次激励着高莽在艺术上精益求精。高莽夫妇伺奉母亲直到她一百零二岁高龄辞世。母亲走后，高莽特意将她八十三岁那年，模仿别人事先写好的字一笔一画地在宣纸上写的一张"人贵有自知之明"的条幅裱装好，挂在墙上，就像老母亲依旧时时在耳旁叮咛与告诫……

1948年，高莽译的剧本《保尔·柯察金》在哈尔滨首演，引起不小轰动。在剧中饰演女主角冬妮亚的孙杰，当时是一位青年教师，没有舞台经验，为把握好角色，她特意找高莽请教，高莽的热忱、谦逊深深打动了她。这一对同属虎的才子才女，也由相识、相知、相恋而结为人生伴侣。1956年《钢铁是怎样炼成的》原作者奥斯特洛夫斯基的夫人赖莎访华时，听说这一段佳话，一定要见见"中国的冬妮亚"，还特意送给他们夫妇一帧她守候在双目失明的丈夫病床边的照片，并在背面题写："祝愿你们像尼古拉微笑那么幸福"。从那时起高莽夫妇相携相伴经历过多少风风雨雨啊！

二十世纪五六十年代，高莽就是有名的"高翻"，为中苏两国各种互访团组担任翻译，也为刘少奇、赫鲁晓夫等高层领导做过翻译。"文革"中却因之横遭批判与凌辱。那时妻子孙杰的处境并不比他强，她却以女性的坚韧默默承受着难以忍受的重压，鼓励高莽坚持下去，相信总有还自己清白的一天。高莽不无感慨地说："那时，她是我安身的港湾……"

高莽既是作家、翻译家，又是画家。他将写作、翻译、绘画有机地结合起来。他说："绘画需要文化底蕴作基础，而有时，我觉得文字不能穷尽的，我就用图画来说；有时我觉得图画不能穷尽的，我就用文字来讲。""文革"中，高莽被下放干校，除劳动外，既不能看书也不能画画，他不甘宝贵的生命就这样空耗。他设法借来没人敢禁的马克思、恩格斯的传记细读。他发觉像马克思、恩格斯这样的伟人，实际生活中也与普通人一样，重爱情，讲信义，有成功的喜悦，也有失意的苦恼。可亲可敬，可感可触，并非高不可及。于是，他决定在劳动之余，结合自己的感受、心得，将马克思、恩格斯生平事迹一幅幅画下来。后来竟集成一本《伟大的马克思、恩格斯》画册出版，获得广泛好评。

为了感念妻子在逆境中对自己的信赖与支持，他在绘画时，特意将马克思夫人燕妮的衣裙，绘成孙杰喜爱的藕荷色。孙杰不单在生活上无微不至地照顾他，工作上全心全意支持他，帮他抄写文稿，还常常提出自己的见解。而高莽对妻子的意见也总是认真对待，不断斟酌与修改。高莽早年在哈尔滨师从俄罗斯油画大师列宾的学生、俄罗斯画家科列缅季耶夫学习油画，《伟大的马克思、恩格斯》以及以前高莽的绘画作品大都是油画。但后来，他发现妻子对调色油过敏，从此便毅然决然告别他熟悉并钟爱的油画技术，而改用他并不熟悉的国画技法，用毛笔蘸着不带调色油的颜料在宣纸上作画。决心加毅力，日就月将，终于成了一位将中、西画法融会贯通的独具特色的画家。他虽然也画素描、风景画，甚至漫画，但主要是创作了大量中外文学艺术大师们的肖像画。特别是他为纪念梅兰芳和巴金诞辰一百周年，分别创作的五米长、两米高的大幅水墨画《赞梅图》和《巴金和他的老师们》。画面上除梅兰芳和巴金先生外，分别汇集了萧伯纳、泰戈尔、斯坦尼斯拉夫斯基，以及鲁迅、赫尔岑、屠格涅夫、托尔斯泰等二十多位世界著名戏剧家、文学家仪态万千、惟妙惟肖的肖像，更是蜚声海内外。他的许多画作为世界各国文学艺术馆珍藏，为中国与世界各国文化交流做出了卓越的、不可替代的贡献。而他的成就，自然与妻子的信赖、理解与支持分不开。

最令高莽焦心的是妻子的眼疾。前后住过三次院，动过五次手术，每次都是高莽陪同、照料。为配合医生治疗，他随时注意妻子病情变化，详细记录下来提供医生参考。然而，高莽的爱心与医生的诊治，都未能阻止病情的发展，妻子还是不幸失明了。高莽强压着内心的悲痛，像当年赖莎照料双目失明的奥斯特洛夫斯基一样，陪伴她，

1953年高莽和孙杰结婚合影

宽慰她，给她谈他作画的构思或为她读他新写的文章。为了降低妻子的眼压，减轻她的痛苦，他坚持按时为她上眼药。实在推辞不掉的社会活动，也是快去快回，免得妻子久等。黄昏时分，邻居们常常看见高莽搀扶着妻子，在小区的花园里漫步。漫画家华君武有感于这对"虎"夫妇几十年相互依恋的深情，在他们七十寿辰时，特意绘了一幅《双虎图》相赠，边款题词是："老友高莽孙杰留念，不是害羞，是点眼药的恩爱。"这不禁让我们想起1991年7、8月间，高莽随中国作家代表团应邀访问缅甸时，写的一组游记《缅甸风铃》中，有一首写给妻子的短诗，诗中说由于缅甸太美，让他像丢了魂儿似的把心、把双腿都丢在那儿了，以致"也许我难以从缅甸回来"。他恳请妻子："别把我怪罪"，因为"你——是我始终的爱！""你——是我始终的爱！"这是高莽对妻子最真诚、最坦率的表白……

高莽妻子孙杰双目失明时，女儿晓岚与夫婿远在巴西。她回国探亲看到母亲的样子心疼不已，毅然放弃在国外的优越待遇，坚持留下来照料双亲。晓岚承袭了父母亲刻苦、诚挚、热情、干练的基因，成了父母全方位的助手和"老虎洞"的大主管。正如高莽所说："女儿是我们的厨师、清洁工、护士、秘书，还是我的'电脑员'，什么事她都管。"高莽在图文并茂的《品读文化名人》一书的后记中也说："岚子不厌其烦地在电脑上修改文字与拍照、扫描、整理画作，徐枫还帮助我写了几篇稿子。这些都让我铭记在心。"她的同事、熟人，甚至比她年纪大的人，都习惯称她"岚姐"。有人问她："在你眼里，你老爸是什么样的人？"她说："他是个阳光男孩，有时多愁善感；有时又很有童心，对什么都很热爱，包括新事物，特有追求。"对老爸这样有时多愁善感，有时又很有童心的"阳光男孩"，她自然责无旁贷地担当起她"岚姐"的角色。为了给她老爸、老妈创造更温馨、舒适的生活与工作环境，她将隔壁的一套住房买下，将两套打通，重新装修、改建，使"老虎洞"的环境大为改观。记得我们应邀出席一个艺术沙龙举办的高莽和他的俄罗斯老师科列缅季耶夫的画展，处处都看见岚姐热情、开朗又雍容大方的忙碌的身影。这里还应提一提前面引文中高莽说的"还帮助我写了几篇稿子"的徐枫。徐枫是岚姐的儿子，高莽、孙杰的外孙。记得二十世纪八十年代，去紫竹院附近高莽家拜访时，无意中看到徐枫十八周岁生日时，高莽策划、写序，孙杰题写书名，全家将徐枫的作文、日记、照片遴选、编辑、打印，并由他们全家的"天伦出版社"隆重推出的文集《背影》，作为徐枫成人的生日礼物。我们深为高莽一家如此温馨、和谐的亲情所感动。我们虽然至今未见过徐枫，却读过岚姐交给我们的他发表在文学刊物上的文章。这自然得益于"老虎洞"这样深厚的文化熏陶。

高莽在《我画俄罗斯》一书的《跋》中写道："在研究和翻译俄罗斯文化作品的同时，我也在从事绘画事业。绘画在我的一生中带来过痛苦与悲伤，但感受更多的是幸福与欢乐。我还会在这条充满情趣和诱惑的艰苦的道路上继续走下去！"热衷高莽老师文学翻译与创作及绘画作品的广大读者可以期待，会有更多的脍炙人口的作品从高莽老师的"老虎洞"里产生。因为他身后还有一个倾心倾力，关爱他、支持他的团队……

2010年3月于"不由天"堂，载于《人物》2010年第12期

彭龄，原名曹彭龄，中国人民解放军外事工作干部。章谊，原名卢章谊，新华社译审。他们夫妇曾合作出版《走进迦南地》《书影月痕》等散文集。

红色汉子高莽

鲁光

高莽的大名，最早是读画知道的。他画人物肖像很有一套。许多文化名人的速写头像，都出自他的笔下。

人民文学出版社的资深美术编辑古干不止一次向我推颂过高莽其人其画。从他嘴里，我才知道高莽先生是权威刊物《世界文学》杂志的主编。虽然，这份刊物我也常买常读，但始终未曾注意过它的主编是何人。直到1996年底在京西宾馆参加中国作家协会第五届代表大会时，我才结识了高莽先生。

真有缘分！一次开大会时，我们坐在一排，而且是挨着坐。高莽个儿挺高，头发浓厚，眉毛粗黑，高鼻梁上架一副眼镜，随身带着纸和笔，但不做记录，而是不停地画这个人画那个人，画得很娴熟，速度也很快，不一会儿就画得一幅。我这个人与他有同一个毛病，开会时老爱悄悄练笔，画这个画那个，但画谁也不像。不像归不像，但笔还是不停。就在高莽画别人时，我草草几笔为他画了一幅速写。高莽发现我画他了，非要看一看我的这幅画。看过之后，他很客气地说："签上名，送给我吧！"我直说乱画的，也不像，但他真挚地坚持索要。顾不得许多了，我斗胆签上自己的名字，将画送给了他。

"我也给你画一幅！"他说。

鲁光画高莽孙杰相依相伴

　　让这位出了名的高手为我画一幅，心里自是高兴的。我将头稍微往他这边歪了歪，端坐着不动弹，他侧过身对着我，瞧一眼，眯一次眼，几分钟时间，就画成了，签上名，送给了我。这是我头一回得到一幅名家画我的速写。

　　京西宾馆分手之后，我们就一直没有机会再见面。但我时不时听来访的朋友们说起他，"高莽家太拥挤了，到处都是书……"为他拍电视的人也说："高莽家真挤，我们拍得太难太累了……"在我的印象中，这位高大的东北汉子蜗居在一处极狭小的空间里。这倒增添了我去看望的欲望。

不久前，我走访漫画家华君武时，华老说起了高莽。他说："我写文章批评过高莽，扼杀了一位漫画家。"今年3月中旬，中国作协在五洲大酒店开全委会时，我想起了在京西宾馆的那次相遇和相识，我想念高莽了。我给他拨通电话，告诉他："华老说，他扼杀了一个漫画家——高莽。"高莽笑道："不，说真的华老救了我一命。要不，到了五七年我非被打成右派不可。"

一个真诚反思，一个真诚感谢，多有意思啊！

高莽给我寄来了两本书：《域里域外》和《四海觅情》。这两本学者随笔、游记，附有他的不少速写和人物肖像，拿起来就放不下。于是，我又给他打了电话："高莽兄，你写得这么多这么好，文字部分我得慢慢看，插图已一口气欣赏了一遍……"

高莽说："我这里还有几本书想送给你，不知道你有没有兴趣？"

"有呀！我去你家取。我也想送几本书给你，请你指教。"我决心去他家看望他。

他的家就在中国画研究院附近，那一带我挺熟的。我不费劲儿就找到了他家。只是他住京城的西北角，我住京城的东南隅，整整一个大吊角，路上花了一个半小时。

头一个印象就是一个字：挤。他把门打开之后，我差一点挤不进去，因为过道上尽是书。后来，他特地给我开放了他的卧室。他说："一般我不让别人进去，你进去看看吧，那儿有许多外国名家给我画的肖像。"挂在卧室墙头的一个镜框里装着十多幅肖像。最珍贵的恐怕是《战争与和平》和《静静的顿河》的插图画家威列依斯基和著名漫画家尼克塞等人为他画的肖像了，这间屋与其说是卧室，倒不如说是资料库。一张单人床，床上方支着一块大板子，板子上是堆积到房顶的各种纸箱和书籍。他说："这些都是我多年积累下来的珍贵的资料呀!"

客厅本来就不大,一张餐桌(兼作画案)几乎占去了一半,一个长条硬木沙发("文革"中高莽自己制作的),又占去了一大块。沙发对面靠墙处,放了一个书柜,塞满了各种图书。高莽说:"今天你来了,我收拾了一下,要不更拥挤。"他七十岁生日时,俄罗斯驻华大使要来家里祝贺他的生日。他急忙说:"在紫竹院门口见面吧!"他不敢把大使先生领到这间屋子里来。客厅里,最引人注目的有三样东西。第一样东西,是沙发对面墙上高悬的一幅字:"人贵有自知之明。丙辰年十月廿五日莽儿五十,母书,八十有三。"

"我母亲是文盲,活到一百零二岁,前年过世了。这是我五十岁时,她书赠给我的。"

我觉得,老母亲的这幅字,犹如一面高悬的明镜,让高莽每天都照一照自己。

第二样东西,是挂在进门左侧墙上的十多幅别人为高莽画的肖像,尽管有画得神似的,也有画得形似的,还有画得根本看不出是谁的,但都出自朋友之手,他一律珍藏着,他说:"很珍贵的,我实际上是珍藏这些朋友的情谊。"

第三样东西,是靠窗的几盆花草。两盆的叶子翠生生的,绿得可爱;一盆是黄灿灿的,好像是干枝花。一黄一绿,形成了鲜明的反差。也许,它们都不是名花名草,但为这间拥挤不堪的屋子增添了不少诗意和情趣。

他抱出七八本厚厚的肖像画。我翻阅了一下,齐白石、梅兰芳、茅盾、巴金、夏衍、老舍、冰心……几乎我所知道的文化名人,他都画过。——一幅为梅兰芳纪念馆创作的人物画,共计画了二十多个人物,肖像画的资料整理得有头有绪,分成了几大类,每类人物肖像画前头,都有一位名家的题签。

茅盾题："高莽画作家"。艾青题："高莽画诗人"。华君武题："高莽画漫画家"……这些名人肖像画无一例外地都有被画者本人的签名，有的还有题字。诗人艾青在画他的肖像画上题写，"一下把我抓住了"。巴金在他的肖像画上题写："我说像我。谢谢。"季羡林题字："形似神亦似，高莽高手也。"这些肖像画和签名题字，实在是中国文化的一笔珍贵财富。

高莽画画，在文化界是无人不知的。他利用随团出访开会的机会画画。许多名人见他画画都很配合。他给梅兰芳画画时，梅兰芳有意端坐着不动弹，见他画成后，主动说："我给你签名。"何香凝老人见高莽画她，就歪着坐，有意为他画像创造条件。

高莽从小就喜欢绘画。没有想到，1949年他画的几幅漫画招来了漫画界的严厉批评。他的母亲告诫他："莽儿，以后你画男人都画得年轻一些，画女人都画得漂亮一些。"高莽听从母命，并以此母训为作画信条，不再画讽刺漫画，画人物肖像也尽可能往美里画。他为钱锺书和杨绛画了一幅肖像。钱锺书托人捎话给他："高莽，你要按这种信条画肖像是画不出好作品的。"是啊，艺术要真，但更需要在夸张的本质上的真。高莽说："我就缺乏你们画大写意的那种气魄和胆量，一画就细了，生怕画不像……"

这天，高莽兴致挺高，说："我给你画一幅。"

我遵嘱侧坐着，他聚精会神地画着。画成后，我发现他把我画得比我本人年轻了，也画得比本人俊美了。他自己说："这幅画得太细了。"他知道我属牛，让我正对着他坐。他说："你眼睛有神，我就画你的这双眼睛。"画成后，我发现此幅比头一幅更具神韵。我说："抓住了我的'牛眼'，就抓住我的最大特点了。"他让我为第二幅画题字签名。我照办了，心想："头一幅画，兴许是遵照他母亲叮嘱的信条画的。第二幅可能是遵照钱锺书的意见画的。"

头一幅的原作，他签上名送我了。第二幅，他说，他要用毛笔和宣纸画一幅寄给我。珍藏对比鲜明的两幅肖像画，实在太有意思了！

他又拿出几本书送我。一本是他主编的《普希金抒情诗全集》，还有一本是他撰写的诺贝尔文学奖获得者《日瓦戈医生》的作者帕斯捷尔纳克的传记。这些著作都是高莽在 1989 年离休之后的产品。他是一位著名的翻译家，资深的俄罗斯文学的研究者，鉴于他的贡献，俄罗斯总统曾授予他友谊勋章。但他的译著从来不署高莽的名字，而是署乌兰汗（红色汉子）、何焉、雪客、肖儿、竹马、野婴之类的笔名。因此还闹出过一个大笑话。1949 年初，俄罗斯文学翻译家戈宝权先生赴苏途经哈尔滨，欲与几位俄文翻译者开个座谈会。他开了五六个人的名单。但到会的只有高莽一人。戈宝权很奇怪，其他人怎么迟迟不到会呢？高莽不好意思地说："你名单上的几个人，其实都是我。"戈宝权很惊讶，但他还是与高莽一个人开了这次座谈会。高莽当了《世界文学》主编之后，还有一位读者写信责问："我就不信，偌大一个中国居然找不出一个搞文学翻译的人当主编。为什么找一个画画的人来当主编呢？"甚至连我这个闭目塞听者也曾经以为高莽就是一个画家。

高莽在电话中就说他很喜欢我的画。我经不起他的赞扬，头一天晚上就找出一本画册和一幅画，签上名，盖上章。拜访他时，我冒昧地送给了他。我在画册的扉页上题了一句话："班门弄斧了，请高莽兄教正。"

一聊就是四个多钟头。虽然我未戴手表，但高莽家每隔一个钟头就会报一次时间。高莽向我解释："前年我爱人双目失明了，这是给她报时呢！"

我的心一下子沉重起来。前几年，他的一个哥哥死了，老母仙逝了，妻子又突然失去光明……悲痛自然是悲痛的，但悲痛并未压垮这

2016年高莽和鲁光

位刚毅的红色汉子。妻子生日那天，他扶她去公园，精心地为她拍了好多张照片。从照片看，她的双眼并没有失明，她正与他进行情感上的交流呢！

1999年4月1日深夜《随缘笔记》

鲁光，作家，画家。

眼神·心魂·友情
——我看高莽人文肖像画和散文

郑恩波

近日，中国现代文学馆举办了"高莽人文肖像画展"，上百幅精美的中外人文肖像画，幅幅都把人物的性格、心理、灵魂展示得淋漓尽致、活灵活现，我们仿佛真的又与这些出类拔萃的作家、诗人重逢欢聚在一起，聆听他们亲切、动听的教诲，感悟他们纯洁高尚的心灵。

一

您看！傲然地伫立在奇花盛开的原野里的曹靖华老人的双眼，是多么炯炯有神！那温慈、厚诚的目光，分明是在说话，诉说他一生的艰难苦恨和对邪恶势力的怒不可遏。曹靖华是鲁迅的战友，是我国外国文学特别是俄苏文学翻译界的泰斗，是风格拙朴、雄浑的散文大家。熟悉曹老的朋友都知道，曹老性格耿直、憨厚，从不会花言巧语说话，无论是对上级，还是对平民百姓，他都是平等、坦诚相待，高莽的妙笔紧紧抓住曹老的性格、心理、品质特征，着力地描画出这位

"给奴隶偷运军火"者的高尚人格和美丽的灵魂。是高莽的细腻传神之笔，让曹老的音容笑貌真真切切地展现在我们面前。你瞧，曹老的浓眉大眼中充盈着怎样一种正直、温和、聪慧的光，面对这双眼睛，他那些如何搞好文学翻译的经验之谈和立身为人的谆谆教导，又洪钟般地在我们的耳畔回响。

笔者一生从事外国文学译、研工作，从这一专业来讲，与高莽是同行。我曾有机会见过他为俄罗斯作家口译的情景。在此之前，我也有机会见过一些别的俄文译者口译的情况。从用词的准确精当，句式的丰富多彩，口齿的流利晓畅，情感的自然表达几个方面来审视，我敢说没有谁能比高莽水平更高，更令人爱听。多年的专业熏陶使高莽全身心地热爱苏联、俄罗斯的一山一水、一草一木，酷爱苏联、俄罗斯的文学、艺术、文化以及众多的作家、艺术家乃至平民百姓。有了发自内心的真爱，笔下才有动人心魄的真情，写文章著书是这样，画

2005年郑恩波与高莽

人物肖像画更是这样。他创作的苏联、俄罗斯作家、艺术家肖像画有数百幅。这次展出的只是他已经出版的《我画俄罗斯》《高莽的画》（俄罗斯）等画集中很少的一部分，但每幅都画得隽妙无比、丝丝入扣，深深地镌刻在我的脑海中。

先来赏析一下著名女诗人阿赫玛托娃的水墨肖像画。你瞧，这位气质高雅的女士的目光是何等地沉滞、凝重，心事重重。尽管她仪态万方，雍容华贵，但那哀愁、凝滞、郁郁寡欢的目光，让人一眼就看得清楚：这肯定是一个心灵受到过严重创伤，生活中有过极大不幸的人。不过，再大的不幸也阻碍不了她对美、自由和正义的渴望与追求，美始终在她心灵的深处燃烧着璀璨的火焰，就像她那端庄、秀丽的仪表一样。为自由和正义而抗争的诗人，是永远不会变老的。瞧瞧，她虽然已是年过七旬的长者，满头白发，但依然是不减中年时的风韵，甚至可以说她照样还是一位魅力犹存、贤淑温馨的丽人。高莽把俄罗斯女人具有的一切美好的素质全给了她，使读者、观众对她产生了怜悯、钦敬的情愫。作者对这位女诗人心灵的描画达到了出神入化的程度。我赏画的眼光如何？看得对吗？猛然间看到高莽对她的悲惨遭遇三言两语的介绍，我心里立刻茅塞顿开，噢，原来她确实是被苦水和眼泪泡出来的苦命人。第一个丈夫无辜被枪毙，独生子三次冤枉入狱。她曾在监狱门前排队十七个月，等待探望被囚禁的儿子。她本人也无缘无故地受到当局的批判，心灵受到何种严重的打击与伤害，是可想而知的。高莽着实有一支传神的妙笔，女诗人几十年遭受的苦难和几乎被击碎的心灵，在她的深沉而复杂的眼神里得到了完美的展示。

如果篇幅允许，我们完全可以对茅盾、巴金、丁玲、冯至、叶甫图申科、瓦西里耶夫、肖洛霍夫等大文豪的肖像画，同样也予以多趣而有益的赏鉴。

二

人们常说，文如其人，赏鉴高莽上百幅中、外作家与艺术家的肖像画之后，现在我要补充说，画如其人。高莽笔下的人物，无论是老人，还是孩童、青年人，都是美好的人，善良的人，诚朴的人，即使能逗你一笑的漫画中的人物，唤起你的同样也是诚挚、友善、亲切的感情。这是因为高莽有一颗十分难得、最为珍贵的善良之心。这位黑土地上成长起来的关东大汉，看来身材高大、膀宽腰圆，讲起话来，高声朗朗，声如洪钟，但感情却非常细腻温厚，毫不夸大地讲，他有一颗温柔的鸽子心。让我随便来讲几件小事：

在他家凉台的一角，不时地传来叽叽喳喳的麻雀声，这事引起了他的好奇和兴趣。他走过去，把一个小筐挪开一看，呵，想不到麻雀在那个小天地里絮了个窝。于是，从那天起，伺候好这窝小生灵，便成了他和夫人孙杰不可少的生活内容，又是往凉台上按时地撒小米、玉米楂，又是往一个特别的小碗里倒水，让麻雀一家老小有吃有喝，日子过得相当滋润。后来，不知什么原因，这家麻雀竟然迁徙到别处去了，弄得高莽和老伴儿很是失落，经常谈起它们，而且还专门写了一篇短文，以表怀念。显然，在高莽夫妇的心里，人与鸟是亲近的。

高莽的老母亲是个老寿星，活了一百零二岁才离开人世。高莽是个大孝子，母亲在世时，对老人家照顾得无微不至。为了让母亲高兴，这位粗手大脚的汉子居然倍儿灵巧地使起针线，给老人家缝制了一件称心如意的衣服。老母亲乐得合不拢嘴，家里来了客人，总是津津乐道地跟人家说个没完没了，脸上的皱纹也少了许多。老母亲永远活在孝子高莽的心里，老人家走后，他专门写了一篇感人肺腑的散文《妈妈的手》，赏读这篇散文，我自然想起了苏联著名作家法捷耶夫在其经典小说《青年近卫军》中对母亲的手的描写……中苏革命作家对母亲的爱达到了极致。

送走了百岁老母，老伴儿孙杰的双眼不幸地先后失明了。这一不幸给高莽和夫人造成了极大的痛苦和沉重的负担。于是，已经年过七旬的著名画家、作家、翻译家高莽，又责无旁贷地挑起照顾好盲妻的重担，迄今已是十七年了。不是一年两年，而是十七年哪！对残疾人来说，没有哪种疾症能比失明让患者感到更痛苦了。看不到与自己朝夕相处一辈子的丈夫的模样，看不到长大成人的儿孙的容颜，看不到日新月异的大千世界，为文艺事业也苦苦拼搏了大半辈子，感情丰富细腻的孙杰大姐，能不感到寂寞与无聊吗？高莽深深地理解老伴儿的痛苦与愿望，每天向她讲解《新闻联播》的内容，详叙一部部感人的电视剧的精彩故事，描述外部世界发生的天翻地覆的巨变，让她依然生活在蒸蒸日上、五彩缤纷的世界里。高莽能做到这一切，需要有怎样的耐心、毅力和挚爱啊！这委实是品质的考验，道德的洗礼。人们从高莽对老伴儿实心实意、百般周到的伺候呵护中，看到了一个真正的艺术家的人性的光辉。

高莽天性善良，在长达半个世纪的交往中，我发现，他对人确实有一种菩萨心肠，尤其是对弱者和长者。他在1974年5月9日、10日的日记中记下了这样一件事，读后非常令人深思：5月9日晚上，年近八十岁的曹靖华从他家居住的东华门到和平里高莽家里做客，他一只手握着手杖，另一只手拿着手电，此事让比他年轻近三十岁的高莽非常感动。临走时曹老坚持不让高莽送他，甚至说："你若送，我就不走了……"可是漆黑的夜晚，高莽绝对不能让一个年近八十岁的老人独自一人乘公交车回家，他实在是放心不下（那时候尚没有打的一

高莽速写郑恩波

说）。高莽硬是跟着曹老挤上了公交车。一路上，老人家又晃晃悠悠地
抢着给高莽买票，每到一站他就逼着高莽下车。车上的售票员见老人
如此坚决，便劝高莽："您下去吧！我们来照顾他，您尽管放心。到了
东华门，我会请司机师傅把车停稳，我搀扶老人下车。"高莽听了售票
员这番话才下了车，可他一夜也没睡好，总是惦念着曹老下汽车后会
怎么样。第二天早晨，老早他就给曹老家里打电话，可曹老不在。家
人告诉高莽曹老外出了……这样，他心上的一块石头才落了地。

类似这样的事情，高莽还做过很多很多。这就是高莽的一颗善良
的心，一颗伟大的艺术家才能具有的心！

三

善良的人都重友情，这是普遍规律。心地善良的高莽，视友谊为
生命，他曾这样感慨地说："友情是人间最可贵的感情。追求友情的

过程是人生搏斗的一种难言的至高乐趣。"①他还对我深情地说："我著文和绘画，一不是为了赚钱发财，二不是为了捞取虚名，而是为了表达对老朋友、老同事、老领导感恩图报的情意。"他在《文人剪影》这本令人着迷的书的"前言"中进一步说："一生中我受益于周围的人太多太多了。答谢恩师与友人的愿望一直涌动在心头，希望有朝一日能把感念之情化成文字与绘画，表达出来。""我时时刻刻想念着他们。只要一息尚在，我会一篇一篇地把他们写出来，偿还无形和无价的情债。"这是一种多么纯洁、虔诚、宝贵的感情！原来，高莽把自己的每幅人文肖像画、每篇文章，都视为向老朋友、老同事、老领导表达友情的媒介。这一表达得到了每位被画、被写的作家、艺术家的首肯和赞赏，丁玲、茅盾、冯至、季羡林、萧乾等人在画面上签名、写诗就是极好的说明。因此，我们要说，高莽的这些画和文，便是一曲曲悠扬悦耳、轻扬动听的友谊之歌。而围绕着这些令人神往的歌儿所发生的一个个撼人心弦的故事，将作为文坛、艺苑的佳话，流传给我们的子孙后代。这是我们最宝贵的精神财富。现在，让我们以著名漫画家华君武、著名女作家丁玲与高莽先生的友谊故事为例，稍作详细描述，以滋润我们渴望真正的友谊的心田。

　　1946年至1947年，刚刚二十岁，痴心酷爱绘画的热血青年高莽，在故乡雪城哈尔滨结识了从革命圣地延安来到这里的著名漫画家华君武。在这位资深的老画家（在高莽看来，之所以称华君武是老画家，不仅仅是因为他年纪大，比自己大十一岁，更重要的是他资格老，是来自延安红色革命根据地的老革命）的指导和影响下，高莽逐步克服了小资产阶级思想残余。经华老推荐，高莽的画作得以在《东北日报》上发表，让年轻的高莽得到巨大的鼓舞。华老也分外高兴，亲自

① 见《文人剪影》第267页，武汉出版社2001年版。

到高莽居住的马家沟的平房里看过他的画。高莽的积极性大增，在反浪费的运动中，在报上发了四幅漫画。可是，哪想到，这四幅漫画竟给高莽惹了大祸，在报上受到严厉的批评。后来形势的发展很不妙，华君武和蔡若虹还代表一些人执笔写文章批判过他，影响波及全国。不过华、蔡二位权威人士并不是要把他一棍子打死，而是提醒他以后要努力学习政治，坚持真理，不要怕犯错误而搁笔。后来，因工作需要，华君武调到了沈阳，不久又调到北京任《人民日报》文艺部主任。事情也巧得很，高莽也随即调到了这两个地方。华老对高莽的批评虽然调子过高，但高莽对老师并未耿耿于怀，记恨在心。相反，还多次陪同华老赴苏访问。"文革"期间和以后，高莽与华老的交往日渐频繁起来，多次登门探望老师，向他求教、求画。华老对高莽更是经常惦记在心，有一次到哈尔滨出差，还抽时间专门去当年高莽和母亲居住的马家沟看了看。过后高莽了解此事，感动得热泪盈眶。华老对高莽老母亲的健康状况关怀备至，朋友送给他的精装人参老酒，他自己不喝，送给了高莽的老母亲，祝愿她老人家长命百岁。河南乡亲送给华老一些特产小红枣，他和夫人宋琦专留一包送给高莽和孙杰夫妇。1998年是虎年，是高莽和孙杰的本命年。为了表达对这对恩爱夫妻的关爱之情，华老还特别画了一幅逗人开心、耐人寻味的《双虎图》（图上母虎在前，正擦着眼睛；公虎在后，专心地给母虎滴眼药水，华老幽默地在画上写道：不是害羞，是点眼药的恩爱）。作者对高、孙夫妇兄弟般的情意的表达，到了如此细腻的程度，真是精妙到家了。这幅隽妙无比的《双虎图》一直挂在高家的客厅里，来客总是连连叫绝，咂嘴称道。

高莽对老师、老友华君武的敬羡之情，更是难以言表，为他画了许多幅肖像画和速写像，仅《文人剪影》一书中就有四幅。华老有一副令人称赞的外貌，有的苏联画家非常欣赏华老英俊的外表，为他画了一幅粉笔头像。华老在克里姆林宫大礼堂讲台上潇洒的风度使苏联美协主席别拉绍娃为之倾倒,大发感慨要为华老雕像。高莽的四幅画像有的生动地展示了华老壮年时期面目清秀、举止儒雅的风采;有的展示出华老和蔼可亲、平等待人,随和但不迎合、不迁就、不让步的老革命艺术家的本色……这几幅作品都得到了华老的肯定,称高莽画他的像"神态甚是"。高、华二位画家互画、互赠的杰作,是两位大艺术家半个多世纪情同手足的友谊的真实写照。

高莽与丁玲的交往、互赠画作,具有相当浓厚的浪漫色彩和传奇味道。远在1954年冬天,高莽陪同中国作家代表团出席苏联第二届作家代表大会时,就与待人十分热情、喜欢拉家常的丁玲相处得很融洽。丁玲不仅是一位大名鼎鼎的作家,还是一位造诣颇深的画家,对高莽随身带的大小相当于一本十六开的书、厚度约有十厘米的小油画箱很感兴趣,很直爽地向高莽表达了自己也想有这么一个小油画箱的愿望。这种小油画箱不是随便在什么地方可以买到的,那是苏联美协对自己的会员的特供商品,高莽想方设法买到了。丁玲甚为欣慰,牢牢地记住了高莽这位小兄弟的这份情。

二十世纪五六十年代,丁玲背着"右派分子"的沉重包袱,被下放到冰天雪地的北大荒改造。丁玲去北大荒时没带更多东西,但高莽给她买的这个苏式小油画箱,却时时带在身边,而且还画了不少北国风景画。新时期平反冤假错案时,已经过了古稀之年的丁玲回到了北京,当时她连个住所都没有,高莽得知她的临时住处的地址后,立即给她寄了一封信,还寄去了一本人民美术出版社为他刚刚出版的《马克思与恩格斯》画册。丁玲收到信和画册后,立刻给高莽回了一封热情洋溢的信。信中表达的感情的炽烈,对幼弟高莽关心的真诚,委实令人热血沸腾。请听下面这些只有血气方刚的青年才写得出的话语:"看见了你的画册,真使我的心沸腾。画正投合了我的口味,我愿意看下去，画的内容引起我的回忆。我在最痛苦、单人牢房、毫无生机的长年监禁中，马克思、恩格斯，世界上最崇高的灵魂，终日与我相伴……我反复翻阅，甚爱此画册。我谢谢你，高莽同志。它把我近日来的忧闷一扫而光。我为你的进步、成功而祝贺。""1956年，我们在重庆见过，你又赠给我四幅画纸。在五七年底我被斗倒独自关在屋子里等候发配时，曾经拿那涂过油的画纸临摹过一张风景画，和写生屋子里一盆萝卜花，自然这些都不见了。我不是一个健忘的人，怎么能不记得你呢。"后来，高莽多次拜访过丁玲，还为她画了几张速写像、水墨画像。有一次她还从保存的珍品中取出一些小的油画给高莽看，告诉他这是她在寒冷的北大荒画的风景画，用的就是当年他在莫斯科给她买的那个苏联小油画箱……精妙的苏联小油画箱，是金子般珍贵友谊的象征！精妙的苏联小油画箱，是峥嵘又坎坷的人生路的见证！在此之后的几年里，高莽经常与朋友一起去看望丁玲大姐，而且还为她画了一幅神采奕奕的水墨肖像。丁玲对这幅肖像非常满意，在肖像上面题写了"依然故我"四个秀丽有力的大字。此外，她还请高莽给她专门画了一幅马克思与恩格斯的油画像，把它庄重地挂在书房里。

中国文人历来就有互尊互敬、携手共进的优秀传统。唐代的李白与杜甫，近代的鲁迅与曹靖华，当代的巴金与曹禺等许多大文豪，在这方面为我们树立了光辉的榜样。现在，我们非常熟悉、敬佩的高莽与华君武、丁玲等人的友情，也成了我们学习的楷模。人间还有什么能比真正的高尚的友情更为珍贵呢？许多年前，我读过一位作家赞美友情的美文，文中说："友情是严冬的炭火，友情是酷暑里的浓荫，友情是湍流中的踏脚石，友情是雾海中的标灯，友情是看不见的空气，友情是捉不到的阳光。"达尔文说得更为明了、精辟："讲到名望、荣誉、享乐、财富等，如果拿来和友谊的热情相比，这一切都不过是尘土而已。"在金钱至上、物欲横流的当下，有不少人变得异常冷酷无情，诚信、正义、友情、亲情，全被他们抛到了九霄云外，他们已经失去了我们经常讲的、提倡的正常人的人性。面对这些灵魂丑恶的人，心地善良、灵魂纯洁、视友谊为生命的杰出的画家、作家、翻译家高莽，显得尤为非凡、俊美、高尚！

原载《文艺理论与批评》杂志 2013 年第 6 期

郑恩波，作家，翻译家，中国艺术研究院研究员。

"老虎洞"里访高莽老师

熊光楷

2008年4月15日，我在曹彭龄同志的陪同下拜访高莽老师。高莽老师住在"老虎洞"。"老虎洞"在哪儿？在北京朝阳区农光里附近。高莽老师就住在这里。但昔日的"老虎洞"已经拆迁改造。有一天高莽老师捡到一块金属路牌，上面刚好有"老虎洞"三字，于是一条已经消失的北京街巷转移到了高莽老师家中。

高莽老师家中果然是"老虎洞"。走进高莽老师密密实实摆满书籍和工艺品的家中，很容易看到各种各样的老虎装饰，尤其是橱窗里一群虎头虎脑的老虎布偶，虎视眈眈地注视着我这个客人，看上去非常可爱。高莽老师之所以那么喜欢老虎，是因为他生于1926年，属虎。

高莽老师是一位多才多艺的艺术家，在俄罗斯文学研究和翻译领域，成就卓著。他以"乌兰汗"的笔名翻译了大量俄罗斯文学作品，感动了无数的中国读者。但高莽老师过去从来不在译著上透露自己的真实姓名，当许多喜欢俄罗斯文学的读者和我一样得知"乌兰汗"就是高莽老师时，都既感到惊讶又感到惊喜，因为他们早就通过"乌兰汗"熟悉了高莽老师的文笔。

高莽老师还是勤奋的文学创作者，他创作出版了大量散文随笔，

113

2008年4月15日熊光楷与高莽合影

其中研究俄罗斯文学及艺术的随笔集、与中国和世界上著名文学家交往的随笔集都拥有广泛的读者群。

在从事文学创作的同时，高莽老师还是活跃的画家，他热爱文学，画了许多文学家的肖像，普希金、托尔斯泰、高尔基、歌德、易卜生的纪念馆，都收藏了他创作的肖像画。这些肖像画有一个共同特点，即都采用了中国水墨画技法。让这些不朽的世界文学巨匠，以中国画的技法定格在宣纸上，这是高莽老师的一大创举。

高莽老师的画笔尤其集中于俄罗斯。他为十九、二十世纪甚至二十一世纪初的上百位俄罗斯画家、作家画了肖像或速写。他曾经半开玩笑地对一位俄罗斯画家说："我画的俄罗斯作家肖像，可能比任何一位俄罗斯画家画的还多。"《我画俄罗斯》就是高莽老师在这方面工作的成果之一。2009年春天，高莽老师寄给我的明信片上，就印着他画的普希金肖像。

高莽老师对俄罗斯的研究往往独出心裁。例如，2000年与2009年，他出版了两本关于俄罗斯墓园文化的书。2009年3月，我去俄罗斯访问的行李里边，就装着他赠送给我的《墓碑·天堂：向俄罗斯84位文学艺术大师拜谒絮语》。以这本书为向导，我在莫斯科和圣彼得堡分别参观了新圣母公墓和文人公墓。

我在高莽老师家拜访结束时，他拿出一个储钱罐，当然是老虎形状的，对我说："每一位客人，我都会请他为我写一句话，放进储钱罐。"我写好后刚想念给他听，他笑着说："我先不听，我会在每年过生日时打开储钱罐，看看朋友们都写了什么。"

这真是一个有趣的活动，每年生日，当他打开储钱罐，看到朋友们写给他的各种各样的心愿时，会回忆起过去整整一年的快乐时光。

这是我第一次拜访高莽老师。此后，我和高莽老师有了更多交往。我曾经邀请他为我绘制藏书票，我还出席过他与其他一些画家兼作家共同举办的"边写边画"展览。我非常钦佩他的多才多艺，也非常喜爱他豪爽而幽默的为人处世风格。

2017年4月20日，我和夫人寿瑞莉又一次到北京农光里拜访高莽老师。他虽然已经九十一岁了，但精神尚佳，与我们相谈甚欢。当时，我和夫人正在向我们曾经共同就读的上海市延安中学捐赠签名书，因此带了不少书去请高莽老师签名，他都爽快地答应了。他还另外赠送了几本自己的新书，也都签了名。

万万没有想到，此后不久，2017年10月6日，高莽老师竟因病与世长辞。

今年是高莽老师去世五周年。当年介绍我认识高莽老师的曹彭龄同志告诉我，被熟悉高莽老师的朋友们一致尊称为"岚姐"的、高莽老师的女儿宋晓岚女士，在俄苏文学研究家、天津南开大学俄语系谷羽教授协助下，正筹划编辑出版高莽老师的纪念文集，不禁又激起我对高莽老师崇敬的怀念之情……

2022 年 3 月 12 日

熊光楷，中国人民解放军前副总参谋长，上将军衔。著有《读书、记事、忆人》系列丛书及《一味斋书画》等。

沉痛悼念高莽老师

任光宣

今天一早打开手机，看到高莽老师去世的消息，令我悲痛不已！虽然去年春节去他家拜访时，见到他羸弱的身体，再加上从他女儿晓岚口中得知他已到了肝癌晚期，我就明白了他已来日无多，但他一旦真的离开了我们，还是感到有些突然！这么好的师长和朋友怎么说走就走，真让人难以接受！

今年春节期间回国本想去探望他，但时间紧迫只能在电话上给他拜年。接电话的是他的保姆，她说高老师不便接电话，当我报了自己的姓名后，高老师便接过电话，因为他对我有"优惠政策"：从不拒绝我的电话，也从不拒绝我登门拜访。他上来就开玩笑说："任光宣，你再不来就见不到我了！"但转而便说，"你不要执意老远开车来看我，如果劲松这边有事，我欢迎你顺便来我这里聊聊……"这句话顿时让我感到了他对朋友的关爱。我们的谈话还是三句话不离本行，从俄罗斯文学谈起，之后他询问一些在俄罗斯发生的事情，因为他有浓厚的俄罗斯情结，并且"与俄罗斯的情缘几乎延续了一生"。高老师虽说话不清楚，还有点耳聋，但我们聊得很开心，他不时开几句玩笑，显示出他那幽默的性格……电话打了有二十分钟，我怕他累了，就说："高老师，您累了，去躺一会儿吧！"高老师回答说："没事

在高莽老师家中。他在给我的赠书上题词（2010年）

儿，我就是躺在床上与你说话的！"我听后很难受，因为不知道他是躺在床上与我聊了这么半天，于是及时打住了……没想到那竟是我俩最后一次通话！现在很后悔今年春节没去探望他，他去世真的应了他的那句玩笑："你再不来就见不到我了！"……

高老师已经作古，我与他相识和交往的往事纷纷涌到脑际，一时都不知该从何说起，思绪首先把我带到了遥远的六十多年前……

我最早是从中学语文课本上"认识"的高老师。念中学时，语文课本中有一篇课文，是苏联作家冈察尔的短篇《永不掉队》，译者是乌兰汗。一是乌兰汗这个名字让我很感兴趣。因为我当时在内蒙古，知道"乌兰"在蒙语中是"红色"的意思，"汗"是"小伙子"的意思。因此我一直以为这个翻译家是蒙古汉子。二是那篇小说语言译得很流畅，我对译者深感敬佩。但当时我处在祖国的边陲小城，根本打听不到乌兰汗是何许人也。后来，在北大读研究生时才知道，乌兰汗是个笔名，才与著名的翻译家、作家和画家高莽对上号……但可以说，我在中学时就"认识"高老师了，文如其人嘛！

我第一次见到高老师本人，是在北大俄语系举办的一次学术研讨会上。中午，我招呼会议代表吃饭，那时开会吃饭很简单，去学校食堂就餐，每人半斤水饺。当我把水饺端给高老师后，他开玩笑问："这不够吃，能否再给一份?"他的一句话逗得在场人哄堂大笑，我也第一次见识了高老师说话的风趣和幽默。后来，北京大学俄语系经常请高老师做讲座，他很博学，从诗人茨维塔耶娃到帕斯捷尔纳克，从苏联的地下出版物到俄罗斯侨民文学，他都能娓娓道来，如数家珍。他的讲座内容丰富，材料新颖，语言幽默，给我留下了很深刻的印

我们夫妇与高莽老师合影（2016年春节）

象，也领略了这位著名的俄罗斯文学专家的风范。

高老师和我年龄虽然相差很多，但由于是同行，再加上我俩很说得来，便与他的接触和交往多了起来，并成了忘年交。

我第一次应邀去高莽老师家，是在二十世纪九十年代，他那时住在白石桥的昌运宫楼里，是一套只有五十多平方米的公寓。高老师的书多，字画多和艺术品多，尤其是"虎"多，所以屋内显得十分拥挤，甚至无落脚之处。然而，就是在这样的斗室里，他写出了许多文章，完成了诸多的译作和画作。他的妻子，那时还没有失明的孙杰老师告诉我，屋子太小，无法作画，高老师只好把宣纸摊在地板上画画，高老师的许多画作，包括纪念普希金诞辰两百周年的大型组画就是那间斗室地板上的产物。

我与高老师第一次倾心畅谈是在上海，那是我们参加完中国外国文学理事会年会之后。那天，上海下着蒙蒙细雨，大会结束后与会者各奔东西了。高老师约我与他同行，我俩打着伞在上海滩漫步，边走边聊。那次，我们聊了许多。他谈到五十年代在中苏友好协会工作时多次访苏的经历，讲述了他与巴金、赵树理、老舍、茅盾、梅兰芳、黄永玉、华君武和丁聪等中国文化名人的交往，还讲了他给Ч.艾特玛托夫、Г.巴克蓝诺夫、Б.瓦西里耶夫、В.阿斯塔菲耶夫、Б.奥库扎瓦、Е.叶甫图申科、А.阿纳尼耶夫等俄罗斯作家、诗人画肖像的故事，还回忆起他青年时代在哈尔滨的许多往事，让我了解了不少东西；甚至还说到了他自己的感情经历，他说得是那么坦诚，那么直率，令我十分感动……

高老师多次参加过国内的各种学术研讨会，以高老师的资格和身份，他应是主席台上的嘉宾，但我很少见他在台上就座，即使他名字的台签摆在那里，也往往见不到他的身影。我曾问过他，是低调做人，还是有其他原因？他笑着说，一是坐在上面不舒服；二是坐在那里无法画画。后来，看到他的画册《高莽的画》我明白了，原来他的很多速写就是他不坐主席台的成果。

高莽老师不但是许多人的良师益友，而且还是个大孝子和好丈夫！

他母亲生前，他尽了儿子的孝道，把年迈的母亲带在身边，一直把母亲养老送终，还想办法满足母亲最后的一点心愿：母亲去世前曾对他说，"我一辈子最大的遗憾是吃了不识字的亏，我死后想去那边学文化，请给我买本厚厚的书……"该买本怎样的厚书呢？高莽想来想去，最后他买了一本大字典，放在母亲遗体旁，并与母亲遗体一起火化进入天堂，满足了母亲的遗愿……

高老师与妻子七十多年相濡以沫，他俩的感情成为俄罗斯文学界的一段佳话。其中的事例很多，我只举一例。高老师的妻子失明多年，生活起居很不方便。可在高老师的关爱和精心呵护下，妻子仍然感到了人生的幸福。他每天给妻子点眼药，漫画家华君武闻后深受感动，赠漫画一幅，画上有两只老虎（高莽和妻子孙杰均属虎），题字为"不是害羞，是点眼药的恩爱"。高老师还天天搀着盲妻下楼，为了让她接接地气。为了能够照顾妻子，高老师还推掉许多活动。他曾亲口对我说过："我最大的心愿是走在孙杰后面，哪怕晚一分钟也好！

高莽给任光宣赠书的签名

这样我可以先送她……"真是位好丈夫！我听到这句话十分感动，并对高老师的人格肃然起敬！可没料到，高老师先妻子而去了，我想他也许先走一步，在天堂等着自己的爱妻吧！

我一生中最大的遗憾，是放过了与高老师一起畅游俄罗斯金环的机会。那是1999年，俄罗斯作家协会邀请高老师和我游俄罗斯金环，并且参观沿途的文化景点和一些俄罗斯作家的故居。但我同时接到邀请去基辅参加第九届世界语言文化大会，在大会上还要发言，时间恰好冲突，我只能放弃与高老师一起游金环……后来，高老师给我讲了那次游俄罗斯金环的细节，他说自己获益匪浅，令我十分羡慕，也让我留下了终身的遗憾！

我的一家都是高老师的粉丝。我的妻子不但每次都同我一同去拜访高老师，而且认真拜读高老师送的每本书，并能从其中发现一些"新东西"。我女儿对高老师也是仰慕不已。2011年她从美国回京，特意提出来要去拜访高莽老师。我们一家人去高老师家中做客，那时他的身体已经不大好了，但还是拿出画笔，为我的女儿画了肖像，至今摆在我们家的书橱里，那是高老师留给我们的最好纪念。

今天，我内心十分痛苦，思绪也很乱。本应调整一下情绪再写，但感情又不容许我不在今天写下以上零散的回忆。

高莽老师一生树起了一座后人难以企及的高峰。他七十多年的辛勤耕耘，用自己的著作、译著和画集垒起来的文化高山永远屹立在中国文化界！他的精神品格和人格魅力永远留在我们心间！

写于2017年10月7日

任光宣，北京大学俄语学院教授。

空知鹤发丰年叟
喈喈瓶华细字
像的初渐讦句以
谢高莽先生画我
盡此津神之像
甲午春日 潘伽

忆高莽先生

肖复兴

6月，我还见过高莽先生；10月，高莽先生就离开了我们。真的
是世事茫茫难自料。

我和他居住地只有一街之隔，只是怕打扰他，并不多见。不过，
每一次相见，都会相谈甚欢，对于晚辈，他总是那样谦和。记得第一

次到他家拜访，我请教他树的画法，因为我看他画的树和别人画法不一样，不见树叶，都是线条随意飞舞，却给人枝叶参天迎风摇曳的感觉，很想学习。他找来一张纸亲自教我。这是我生平第一次有真正的画家教画画。

他喜欢画画，好几次，他对我说，现在我最喜欢画画。在作家、翻译家和画家三种身份里，我觉得他更在意做一名画家。在他的眼里，处处生春，画的素材无所不在，甚至开会的时候，坐在他前排人的脑袋都可以入画。晚年足不出户，我发现他喜欢画别人的肖像画，也喜欢画自画像，数量之多，大概和凡·高有一拼。有一幅自画像，我特别喜欢，居然是女儿为他理发后，他从地上拾起自己的头发，粘贴而成。这实在是奇思妙想，是凡·高也画不出的自画像。那天，他拿出这幅镶嵌在画框里的自画像，我看见头发上有很多白点儿，很像斑斑白发，便问是用白颜色点上去的吗？他很有些得意地告诉我，把头发贴在纸上，看见有很多头皮屑，用水洗了一遍，就出现了这样的效果。他说："我喜欢弄点儿新玩意儿！"俏皮的劲头儿，童心未泯。

有一次，他让我在一幅自画像上题字，我担心自己的字破坏了画面，有些犹豫，他鼓励我随便写。以往文人之间常是这样以文会友，书画诗文传递着彼此的感情与思想。樽酒每招邻父共，图书时与小儿评。

记得那次，我在他的自画像上写了句：岂知鹤发老年叟，犹写蝇头细字书。这是放翁的一句诗，我改了两个字，一个是残，我觉得他还远不到残年之时；一个是读字，因为晚年他不仅坚持读，更坚持写。

《阿赫玛托娃诗文抄》是他写作的最后一本书，于他意义非同寻常。他不止一次说过：我翻译阿赫玛托娃，是为了向她道歉，为自己赎罪，我亏欠她的太多。1976年，他在北京图书馆里看到俄文版阿赫玛托娃的诗集，内心极大震撼。自己以前没有看过她的一句诗，却也跟着批判她的人，他的良心受到极大的自我谴责。从那时候起，他开始翻译阿赫玛托娃的诗，就是想在有生之年完成对她的道歉，为自己赎罪。

我们的文人，自以为是的多，文过饰非的多，明哲保身的多，

他画我的时候，雪村也画他

闲云野鹤的多，能够长期以自己的实际行动，向他人道歉、为自己忏悔的，并不多见。这一点，高莽先生最让我敬重。他让我看到谦和平易性格的另外一面，即他的良知，他的自我解剖，他的赤子之心。淹留岁月之中，清扫往日与内心的尘埃，并不是每一位文人都能够做到的。

6月，我们见他的时候，已知他重病在身，但他精神还不错，我们聊得很开心。聊得最多的还是绘画和文学。这是他的爱好，更是他的事业。只要有这两件事陪伴，立刻宠辱皆忘，月白风清。那天，他还让他的女儿晓岚拿来笔纸，为我画了一幅肖像画。晓岚说：这是这大半年来他第一次动笔画画！

他画我的时候，雪村也画他。不一会儿，两幅画都画得了，相互一看，相视一笑。他的笑容，定格在那天上午的阳光中，那样灿烂，又显得那样沧桑。想起一年前，我们一起为他过九十岁生日，虽是深秋季节，他的笑声比这时候要爽朗许多。不知为什么，心里总有一种"病叶多先坠，寒花只暂香"的隐忧和哀伤。

那天，我比照着也画了一幅送给他。他很高兴，将他画我的那幅肖像画送给我。在这幅画上，可以看到他笔力不减，线条依然流畅，也可以看到从青春一路走来的笔迹、心迹和足迹。这是他为我画的最后一幅肖像画，也是他留给世界的最后一幅画。

肖复兴，作家，画家。

高莽为曹晓萍画的速写像

我去哪里找你……

曹晓萍

　　金秋的细雨竟这样连哭了两天两夜，在第三天的泪雨中，大家送你走了。当我在病中得知……空气静止……我去哪里找你，我再也追不上你的脚步了，只有不断滴下的泪水，从脸上滴落。无法控制的眼泪如断了线的珠子，你知道吗？当雨珠与泪珠交替时，你的亲人为你哭泣，天空也在为你哭泣。

没有想到你走得这样匆忙，我还想病好回家乡，再去秋林公司，去那俄罗斯的百年老店买上"力道斯"寄给你。那是一种挥之不去的俄罗斯情结。你童年就读于俄罗斯人办的小学，用俄文上课，那小学后来成了铁路疗养所，现在已不存在了，但离儿童公园很近。儿童公园过了道，对面有一座小楼就是你的家，但这一切也不存在了，但秋林公司还在，它离你的家很近。在通往秋林公司的那条路上，留下你多少童年的小脚印啊！你一定还记得秋林公司里穿着花边围裙系着白色三角巾的那些漂亮的俄罗斯姑娘，那突显的大玻璃框里五光十色的糖果，那各种俄罗斯香肠、力道斯、茶肠、风干肠。如小锅一样大的"列巴""沙一克""修古丽姆"都还在。今天这一切也都在，寄给你是为了慰藉乡愁。我们发誓，不给谁寄，也得给你们寄。

记得你们还住在昌运宫的时候，一次孙杰老师对我说："我一闻这香肠的味道就想起哈尔滨，我不舍得多吃，每次早上就切三片。"这是多么浓的乡情啊！

还记得1990年的一件事，我在鲁院上学，回京总是带着一些香肠，让你接站。列车晚点，待我出站时，你说："接你太不容易了，一开始晚四十分钟还可以，后来又晚了两个小时，又晚了二十分钟，浪费了三小时，太不值了。"又对前来接站的韩作荣说："是不是不值？"作荣只是笑，晃晃头一句话也不说。我说："高老师，你为了孙老师也就值了，她一次只切三片香肠，这能吃好长时间呢，你说值不值？"这时你笑了，紧接着："这么说值，值！"

我从这时起就发誓，只要回哈，第一任务就是要买香肠寄回来。后来我们定居北京，不能经常回哈，就做些香肠给你送去。去年回哈还给你寄了香肠，还接到了你的电话，哪知你在病中，你还是那样高兴地说:"谢谢!家乡的人还能想着我,太感动了。"我知道,这份感动是对久违的家乡深深的怀念。

回想和你相识已经快三十年了。记得那是1988年,《哈尔滨日报》要写一本报业史,需要采访三十年代在哈尔滨的办报人,光是北京的名单里就有好多人,高莽,罗烽,白朗,孔罗荪……这个任务交给了我。采访中这些老前辈都表现出了浓浓的乡情。还记得去罗烽家,他的女儿金玉良接见我后,把我领到罗烽的书房,我忙拿出报社的介绍信递过去,罗烽笑着说:"不用信,也信。"当时让风尘仆仆的我感到一股暖暖的乡情。

记得我来到建国门内大街的《世界文学》编辑部采访你……眼前出现的是一位高高大大、身体健硕、和蔼可亲的北方人。北方人讲:"人不亲,土还亲。"距离感立刻就没有了,我拿出了黑龙江大学陈隄教授给你写的一封信(陈老师当年在《大北新报》上写连载小说)。提起《大北新报》,你说:"当时我年纪太小,也就只有十七八岁,还太不成熟。那是我第一次发表作品,给《大北新报》画的漫画,署名是'宋小四'。"我一愣,你又接着说:"其实我姓宋,家里排行老四,就叫宋小四了。"说完你就哈哈大笑起来:"我离开哈尔滨就不用这个笔名了,我现在确实很忙,但你是老乡,老乡求的事总得办,我答应你写一篇回忆录。"这时有一位女编辑蒋老师进来和你谈工作,你立即问我:"你知道《绞刑架下的报告》这本书吧?"我点头说:"我知道。"你指着这位编辑说:"这本书就是她翻译的,一会儿你就送她一本吧,她是我的老乡。"蒋老师谦逊地说:"那不算什么,只是一本小册子。"我心想,这里真是聚集着我们国家最高水准的翻译家。没想到,多年前读过的作品,在这儿竟见到了翻译家本人。蒋老师把书递给我,我用力握着她的手,心里溢满了一种自豪的满足感,就这样我得到了蒋承俊老师的一本签名书。让我更没有想到的是,你又拿出一本中国社会科学院和外国文学研究所编的日记本，里面有六十多位外国文学家的画像都是你画的。你拿出粗黑的碳素笔，端坐着看了我几眼，便在日记本的扉页画起来，一会儿就画好了写好了。我一看就惊讶了！简直不敢相信这就是我，画得如此传神，我爱不释手地看着，看着画像下的三行小字，我竟不敢相信自己的眼睛了，是看错了吗？没有哇！明明写着："这本日记本里我画了几十位外国文学家，你是唯一的中国女诗人站在他们中间。"我说："高老师，你怎么这么写？我哪儿配呀？"你风趣地说："怎么不配呀，这本日记本我画的都是外国人，没有一个中国人，你不就是唯一的一个中国诗人了？"我笑了，虽然是诙谐的话语，但像一块金石在我的心里激起了波澜，一种无形的力量推动着我，让我在诗歌的这条路上更加奋进。告别在咫尺，但鼓励却留在远方。

《大北新报》的回忆录写完后，我来到昌运宫住处取稿子。还没有按响601室的门铃，心里便说："找对了。"因门上挂了一个纸壳做的袋子，上面画了一只黄色的小老虎，两只眼睛很有神，下面写着一行字："有事请留言。"

打开门，主人的热情和房间的温馨，让我感到并不陌生。感觉到我童年去的一个俄罗斯家庭，就是这样的家。来到满室生辉的书房，书香遍布不用去说，满室的工艺品老虎，也有几十只吧。你一边让我喝咖啡，一边给我介绍，这幅油画像是我的女儿，是她小的时候我给她画的，这幅画像是我妻子年轻时，也是我画的。贴在柜子上有一张孩子稚嫩笔触画的大画像，我看着那夸张的五官笑了。你说："这是我的小外孙画的，画的我，画得很不错。怕别人不知道是我，还写上了'高莽'两个字。"我笑着示意地点着头。心想，这真是一个好温暖好幸福的家庭啊！这时，慢慢地走进来一位个子不高的老妈妈，我立刻站起来，你说："妈，这是咱们的东北老乡。"老妈妈坐在了沙发上，你又说："我妈就爱坐这个沙发，是我从'五七'干校回来没事干，自己用木板做的。白天扔一些靠垫当沙发，晚上就是我的床，后来我不想要了，但我妈不让，说她就喜欢坐在硬木板上。"老妈妈跟我寒暄起来，"哈尔滨还那么冷吗？""还有那么多老毛子（俄罗斯人）吗？"之类的话。老妈妈话逐渐多了之后就笑着问我："你咋不梳头呢？"因为当时梳的披肩发。你赶忙说："妈，现在都兴这么梳头。"老妈妈说："现在都兴不梳头了。"说着走出去，待进来时，手里拿着一把木梳说："来，我给你梳上，还是梳上好看。"我们都笑了。你拿过老妈妈手里的木梳说："妈，现在年轻人都这么梳。"老妈妈像一下子明白了说："啊！现在年轻人都披头散发了。"老妈妈又摸摸我的腿："天凉了，别穿裙子了。"说着又出去了，再回来时，手里多了一条绿色的毛线织的毛裤："孩子，穿上吧，天凉了，回哈尔滨更冷啊。"这时，你又着急地说："妈，现在年轻人都不穿家织的大毛裤了，现在的年轻人都讲'时髦'。"老妈妈又把毛裤送回去，边走边说："不穿不冷吗？时啥髦！"你叹口气说："我妈八十多岁了，有时也糊涂，凡事让她知道了，她都过问，可操心了。有一次俄罗斯来了几位作家，她知道来的都是外国人（老毛子），不敢进来打扰，但她还想听我跟他们说什么，就悄悄地推门，吱嘎嘎……吱嘎嘎……外国朋友说：'你们家有猫吗？'我摇头说：'没有。'一会儿我妈推门的声音更大了，吱嘎嘎，吱嘎嘎，外国朋友瞪大眼睛说：'你们家有特务。'我急忙推开门说：'是我妈。'大家都笑得不行。我妈的针线活特别好，衣服都是她自己做的，但岁数大了，做不了了。一次我用了一天的时间，用缝纫机给她做了一套棉布的睡衣睡裤，做好了给她时，她那个高兴呀！我这个做儿子的心里甜丝丝的。但过了一会儿，我看见她戴着眼镜手里拿着针在拆，已经拆了很多处，我说：

'妈，怎么了？'她说：'针脚缝歪了。'我当时那个伤心呀！我妈虽不识字，从来未打骂过我们，但她要求我们特别严格，做一件事一定要做好，从小就这样教育我们，做不好就要重新做。妈妈老了，只是喜欢每天晚上喝一小杯酒，但有一点，不是八大名酒她不喝，都是孙杰在外事办给她买。虽然喝得不多，每天一小杯，但几个月下来也攒了一堆瓶子，可能这也是她长寿的秘密吧。"

在听你讲述中，我也注视着桌上一只精致的小水晶花瓶中水生的一株植物，像一节甘蔗生出两株嫩绿的叶片，我第一次看见这种用水生的奇怪的植物，便问你这水生植物的名字，你告诉我叫"巴西木"，因女儿女婿都在巴西，是他们带回来的。我说："它不需要什么肥料，在水里就能生活吗？"你点头说对！随手从书架里拿出一本《马克思与恩格斯》的画册送我，你说这是"文革"前出版的，我也不剩多少了。又拿出了你1986年出版编辑的《苏联女诗人抒情诗选》，用签字笔龙飞凤舞地写下几行字："这是你的老乡编的一本诗集。他想说明，当诗人，命是苦的，更何况是女诗人！"落款为"乌兰汗"，你说一般翻译的时候你多半用乌兰汗的名字，写文章多半用高莽。你又拿出了红绿相间的小套娃连同桌上的巴西木送我，我说小套娃我可以收下，但巴西木不能收，那是你女儿从巴西带回来的，我不能夺人之爱。你说："你拿去，我还有一棵。"说着你要把水倒掉，让我连同瓶子一起拿走。我说只拿花就行，花瓶坚决不能拿。找包装的时候，忽然看见了艾青的《诗论》，便求你把这本书送给艾青，这本《诗论》是我从老辈的旧书里翻检出来的。你说："这么好的事还是你给寄去吧。"我说："我连地址都不知道怎么寄，这是他解放前出的书，他肯定没有了，还是你送吧。"你说："他家的详细地址我也说不清楚，但我能找到他家。这样吧，我给艾老的画像正画完了，正好明天让他看看，你明天和我一同去吧。"我非常高兴，立刻答应了，明天就能见到艾老了，这样的事做梦也想不到。

艾老1957年被打成右派，1958年流放到北大荒，1960年又调离到了新疆石河子，历经"文革"后，一直到再次回京，依然襟怀坦荡，谈笑风生（真可谓两袖清风）。当艾老看到这本《诗论》，眼睛一亮，别提多高兴了，像找到了丢失已久的宝贝，不停地说："是我的书，我记得……是我年轻时写的。"我如愿以偿终于把书送到了艾老手里。艾老随即给了我两本签名的诗集，我拿出本子，让艾老随便给我写一句话，他目视前方，寻思片刻，拿笔的手有些颤抖，随即写下了："人不能永远高兴；也不能总是悲哀！"这时你打开了卷轴，呈现在面前的是艾老的大幅画像，艾老更是兴奋异常，微笑地点着头。我们在画像前拍照留念，这时鲁煤也来走访，也在画像前留影。临别时，我请你给我和艾老拍一张照片，你找好角度很认真地为我们拍下了这张珍贵的照片。

回哈后，我精心地把你送我的巴西木泡在水里，经过了一秋一冬，春暖之际我把它种在了土里，它茁壮地记录着岁月留下的痕迹，在充满阳光的写字台上，那翠绿的叶片看着我写下那些长长短短的句子。待我的诗集《初恋》即将排版时，我用了一张你给我画的小素描、艾老的题词和与艾老的合影。今日回想起来已是二十七年前的事了，如果没有你的引荐，领我去拜见艾老，这本诗集里也就没有了艾老的题词以及我和艾老的合影了。

为什么你活得这样真真切切，不论谁的事你办起来都是这样认认真真？我们去哪里找你，我们不让你走得太远……不再让你为我们这样劳累，我们只想坐在你身边，或者在你身边站一会儿就好。在这金秋的时节你去哪儿了？你说你最喜欢秋季了，五彩缤纷的颜色像打翻了调色盘。

记得那是1992年，正值金秋。我在鲁院读书，周日去你家和孙杰老师说起树叶都红了，特别是银杏树的叶子好美，像一把把柠檬色的小扇子，要是能有几张香山红叶的照片该有多好。孙老师说："这事你得求高莽，我眼睛不行了，一只眼睛做完手术只有一点光感，烧开水灌暖瓶，有时水都灌到外边。"我说："高老师那么忙，我怎么好意思浪费他的时间。"孙老师说："那浪费什么，香山又不远，只是说好哪天，你提前一天来，第二天上午就去香山，上下午照片都可以拍到。"

我们定好了11月4日，3号晚上我就到了，孙老师正在厨房里忙碌，你换了一罐煤气拎到厨房里安装，我走进厨房帮忙，孙老师坚决不肯。我说："厨房收拾得这么干净，一尘不染。"你听到后说："别说厨房干净，连煤气罐都干干净净，公家的煤气罐都是这么油乎乎脏兮兮的，每次孙杰都擦得干干净净的再用。她就是这样的性格，每次从我们家里出去的都是干净的，回来的还是脏的煤气罐。"说话工夫孙老师炒好了四个菜，这时老妈妈也走出来了，手里拿着她那八大名酒当中的两小瓶坐在了桌前，手里攥着叠得方方正正的手帕，你给老妈妈倒了一杯酒，我挨着老妈妈坐下。当我尝第一口菜的时候真是太可口了，而且色香味俱全，每个菜都那样好吃，可能我们都是东北人，口味一致的缘故——不是，是超越了会做饭的家庭的手艺，可以称之为大厨师了。老妈妈一边小口品酒，一边不停地让我夹菜，而且她吃两口菜就用手帕擦一下嘴角。我至今仍记得菜的香味，只是说不出菜的名字了。夜晚我住在书房，也就是你自己做的那个沙发上，孙老师给我拿了一床漂亮的被子，记得是橘黄色的底子橄榄绿色的花，我说："好漂亮的被子！"孙老师说："这床被也有三十年了。"随即又送来一床新的毛毯，说后半夜凉。

第二天上午九点多钟我们就到了香山，进了大门便看见大横幅上

高莽非常喜欢曹晓萍赠送的红色小菊花（2011年）

写着迎接红叶节之类的标语，来观红叶的人也很多。高大的银杏树在阳光的折射下黄灿灿的，站在树下真是高与矮的对比了，红绿相间的枫叶像一只只小手在风中摆动，圆形的黄栌叶红得不能再红，你摄影构图非常严谨，一定要用眼睛构好图再用相机照，你说尽量构好图，不浪费每一张胶片。你又告诉我用逆光照红叶很漂亮，叶子能红得很透亮。在黄栌树下，你让我给你拍一张照，告诉我站在哪个角度拍，取景框里的天空，黄栌树，人，大地，远近的焦距找好，给我示范好了，你才站在树下，让我按动快门。你的示范教学让我受益匪浅，在照片的构图中也思考一下，知道取舍了。

满地的落叶五彩缤纷，但你更怜爱水中的那些叶子，那被水浸透的叶子更厚重了，更沉稳了，没有了那种光感，你不厌其烦地观察着找各种拍摄点，每一张照片的拍摄都耗去了很多时间。我们不像在摄影，像是一场室外考察，是和大自然的一场观望，是和飘落的树叶的对话。画家的眼睛啊！你在一次次地取舍着。我们每人一台相机，你轮换使用，留下了三卷照片，每一张照片都是让人心动的风景，但更让人心动的是你那种一丝不苟的严谨。

落叶如彩色的雨时而飘落，我们走出了大门。甬路两边都是卖红叶的地摊，可以把红叶夹在塑料薄膜里塑封好。你蹲下来看着师傅如何塑封，忽然你像有了构思，对我说："我看里面应该衬一张白纸写上字或者画上像再摆上红叶封起来很好看。"你说着便从包里抽出小速写本说："咱们也塑封几个留个纪念。"你撕下一小张速写纸，画上像，写好落款，摆上我们捡来的红叶，红叶也要找最佳距离，摆上几次，直到满意为止。再告诉塑封师傅按住，里面不能窜动。当画我大女儿的时候，画完后你还不满意，又在嘴角轻轻点了一下，一摊墨水出来。你说："点坏了，不点就好了。"我说："你总是太追求完美了。"你又重画了一张，自己摇头说："哎！不如第一张好！"你想了想又说："给你二女儿的我就不画像了，她属羊，叫墨墨，我就画一只墨羊吧。"你为我精心制作了三张卡片，每张都写着留念，每张都写着"1992年11月4日香山"。

待我把我相机里的照片洗好后去你家，孙老师说我们相机里的照片也洗好了，说完大笑不止，孙老师说："我看了就想笑，高莽在黄栌树下的那张照片，一只眼睛正好被红叶挡上了，像戴个眼罩，'独眼龙'一样。"你有些不赞同地说："不是'独眼龙'，是'海盗'。"我们在欢乐的气氛中看着这些照片。有的照片你非常满意，自言自语地说："谁说我只会画画……不会摄影……谁说我只会画画……不会摄影。"这些照片都在，你为什么从照片里走出去了？你去哪儿了？莫非你听到了红叶深处的钟声，你停足吧，别走得那么快！

你坐下来，听我们跟你诉说飘落过的日子，如年轮都还历历在目。你还记得你孝顺的女儿晓岚给她妈妈过生日吗？还有你的侄女，孙老师的侄孙女。晓岚准备了鲜花、蛋糕还有一桌饭菜，我们拍手唱着生日快乐歌，一家人其乐融融。我们知道孙老师只能用耳朵听，她看不见我们的笑容。我们临别拍照时，晓岚把妈妈喜欢的一只毛绒老虎抱出来放在妈妈的怀里，孙老师用爱抚的手抚摸着老虎，留下了那珍贵的一刻。

那一刻定格在时间里，那一刻定格在我们的心上，当时钟的秒针"呼呼……哗哗……"地划动时，我们忘不了邱大夫去家里给孙老师治牙，临走时，你从床头上摘下了一块电子钟说："知道你收藏钟表，经常去潘家园，这块表就送给你吧，是朋友从澳大利亚给我带来的，它的造型是澳大利亚地图。"邱大夫收下了，非常喜欢。

回来后，我们把它挂在墙上，坐在餐桌前抬头便可看见秒针的划动，低头便能听到"哗哗……哗哗"的走动的声音，从未停止过。如今不敢抬头看它了，只能在寂静里听它轻轻地在心上划过。时间没有静止，眼泪没有静止，你的脚步没有静止……高老师，你走得慢点，我已会在取景框里寻找你了，你停下来……

2017 年 10 月 10 日

曹晓萍（笔名晓稳），1950 年出生于哈尔滨，鲁迅文学院研究生毕业。诗人，出版诗集《初恋》《诗季》等。现居北京。

怀念高莽先生

张福生

　　高莽先生头上有许多光环，俄苏文学家、翻译家、作家、画家。但我看重的却是大家送给他的雅称："中俄文化交流的使者"。几十年来，从二十世纪四十年代直到去世，他像个文化枢纽，始终从事着中苏、中俄两国文化的交流，无论是官方的还是民间的，他都发挥了重要作用。我责编过他两本专著，《俄罗斯美术随笔》和《我画俄罗斯》，记述了他几十年来研究介绍俄苏文化文学的漫长历史、心得体会，以及他在多年的工作中与俄苏文化界人物交往的故事。前一本配有大量的插图，后一种收入的全部是他自己的绘画作品。尽管厚厚的两大本，也只是他这方面成就的粗略轮廓，或称略见一斑。他做过的许多事是无法用笔，或者由他自己记述的。

　　他给我看过他多年搜集、积累的有关中俄文化交流的资料，现在看，都应是珍贵的史料了。只可惜，没等我们找出时间，坐下来好好商议怎么利用这些资料，他已经老了，我也退休了。

　　我与高莽先生真正接触是在1983年去厦门开"屠格涅夫研讨会"。我们北京一行人先到福州小住了两天。在从机场到福州师大的汽车里，他将我的情况问了个"底儿掉"。他很看重我在东北兵团有过五年知青生活的经历。

在福州鼓山公园吃饭的时候，由于我一直陪着我的北大老师魏荒弩和张秋华两位先生，所以也被请到大桌上，记得这一桌有姜椿芳、戈宝权、陈冰夷、叶水夫等前辈，这是校方有意安排的。忽然看见高莽先生进来，我忙起身拉他入座，自己到小桌上去。高莽先生忙拽住我，笑嘻嘻地小声说："那桌都是大人物，还是你去沾光吧⋯⋯"他当时给我的印象是人很随和，随意，甚至有点随便。后来的接触也证明了这一点。

厦门会议是"文革"后俄语文学界开的第一次大型文学研讨会，在册的就有百余人。最初几天，高莽先生和我还有宁夏大学的俞灏东先生同住一室，后来高莽先生被请去另住一间了。我感觉开会的许多人都想认识高莽先生，与他攀谈，可他却唯恐避之不及，常拉我单独行动，外出观景。有一次，在一条老街上，我要去上厕所，他在外面看守书包。待我上完厕所回来，见他正手托一个本子聚精会神地画速

2012年张福生与高莽在《世界文学》创刊六十周年纪念会上

写，走近一看，那画已基本完成。他的这种能充分利用一切零碎时间的本领，相信我们许多人都领教过，尤其是在会议期间，他总有收获，他的许多人物、风景速写都是这样成就的。我保留着一张2006年在北外开《俄罗斯当代小说集》首发式上他画发言人的照片，照片的背面写着："高莽开会，总干私活儿。"

在厦门会议的一次小组发言中，我不知深浅地说："屠格涅夫的六部长篇小说像一棵大树上的六个枝杈，读一本《罗亭》，其余五本也略知一二了……"这句话遭到了大多数人的谴责，只有高莽先生会后安慰我说："你的话有一定道理。不过在这种会上（纪念屠格涅夫逝世一百周年），说话要小心，有许多是留苏的……"还有一件事我也记得。那时相机还不普遍，高莽先生有一架，他几次主动拉我照相。回到北京不久，我就收到了他寄来的几张底版。高莽先生那时已经是《世界文学》的负责人了，我只是个新兵。相信俄语文学界有许多像我这样的小字辈都受过高莽先生这样的关心和帮助。

高莽先生与文学出版社的关系是密切的。二十世纪五十年代初，文学社要将苏联第二次作家代表在会议上的发言汇编成书，高莽先生是其中一位重要的译者，也从此开启了他与我社漫长的交往。后来出版的《柯涅楚克选集》（1956）、《马雅可夫斯基选集》（1957）、《普希金文集》（1995）等选集、文集、丛书都收有他的译文。1991年我社还出版了他撰写的讲述苏联三大诗人马雅可夫斯基、叶赛宁和帕斯捷尔纳克悲剧的专著《诗人之恋》。1958年他和戈宝权先生还为我社翻译过一本白俄罗斯诗人唐克的诗集。这本书的作者像还引出了一段趣闻。2000年前后，我在老主任卢永福退休时留给我的杂物中发现了一张唐克的作者像，上面有我社美编画的尺寸，显然是发稿时的"零件"。上面还有唐克的亲笔签名。在下方写着："高莽，一九五七·十·十，洛阳。"有一次高莽先生来我办公室，我给他看了这张画像，他很激动，告诉我这是1957年他陪来华访问的唐克从洛阳到上海的火车上画的。他以"文革"前他画的各类原稿都在"文革"中亲手烧掉了为由，要收回此画。我本没打算还他，听了他这句话，更不还了，只复印了一张给他。后来我们见面或通话，他常常提到这幅画，要求索回。2003年底，他来我社开"全国翻译家"初评会议，我当着各语种评选专家的面，请他将此画签名送我。高莽先生很不情愿地在画的下面写了一句："四十五年后重见自己早期画像，不胜感激收藏者张福生，高莽，2003.12.13"。当时老主任卢永福先生走过来说，这幅画应该送他，因为他是《唐克诗选》的责编。

二十世纪七十年代末，《世界文学》复刊时，高莽先生常来出版社，那时外国文学编辑部的工作已开始步入正轨。他是来挑些稿子选登，了解些出版情况。记得《世界文学》复刊的前几期排校工作都是文学出版社负担的。他与我们苏东组的编辑非常熟，大都是"文革"前的故交。高莽先生总是风风火火地来，匆匆忙忙地去，没有寒暄，没有客套，像是生怕浪费大家的时间，也可能他那时就是那么忙。只有一次，他在我们苏东组足足坐了一上午。那时是八十年代初，他出访苏联回来后到编辑部讲访苏观感。那时中苏文化交流尚未恢复正常，两国关系十分敏感，消息也非常闭塞。他传达了许多重要信息，大家也提了许多问题，这对苏东组制订选题计划有很大的帮助。当时刚刚开放学者出国访问，记得德语的张玉书、英语的萧乾等先生出访回来都到编辑部交流信息。

高莽先生也是我十分敬重的一位老编辑。他1945年就在哈尔滨中苏友好协会做编辑工作，所以身上有一些编辑的特质，比如守信守时，认真谨慎，甚至一些个人爱好，比如他喜欢保留收藏一些旧物。我也有这个习惯，究其根源，好像与他还有一定关系。有一天他来找我，是副总编辑孙绳武请他来的。当时我正在编一本诗集，他想选几首在《世界文学》上发表。他在我旁边的空桌上翻看稿子，我就整理一些没用的信件、纸片准备处理掉。当时我除了发稿，还兼做苏东组的编务秘书，所以没用的东西非常多。高莽先生见了，在我要处理的东西中翻了翻，以一种老编辑的口吻说："有些东西别急着扔，也可能日后还用得着，它们比记忆可靠……"我听了高莽先生的教诲，从此也就落下了一个"收破烂"的毛病。每次去他家里，他都会投其所好，拿出他的收藏给我看，有些东西，应该说，现在都成了珍贵的史料。记得有一次，他拿出一个信封给我看，我一眼就认出上面有个天大的错别字："高葬收"。这东西也留着，我大惑不解。不过，从那以后，我再收到写错我名字的信也不撕了，我至今保存着一个"张佛生收"的信封。

高莽先生的口语很棒。我们编辑部的磊然和程文做过口译，都很夸赞他。1990年苏联文学出版社代表团来社访问，一共十天，外出由我陪同。我出校门已经十多年了，参观购物还勉强应付，稍微深一点，就会尴尬。游览长城的前一天，我打电话请求高莽先生前来救场。苏联客人见到高莽先生高兴坏了，把憋闷了几天的话一股脑儿都"倾泻"给了他，不停地跟高莽先生讲话。他们的编辑部主任克里莫娃激动地大声说："反正我的丈夫也不在，我要和高莽先生来个深情的拥抱……"那天她大讲段子，一些政治笑话我还能听出个大概，关于爱情的我就云里雾里了，一个"包袱"也听不出。而高莽先生与苏联客人交流，谈笑风生，神态自然，仿佛是在与老乡叙旧。雅罗斯拉夫斯基，一位参与过《金瓶梅》翻译的老汉学家和后来莫言小说的译者叶戈罗夫告诉我，高莽先生在苏联文学界非常著名，见到他很荣幸。

高莽先生在俄罗斯很著名这是人所共知的，但在挪威也著名了一次就鲜为人知了。1995年《易卜生文集》出版后，由于他们的首相来华参加首发式，带来了一个很大的访问团。挪威使馆决定和我社联合中国译协举办一次易卜生研讨会，很隆重。挪方代表团人很多，带的东西也不少，不慎将用于开会的易卜生像忘在了飞机上。这可急坏了挪威大使，他们的参赞来找我，脸色都变了。我给他出了一个主意，让中国译协出面，请高莽先生赶制一幅易卜生画像，时间太紧了，只有高莽先生能担当此任。果然，开会那天台上端端正正挂出了高莽绘制的大幅易卜生画像，色彩鲜艳，将挪威戏剧家的精气神表现得淋漓尽致，引得许多挪威来宾纷纷上台与这幅画像合影。

2003年我去挪威访问。在参观"易卜生研究中心"时，一进展室，我就看见了当年高莽先生绘制的那幅易卜生像，依然那么醒目。讲解人员特意领我到这幅像前，兴奋地讲述这幅画像的故事："这是中国一位著名的大画家的杰作……"之后，还拉我到近前，让我看上面的签名。在密密麻麻的外文签名中，我认出了叶水夫、萧乾、葛一虹等，还有演过娜拉的演员冀淑平的名字。其实我的名字也在上面。

我最后一次去高莽家是2016年陪着我室新来的编辑李丹丹做交接工作，我要退休了。高莽先生那天兴致很高，给丹丹画了一张像，也给我画了一张。这是我心中多年的一个愿望。他在画像的空白处写了"老友福生留念"，落款是"九十老朽高莽"，还盖了一个鲜红的印章。

三十多年来，高莽先生对我有过许多帮助，我在这里并没有写，但在我的心中是永存的，不会忘记。

张福生，人民文学出版社资深编辑。

翻译家高莽的人生信条：
人的一生应当永远向前

罗雪村

不久前，高莽以其在俄苏文学翻译方面的突出贡献，与林戊荪、江枫、李文俊一起获得"翻译文化终身成就奖"。此前，他在国外获得的荣誉似乎更多一些，比如：俄罗斯总统颁发的"友谊"勋章，俄罗斯科学院远东研究所授予的"名誉博士"称号，俄罗斯作家协会名誉会员，乌克兰"三级贡献"国家勋章，等等。

回首往事，高莽说自己一生都是在所热爱的俄罗斯文学艺术中度过的。无论他的事业还是爱情，都同俄罗斯文化有着紧密的、千丝万缕的联系，甚至面对突然降临的灾难，他也从俄罗斯文学中汲取了丰厚的精神滋养。

剧本为媒

高莽走上俄苏文学翻译之路，可以说得天独厚。1926年他出生在哈尔滨，那里侨居着许多白俄，整座城市充满了浓郁的俄罗斯情调。他就读于十年制教会学校，语文课讲的是俄罗斯十九世纪文学

罗雪村绘高莽速写

作品。从孩提时代，他就熟悉普希金、莱蒙托夫、托尔斯泰和陀思妥耶夫斯基。当时的东北正处在日本侵略者的铁蹄之下，俄罗斯文学中的民主精神、对劳苦大众的关爱、对大自然风光的描绘，给高莽带来极大的慰藉。十七岁那年，他翻译了屠格涅夫的散文诗《曾是多么美多么鲜的一些玫瑰》，在《大北新报》发表，这是他的翻译处女作。

1946年哈尔滨解放后，高莽读到根据奥斯特洛夫斯基的小说《钢铁是怎样炼成的》改编的俄文剧本《保尔·柯察金》。保尔深深感动了他，在那之前，他还没有见过那么坚强、那么忠贞、那么勇敢的人。1947年，他把剧本译出，哈尔滨教师联合会文工团转年便将它搬上了舞台。剧中冬妮亚的扮演者孙杰，是位女教师，她和高莽相识相知相爱，终成眷属。1956年，奥斯特洛夫斯基的夫人赖莎访华，高莽担任翻译。当赖莎得知他和孙杰因《保尔·柯察金》结缘时，兴奋地说："一定要把你夫人带来让我看看……"那年除夕夜，高莽夫妇同去看望她，她拉着他俩的手，端详良久，开玩笑说："记住，我可是你们俩的媒人！"

三十年后，高莽访苏，专程到奥斯特洛夫斯基纪念馆拜见赖莎，并为已经白发苍苍的她画了一幅速写。她在画像上的签名是："媒人"奥斯特洛夫斯卡娅。赖莎送给高莽一张照片，照片上是双目失明的尼古拉·奥斯特洛夫斯基躺在病床上，赖莎守护在他身边。赖莎工工整整地在照片背面写了一句话："祝愿你们像尼古拉微笑那么幸福。"不幸的是，多年之后，1996年，他的妻子孙杰双目失明。命运换了个个儿，轮到高莽温柔地守护着亲爱的妻子。"她不能没有我，我现在的最大心愿是死在她后面，哪怕就一天，就一个小时，就一分钟呢！"说到这里，这位豪放的东北汉子声音竟有些哽咽。

三栖互补

熟悉高莽的人都知道，他至少拥有三个头衔：翻译家、作家、画家。他可以同时运用翻译、写作和绘画来诠释他所热爱的俄罗斯文化。他认为三者是相通的，他说："绘画需要文化的底蕴作为基础，而有时，我觉得文字不能穷尽的，就用图画来说；有时觉得图画不能穷尽的，就用文字来说。"

翻译方面，他先后翻译出版了三十多部外国文学作品，如鲍·帕斯捷尔纳克的自传《人与事》，马雅可夫斯基的话剧《臭虫》《澡堂》，阿赫玛托娃的长诗《安魂曲》，阿列克谢耶维奇的《锌皮娃娃兵》等。

创作方面，已出版《久违了，莫斯科》《灵魂的归宿：俄罗斯墓园文化》《俄罗斯大师故居》《俄罗斯美术随笔》等文化随笔。他以飞扬文采和诗人情怀，勾勒出一位位俄罗斯大师诸多鲜为人知，甚至惊心动魄的故事，并配上亲手绘制的速写以及珍贵照片，引领读者徜徉在俄罗斯文学艺术的海洋，接受灵魂的洗礼。

绘画方面，他除了绘作鲁迅、茅盾、巴金等国内文学名家的肖像外，还为外国文学家，特别是俄苏文学家创作了不少肖像画。2007年俄罗斯举办中国年时，他应邀在莫斯科举办俄国文化名人肖像个人画展，好评如潮。《真理报》发表这样的评论："他以中国的特殊技法，用毛笔在宣纸上描绘的人像，具有鲜明的民族特色，同时又蕴藏着深刻的思想内涵，揭示了俄罗斯文学大师们的精神世界。"两年后，他又在俄罗斯举办了同类画展。

永不掉队

早在六十年前，高莽翻译了冈察尔的短篇小说《永不掉队》。他从小说中理解到：人的一生应当永远向前，不可停止，更不能后退。这成为他的人生信条。

如今，已到耄耋之年的高莽依旧笔耕不辍。近几年，他先后出版了《墨痕》《高莽的画（俄罗斯部分）》，2009 年推出《俄苏广场文化谈片》，这是他继研究俄罗斯墓地文化之后的又一新课题。今年他翻译出版了乌克兰当代著名女诗人斯吉尔达的诗集《四季旋律》。

刚刚度过八十五岁生日的高莽，收到俄罗斯一些文艺团体和个人的祝贺，有人甚至著文希望俄罗斯也能出现像高莽这样的人物，足见他与俄罗斯情缘之深。

据他女儿晓岚介绍，前些日子他又刻一印章，印文是"高莽八十五后作"，显然创作激情仍荡漾在胸。他说："每个人有自己安度晚年的方式。我选择写作、绘画和翻译。我在工作中才能感觉自己的生活有乐趣，有意义。"

原载《人民日报》2011 年 11 月 3 日

罗雪村，作家、画家。

高莽与中国现代文学馆

刘屏

　　高莽先生走了。

　　我想写点什么，纪念这位可敬可爱亦师亦友的长辈。

　　可心情沉重，思绪纷乱，坐在桌边，面对电脑，无从落笔。我给先生的女儿晓岚姐发了条微信，告知一定去参加先生的告别仪式，送别恩师。我说："我和高莽老师相识近三十年，从他身上学到很多珍贵的品质和做人的风骨。他对文学馆的发展和中国及世界文学做出了很大的贡献。他永远活在我的心里。"

　　那天的秋雨，敲打着送行者的心。竹厅里舒缓的音乐，花丛中静卧的逝者，我放轻脚步走过他身边，向他深深鞠躬，默哀告别。在文学馆工作几十年，我送别过许多文学老人。诗人艾青离世那天，春雨飘落；辛笛老人落葬那天，冬雨无声；而高莽与我们告别，却在缠绵秋雨里。

　　先生笑慰人生的侧面肖像照，让许多往事浮现在我眼前。告别仪式上的《高莽生平》扼要简洁，浓缩概括了先生一生走过的路和取得的辉煌成就，但薄薄一纸，如何能承载逝者殷实厚重丰富多彩的人生历程？又如何能展现他留在世间深深足迹中的汗水和付出？

一张珍贵的合影照片

我和高莽先生相识于二十世纪八十年代后期。

我当年三十多岁，是中国现代文学馆的普通工作人员，管理着文学馆最珍贵的作家手稿文物库房。先生六十多岁，是一位令人崇敬的作家、翻译家、画家。当时，文学馆刚成立不久，临时借用万寿寺西路一处古建筑群做馆址，那里曾是慈禧太后的行宫。高莽先生就住在离万寿寺不远的一栋高楼里，平时在文学馆庭院中，常可以看到他的身影。

我工作的第五进院子，是行宫建筑群中最气派、最漂亮的，假山石嵯峨，古松柏参天，后罩楼坐北朝南，伸出双臂般的回廊，拥抱着整个院落。据说，当年慈禧就在这里歇息。我办公在后罩楼楼上。楼下是改造密封后的手稿文物珍藏库房。

一天，我整理作家手稿书信累了，到院中活动筋骨，刚好高莽先生也在园中散步，他看到我招呼："年轻人，你在这儿工作？""您好！"我笑着点点头。他又说："闹中取静，神仙待的地方，在这儿工作幸福啊！"我揉揉酸痛的腰，笑笑。文学馆的节奏整个比社会上慢半拍，同事们说，咱都快出家了。高莽先生指着满院盛开的二月兰感慨："美呀，真美！你看这阳光下的色彩，有多美！只有皇家园林才能看到，真是享受啊！应该拍下来。"他的情绪感染着我，我跑上楼取来相机："高莽先生，我想跟您合张影，行吗？"他睁大眼睛侧头看我："你认识我？"我笑笑："文学馆谁不认识您，前院儿作家画廊里都是您的画！"他听了哈哈一笑："原来如此啊，好，合个影就是朋友了。"我喊来同事帮忙，拍下珍贵的合影。那天他临走，拍拍我的肩膀:"年轻人,好好干吧,文学馆是块风水宝地,大有作为。"我当时并不十分理解他这话的含义,如今回看我在文学馆三十年走过的路,从心里感激他的点拨和鼓励。这些年,我和高莽先生没少合影,如今二月兰也在京城随处可见,但这张合影始终是我最喜欢最看重的。

文学馆珍藏的高莽画作

文学馆刚成立,为扩大影响,曾在前院大殿举办过一个作家画展,具体时间记不太清了。常年展出,画的内容都是作家,所以我们习惯称它为作家画廊。

这是文学馆成立后的第一个画展。四白落地的大厅里,悬挂了二十来幅画作,摆着几件雕塑,都是作家肖像。南边靠窗平柜里,还放着一些作家的素描速写。展品不多,但分量不轻。值得一提的是,展出的作家肖像画作,有四分之三都是高莽的作品,作家速写素描也基本出自他手,他是这个画展中当之无愧的挑大梁者。可见他当时对新生的文学馆支持有多大!这些画作上的人物都是中国文学界首屈一指的大家,鲁迅、茅盾、老舍、巴金、冰心、叶圣陶、丁玲、艾青、萧乾、曹靖华、萧军、骆宾基、严文井、杨沫等等,更难能可贵的是,许多画作上都有作家自己留下的诗句和墨宝,画者与被画者心心交融,相得益彰。

我曾写过一篇文章《画遍作家的作家高莽》。名字有点绕嘴,但恰如其分。高莽从青少年时代就喜欢画画,他说在哈尔滨基督教青年会读书时,教室里挂的俄国作家肖像都出自他手。从此"青藤缠身",不论在哪儿,做什么工作,再也放不下画笔了。他不是科班出身,没受过专业训练,但他敢画,自称"脸皮厚",反正是业余的,没负担。他的俄语好，酷爱普希金，翻译过许多俄苏文学作品，1945年底就进入中国最早的中苏友好协会工作。新中国成立后，又调到北京中苏友好协会做翻译。曾追随许多著名作家艺术家参加国际交往，出国访问。翻译工作之余，从不忘用手中的画笔，记录下他们的音容笑貌。他说他画作家有瘾，又是近水楼台，何乐而不为？

萧军是高莽画的第一个中国作家。1946年萧军从延安来哈尔滨，创办《生活报》，连载小说《第三代》，请高莽为他画肖像做刊头。这张头戴无檐帽的萧军肖像，产生很大反响，也让高莽坚定了画作家的想法。他再次给萧军画肖像，已经是四十年后了，萧军非常满意，同时感慨万分，在画卷上题了十首诗，述说坎坷经历。

高莽画过一张鲁迅肖像，茅盾觉得很不错。许广平从《美术》杂志上看到后，写信感谢他，并希望他再画一幅鲁迅先生在大海边的油画。如今，这幅油画和作家画廊中的其他画，都珍藏在中国现代文学馆中。

高莽对我说起过创作这些画作的故事，令人难忘。1977年他去看望茅盾先生，茅盾关切地问他还画画吗？他很感动，回来就凭当时画的几张速写，用毛笔在一张不大的文书纸上，画了一幅茅盾侧面肖像。他寄给茅盾，先生很快又寄回来，并在画上亲笔题诗一首，其中两句是"多谢高郎妙画笔，一泓水墨破衰颜"。茅盾的鼓励给了高莽重画作家的信心，他尝试用中国画特有的水墨技法，表现中国作家的神采和风骨，竟然收到了意想不到的韵味和效果。每画完一幅作品，高莽都会请作家本人在画上写上几句，作家都欣然命笔。巴金在画上题："一个小老头，名字叫巴金"；丁玲在画上题四个字："依然故我"；艾青在画上留下自己的诗句："含着微笑，看着海洋"；骆宾基则写道："妙笔传千载，老态成十年"；萧军画上录的是早年作的抒情旧作："读书击剑两无成，空把韶华误请缨，但得能为天下雨，白云

读书击剑两无成
空把韶华误清缨
但得能为天下雨
白云何惜自一身轻

此五十年前入伍为兵
时折情旧作也
一九八○年五月一日高莽作画
萧军
癸亥首夏

高莽画萧军（1983年）

154

原自一身轻"……这些题字配诗，无一不是作家精神气质人格风骨的再现，高莽提起来非常得意。当然，也有遗憾的时候。他为翻译家李健吾和美学家朱光潜、作家杨沫画好了肖像，送去家里题字，可几位老人都是没来得及题词就去世了。每每说起，他都怪自己没有只争朝夕。一次，他骑着自行车匆匆赶往张天翼家里送画，路上被汽车撞倒，险些酿成大祸，他爬起来，不顾自己的伤情，首先去看画碰坏了没有。

作家画廊当年是现代文学馆的一张名片，名扬海内外。凡有作家贵宾来馆，都要慕名前去参观欣赏。有一次，萧乾陪台湾作家林海音参观文学馆，专门去看了作家画廊，林海音对高莽的作家肖像画十分赞赏，她托萧乾转告高莽，希望他能早日出一本画册。在宣传文学馆、支持文学馆、爱护文学馆上，高莽先生功不可没。

高莽的作家肖像画里，我对画巴金的那张情有独钟：一位身穿西装，满头白发，身材矮小，步履蹒跚的文学老人迎面走来，背景是弯曲的小路和若隐若现的树林，形象逼真又意境深远。1981年秋，巴金去法国途经北京，高莽、曹禺、邹荻帆相约去前门饭店看望。高莽拿出肖像画请巴金题字。巴金想了很久，才站起走到窗前，在画作右上角，用毛笔工工整整地写下"一个小老头，名字叫巴金"。高莽在一篇《可敬可爱的老人》中感叹："这一行字写得特别别致，极有韵味……在座的人都叫好，巴老脸上一片笑意。"2003年我出过一本写巴金的书，想用高莽先生画的这张画做封面，用巴金的题词做书名。问及高莽，他说："好啊！尽管用，没问题！"书出来了，编辑却把高莽画的巴金放到了封底，封面用了丁聪先生画的巴金像。这书本来图文并茂，打算送给高莽先生和各界的朋友，谁知，由于出版急迫，编辑校对粗糙，致使书中错别字太多，只好作罢，压了箱底。日后如果有机会重新出版，我一定要把高莽画的巴金肖像画做封面，以圆未了心愿。

高莽送我的八本书

书桌上，摆着高莽先生送我的八本书，全是他这些年自己写的，图文并茂。

第一本书，《画译中的纪念》。 1997年2月一版，九洲图书出版社出版。

时间久远，记不清具体场景了。我当时的心情一定非常激动。因为我不仅得到了书，先生还在书的空白扉页上，为我画了一幅速写肖像。肖像下边写着："刘屏留念　书中缺的人物　以画补之　高莽1998年10月25日"。

如今，我也年过花甲，看到他的题签仍有些心跳脸红。他书中所写所画的都是中外著名的大文学家，而我当时只是一个热爱文学、投身文学事业、偶尔写点与作家相关文章的普通人。我明白，先生是用一种亲切幽默的方式督促、激励我朝着心中目标去奋斗去努力。

翻看当年日记，找到了一些相关的记载："1998年10月14日去中国图片社取为高莽洗印的照片。""1998年10月16日　到馆前先去高莽家，送照片，得他画像一幅在书上。" 那段时间，我正为高莽先生拍摄他捐赠给文学馆的作家肖像画。先用负片，又用反转片拍。

日记简单，得书和画像日子也对不上，不知何故？但事情肯定是同一件。想起来了，记得当时我们聊得高兴，他还拿出一大本文学大家们给他的信让我开眼，他说，有人愿出高价收买其中数封，他死也不会卖的，这个世界上，不是什么都能用钱买到的。那时，我与高莽先生已相识交往十年，见面他常跟我开个玩笑，幽默一下。1996年底，我在作家五代会上当联络员，抽空拿个小本本找作家签名留言，他从大厅里走过，我拉住他题签，他提笔写道："可惜我的签名不值钱，没意义。"直到晚年我去看他，他还是那么幽默乐观豁达。

第二本书，《文人剪影》。2001年9月一版，武汉出版社出版。

先生在扉页上题签："刘屏先生　雅正　高莽2003年"。没有具体的月日。查日记："2003年1月24日，接高莽的书《文人剪影》，很好看。"也是短短一句。

2003年元旦过后，我和同事去上海、杭州，看望几位老作家，顺便征集作家手稿书信资料。回来一直忙着，做上一年征集工作统计和总结，登记接收的文物资料，整理拍摄的作家照片，想春节给作家发贺年卡时一并寄上。本打算抽空去看望高莽先生，还没去，就接到他寄来的书和贺年卡。

《文人剪影》，是一部作者回忆与作家交往的友情之作。有图有文，图文都是作者的，很感人。特别是书中所写的许多作家文人，我到文学馆工作后也接触过，读着他的文章画作，那些人和事活灵活现在眼前，亲切极了。他真是个有心、勤奋的人。人生如梦，他把梦境中最珍贵的瞬间复制下来；岁月如河，他把河流中最晶莹的浪花掬捧回来，才有了如今的回味感念和友情收获。我要好好向他学习。

2001年一家媒体约我写篇高莽先生近况的文章，当时文学馆是新馆，开馆不到一年，我们工作压力很大，挤不出时间去他那里采访。我拨通电话说明意思，高莽先生开口就拉出个大清单：一是萧红诞辰九十周年，哈尔滨请他画套萧红明信片，他痛快答应，画起来却不满意，他想用最好的笔墨纪念这位早逝的老乡。二是给阿格诺索夫教授的《俄罗斯二十世纪文学史》中译本配插图，为了书中五十多位俄罗斯作家肖像画不呆板，生活化，他每天翻箱倒柜找资料。三是正写作随笔集《圣山行》，这是一本关于普希金的书，他喜欢普希金，崇拜普希金，翻译普希金，没少写普希金的文章，如今对普希金又有新的感觉和认识。已过了交稿的期限，还在"研磨"。他说，这本书对他非同一般，宁可毁约，绝不凑合，一定搞好。四是在看《作家剪影》校样（就是上面说的《文人剪影》），素材皆来自第一感受，图文皆出自本人之手。数十载辛勤耕耘，今天正是收获的季节。另外还有出版社请他翻译契诃夫的东西，还要整理费德林生前一本写郭沫若的书，还有零星不断的各种约稿索画等等。他说他是在"还不完的债"中度日和生活，苦则苦矣，乐则乐哉！

听着他的电话，眼前晃动他忙碌的身影。我说："您可得注意身体啊！这可是革命的本钱！"他叹了口气："想写的东西太多了，一是时间不够，二是身体不行。"我知道他在昌运宫住时，居室窄小，画张大点儿的画都得俯身斗室地上挥毫泼墨。2000年春，文学馆新馆开馆，高莽先生来参加庆典，他在我的本子上题词："如同回家，可惜我的家太窄了"。如今他搬入新居，一个人就有两张大桌子写作画画。居住环境生活质量都改善了，体力却跟不上了。他说，腰不好，耳朵不好，一只眼睛也不好，特不愿意参加各种会，听不清，还得笑，点头，除非朋友强邀才去。他还说，现在一天干不了多少事儿，怕累垮身体。他不是惜命的人，但要保重身体，因为保重身体就是为了保住她。高莽先生说的"她"是他生命中的另一半——爱妻孙杰。他说老伴失明好几年了，照顾好妻子是他晚年最重要的事情。我还听他讲过亲手为母亲缝做便服的故事，虽然因为不合身母亲把衣服拆了，但这个重情重义的东北汉子的孝顺心，浓浓意，率真情，真让人感动。无论做人，译书，写文，作画，他都有严格准则。

这次电话采访，好像最后没登出来，今天重读，仍让我对先生肃然起敬。

第三本书，《圣山行》。 2004年1月一版，中国社会科学出版社出版。

第四本书，《俄罗斯大师故居》。2005年1月一版，中国旅游出版社出版。

第五本书，《俄罗斯美术随笔》。2005年5月一版，人民文学出版社出版。

2005年11月1日上午，说好九点半前到农光里看望高莽先生，同时取他为文学馆建馆二十周年写的字和给馆里的书。一路堵车，到先生家已经十点多了。我知道时间对他有多珍贵，进门先道歉，他却幽默地安慰我："没事儿，堵车是常态，不堵反倒奇怪了！我把东西都准备好了，你看看。"我逐一清点放在纸袋里。完成交接，他拉我坐在沙发上。我问："您最近好吗？"他说："还不就这样儿！就是忙，干不完的事情！"我说："那您可得注意身体，千万别累着了！"他笑笑反问我："你最近忙啥？"我告诉他，前几天刚去上海参加了巴金先生的告别仪式，国内文学界好多人都去了，还一起去武康路巴老家中瞻仰吊唁。高莽点点头，沉吟片刻："巴老是个说真话的好老头，真诚得都能把心掏出来！"我想到他画了那么多巴金的画，心中该装着多少和巴老交往的故事啊。高莽说："我们都要向巴老学习！"我点点头，表示一定做好文学馆的工作。记得那天我们还聊了不少文学馆，我告诉高莽先生，馆里最近要开刘白羽的追思会，要去高瑛那里接收艾青文物，要去看望管桦夫人李婉老师，还正在联系台湾地区作家罗兰，征集她的文物文献资料。高莽先生说："可真够你们忙的！"我说忙好，越忙越高兴，说明我们工作有成效，说明大家对文学馆支持。高莽先生伸出大拇指："好！不过也要注意身体。"他突然想起什么，去隔壁捧了三本书出来："刘屏，这几本书是给你的，别嫌少啊！"一下得到先生三本书，我受宠若惊。每本书扉页上，都有他提前写好的题签，只写了年没有写月日，大概因为不知道我哪天能去他那儿的缘故吧。看到书上写的"刘屏兄"，我有些愧疚："您太高抬我了，我哪敢跟您称兄道弟啊！"他笑笑："不在年龄，不在资历，不在名气，在缘分。"是啊，跟先生的交往一晃就快二十年了。那天文学馆和我都是收获满满，回馆路上心里别提多高兴。

《圣山行》《俄罗斯大师故居》《俄罗斯美术随笔》我都看了不止一遍，图文并茂，言之有物，通俗易懂，我们跟着作者寻找诗人普希金的足迹，探访俄罗斯文学艺术家的生命历程和艺术成就，还能随作者一起参观一座座大师故居，走进大师们的生活和心灵。高莽先生的书，让我真实鲜活近距离地了解了俄罗斯，深深感受俄罗斯古典文学艺术的魅力及对中国和世界产生的巨大影响。我仿佛在字里行间看到高莽先生那一行行浸透汗水和心血的足迹。

第六本书，《墓碑·天堂》。2009年1月一版，人民日报出版社出版。

书上题签落款是"2009年春节"。我打开2009年日记，翻到1月23日找到了：

> 上午去农光里看望高莽，带了咖啡和牛奶。
>
> 老人很高兴，精神很好。告诉我去年年底给闻捷家乡画了一幅闻捷肖像。看看照片，挺不错的。又送我一本带着墨香的书《墓碑·天堂》，内容和形式都非常漂亮。聊天中老人去客厅让孙老师接电话，四观接待厅中，到处都是虎的工艺品，就如入了"虎穴"。高莽对虎情有独钟，但我印象里他却没有画过虎。
>
> 高莽女儿晓岚也过来，高莽埋怨女儿对他管得太严，什么都管，我说有人管是幸福。
>
> 高莽说要把他画的郭沫若肖像送给文学馆，又回头问女儿同意吗？女儿说，你都说完了，我还能说不同意吗？
>
> 11时又来客人，我告辞打车回馆。

这大概是我日记中记述跟高莽先生交往文字最多的一段。今天看了还是那么亲切，当时一切都在眼前。可以看出他对画画的挚爱，看出他对妻子的时时关照，看出他和女儿水乳交融般的温馨情感。他们是天底下最令人羡慕的父女。当然还有我的粗心，墙上明明挂着一幅写着"老虎洞"的字，我却写成了"虎穴"。那天还有一个场景留在我记忆中，就是走进先生家时，满室淡淡清香，一盆水仙已是花蕾初绽，晓岚姐给我们照合影时，高莽先生特地把水仙盆拉到自己身旁，我则把厚厚的《墓碑·天堂》，摆在前面显眼位置。高莽说：这本书挺有意思的，你有闲时看看。我知道他在2000年就出版过一本写墓园文化的书《灵魂的归宿》，很受好评。可惜我没有看过，这本一定要看。我说看了您这本书，我一定要找时间去俄罗斯看看这些墓碑艺术品。

《墓碑·天堂》的写作花费高莽不少时间精力，他从第一次参观俄罗斯墓园受到震撼，到第一次动笔写，经过了几十年时间。几乎每次出访俄罗斯，他都要抽时间去参观各地的陵园墓地。一位俄罗斯朋友告诉他，每次接待中国代表团，都有人提要参观莫斯科新圣女公墓，后来才知道，很多人都看过高莽的《灵魂的归宿》一书。高莽自己都没有想到他那本书，居然成了中国人了解俄罗斯的一个文化窗口。多年后，高莽又对俄罗斯墓园有了新的认识和了解，有了更加详实的资料和照片。他决定重出一部墓园文化的书，就是这本《墓碑·天堂》。他在前言中写道："墓碑下安葬的是历史人物，人世间留下的是他们的业绩。墓碑本身也是出色的艺术作品，它们像是一座座无形的桥，从墓地架到天堂，连接着阴阳两界的人。墓碑要表现墓主的生前的贡献，同时还要表现后人的深情缅怀。"这些墓碑雕塑者，多是有高超艺术成就的俄罗斯大艺术家。高莽书里收入八十二位俄罗斯文学艺术界名人名家。

2016年初夏，我终于有了去俄罗斯旅游的机会。我和老伴从圣彼得堡乘船沿伏尔加河到莫斯科。六天中饱览沿途风光美景，体味两岸风土人情。到达莫斯科游览的第一个景点，就是新圣女公墓，我也亲身体会到，当年让高莽先生感觉震撼的这座露天雕塑陈列馆，耳边响起他在《墓碑·天堂》中的感叹："他们都属于历史的过去。没有过去就没有今天，没有今天就不会有未来。"

第七本书，《安魂曲》。2011年5月初版，台北人间出版社出版。

第八本书，《高贵的苦难》。2007年3月一版，河南文艺出版社出版。

高莽先生这两本书，不是同一时间送给我的。《安魂曲》是2013年1月25日得到的，而《高贵的苦难》则是2013年5月8日送我的。前后相隔近四个月，但两者之间被一件事紧密联系着。就是"高莽人文肖像画展"。

2013年，是我到文学馆工作第三十个年头，也是我退休的年头。春节前的一段时间是我们看望老作家和作家遗属的日子。往年看望的人多，大家分工去跑。今年，我特意和部门同事们一起行动。1月25日上午，去看望高莽先生。感觉他精神不错，但气色不是太好。女儿说他每天躺着的时间比以前多了。我们的到来让他格外高兴，又送了文学馆不少新出的书，还送我们每人一本。我选了他翻译的俄罗斯女诗人安娜·阿赫玛托娃的《安魂曲》。这本译作高莽自己非常看重，他1947年就知道了阿赫玛托娃这个名字，直到改革开放后，才对"这位命运多舛，创作精粹的女诗人"有了质的认识。他说："阿赫玛托娃的诗歌是我花费时间最长、用心最多、推敲最久的译作。"这是我珍藏的他唯一一部译作。高莽先生照例一丝不苟地为每本赠书题签钤印。他在送我的书上题"刘屏老兄"，我感到特别亲切。落款是"乌兰汗"。这是他翻译作品时使用最多的笔名。

这次去看望先生，我还有一个埋藏心底的想法，高莽是当年第一个在文学馆办画展的作家，作家画廊几乎是他的个人画展，那时条件有限，如今文学馆鸟枪换炮，我想在退休之前，促成先生再在现代文学馆办一次个人画展，报答他几十年来对文学馆的支持和贡献。那天我把想法说了，希望能尽早办展。可能这个提议有点突然，高莽和女儿没有马上答应。回到馆里，我把想法汇报给馆领导，得到支持，督促我尽快和先生商定，把时间定下来。

春节过后一天，我接到老作家丁宁电话，问收没收到她托小慕带给我的江波的《旅人笔记》，我告诉她我正在看。她说，高莽看后给她打了长长的电话，谈了好多感想，非常好，可惜她没记下来。想让我去高莽那儿采访他，我同意了。我也正想写读《旅人笔记》感想呢。

过了几天，我把手边工作安排好，抽一个上午时间去高莽先生家，他和晓岚都在。那天他的情绪和状态都很好。我们先谈画展的事，他同意了，时间初定在6月里。接着我又把丁宁的嘱咐转达给他，拿出小录音笔，让他说说读《旅人笔记》的感想。高莽说看了江波日记里写苏联红旗歌舞团那段十分感慨。这个歌舞团与中国友情源远流长。二十世纪六十年代，他也接待过来中国演出的红旗歌舞团。当时中苏关系刚缓和一些，周总理亲自去看了演出，还热烈鼓掌，歌舞团团长当场激动得泪流满面……聊到快中午了，我起身告辞，高莽先生说："刘屏，今天高兴，我给你画张像！"他顺手从旁边拿起笔和一张剪好的硬纸板（我看到纸板背面是熟悉的某牌子巧克力派商标），一会儿就画好了。落上款、盖上章，又在左下角钤上枚橘黄色瓦当生肖虎印痕。他举起来看看我："不像！"我拿过来看看："很像！"晚上回家老伴和孩子看了，都说把我画老了，是十年后的我。我在那天日记里写道："一位耄耋老人为我作画，我已是感激不尽了。"

接下来几个月，我们多次往返他家，为画展积极做准备工作。

进入5月，画展筹备到了关键时刻，我和相关人员又专门去拜访

高莽为刘屏
画像

他，进一步落实办展各项工作。这天高莽先生穿一件红格子衬衫，非常精神，也特别高兴，整个上午幽默风趣，谈笑风生。他又送文学馆两幅画，一幅是前几天画的《巴金在现代文学馆》（巴金到过文学馆，但没有来过新馆，高莽画中巴金围着格子围巾，含着欣慰的笑容，站在文学馆新馆大门前，身后是出出进进的观众。这正是巴老当年在文章中想象的场景），另一幅是当年给巴金祝寿时画的《一个小老头》的复制件，为了送文学馆，他又在画上做了认真的修改。这次，先生又送了我一本他的书《高贵的苦难》，书的副题是"我与俄罗斯文学"。书中写了他与俄罗斯一生的情缘，及他在不同时期对苏俄作家的访谈录和探访俄罗斯作家足迹、故居的文字。这依然是一本让你捧起放不下的图文并茂佳作。

开展前两天，高莽先生亲自来到文学馆看看展览布置情况，我陪他看了展厅，挺满意的。

6月26日上午，《历史之翼——高莽人文肖像画展》在中国现代文学馆A座正厅开幕。那天来了许多嘉宾朋友，先生笑声不断，场面温馨热烈感人。即将从工作岗位谢幕的我，远远站在大厅后面。看着台上倾诉心声的高莽先生，我内心平和欣慰。

开展几天后，高莽又来到文学馆。那天有电视台来采访他。前一天一位收藏书籍的朋友买了一摞高莽的书，托我请先生给他题签。高莽在大厅里签完书后，又对我说："刘屏，别动，我再给你画张像。"他拿起文学馆为画展印制的薄薄画册，翻开封面，在封二画家介绍的空白处，寥寥几笔，就完成了作品。他笑着看我一眼，落款："刘屏老友一笑　高莽漫画"。我喜欢这张漫画，侧面的我，注视着他微笑抬头仰望的照片。

我始终记着高莽先生在文学馆建馆二十周年庆典上写给我的话："文学馆是座大学，在这里工作何其幸福！"是啊，我热爱文学馆，感谢文学馆，是文学馆，让我结识了高莽先生和那么多德高望重的文学家。早年，我拜访辛笛先生，他在我的本子上写过这样几个字"书比人长寿"，老人去世后，我写过一篇怀念他的文章，名字就是用的这几个字。如今，高莽先生也走了。但他的书他的画为这个世界，留下永久的精神财富和动人故事。

2017年深秋于小汤山

刘屏，作家，任职于中国现代文学馆三十年，研究馆员，著有《狂飙少年郭沫若》《东方芦笛艾青》《茅盾画传》等。

题字与画像

——父亲晚年与高莽先生的两件事

蒋宇平

去年的 10 月 6 日,高莽先生驾鹤西去,10 日,先生的亲朋好友为先生送别。

现在已想不起父亲是如何知道高莽先生的告别日期的,那时他已重病缠身,整日卧床,病情已无法让九十四岁的父亲亲临现场送高莽先生最后一程。9 日一早,父亲就叮嘱我们准备笔纸,要亲写挽联代他为高莽先生送行。

几个月前,父亲还整日伏案工作,但现在沉疴在身,这天的整个上午都在床上安静休息,姐姐章建几次提醒父亲尽早写好挽联,早些送到高莽先生家中,父亲总弱声回答"知道"。中午,父亲起来勉强吃了很少一点食物,喝了几口鸡汤,重又回床休息。我知道他无力起床,不忍催促,心里焦急。我们先清理了桌面,准备好纸、墨、笔、砚,只等父亲起床握笔。直到天色渐暗,大约傍晚六点前后,父亲忽叫我扶他起来,也不要披衣服,径直走到桌前,稍稍停顿,振作精神,略作思考,然后用毛笔满蘸浓墨,挥笔一气呵成,写下了:

高山仰止传播俄苏文化圣手

莽海浩荡交接中西经典祭酒

二〇一七年十月九日　屠岸　泣挽

　　搁笔之后，父亲要我拿出图章，自己挑选了一枚，也不让我蘸取印泥，自己蘸上印泥，用力在挽联落款下钤上印章。

　　按照父亲写毛笔大字的习惯，通常同一幅字会写上两三遍，然后

高莽先生为屠岸先生画的肖像

挑选最满意的一幅，赠予友人或自己保留。这次写好后，他只读了一遍，说"可以了"，不再书写，尔后复现疲惫，又回到床上卧床休息。现在想起来，父亲显然先前休息时已打好了腹稿，只等积蓄力量，然后一挥而就。

近年，父亲身边的许多诗友、朋友先后离他而去，父亲每每题写挽联，亲往送别。他晚年曾为韦君宜先生、严文井社长、牛汉先生、绿原先生、刘玉山社长等诗友、挚友、朋友写过挽联，这次是父亲一生中为朋友写的最后一副。他用"高山仰止""莽海浩荡"赞誉他的老友，用这挽联写下了他心中的高莽。我们没料到，六十九天后，父亲也驾鹤西归，去了安静的天国。我想，父亲会在另一个永恒世界与他的诗友、译友和朋友相聚，在天国与高莽先生谈文学翻译，欣赏高莽先生的画作、译的诗与文。

那天傍晚，妹妹章燕从她教书的北师大赶回家中，带回了一簇鲜花，我们卷好父亲写的挽联，捧着鲜花，驱车赶往农光里小区。我们怕时间太晚，影响高莽先生的亲属第二天的送别，车开得急，找差了路，晚上八点多钟，终于把挽联和鲜花送到高莽先生的像前，让这挽联和鲜花替父亲送老友最后一程。

父亲离世后，我在整理父亲的日记时，发现近两年父亲在日记中多次对高莽先生的绘画有所记述。

在2014年3月7日的日记里，父亲说："获得高莽赠我书：《桂冠：诺贝尔文学奖作家肖像和传略》（高莽绘画/编撰，人民文学出版社2013年10月第1版）。极好！诺贝尔奖获得者绝大部分高莽没有见过，他只能根据照片和这些作家的作品来绘制他们的肖像，居然能画出神态和气质，有本事！"

在2016年10月23日的日记中，父亲又写道："我赞高莽：你不仅把许多俄语文学作品翻译成中文，是个卓越的翻译家，你还是个画家，尤其是你画的人像，是肖像的杰作。……你画的肖像都实有其人，有名有姓。人们一看即可分辨出像还是不像。令人惊奇的是：像！是画出了这个人的神态，气质！这可是真本事！"

父亲在日记中还提到："最近我要出一本书，出版社找一位画家画了一幅我的肖像，拟置于卷首。我一看，极不满意。让燕儿交涉，换！最后换了高莽画的我的速写像。我满意了。今天我提起这事，向高莽道谢，但他茫然，完全忘了。"

我在整理父亲遗留的字画时，发现了高莽先生为父亲画的一幅肖像，是用毛笔画的头像速写，画幅约五平尺，形似，神也似，画上题有父亲的诗句"追赶时间呀——你这太阳的轨道"，落款是"九十老朽高莽为尊兄屠岸先生画像"，画面的下方还有叶廷芳、赵蘅、罗雪村、肖复兴、冯秋子、计蕾、郭悦、晓岚、徐枫等多位先生和老师的签名。这幅画应该是2016年10月23日父亲和作家朋友在高莽先生家聚会时，高莽先生临时创作的速写，那天好像是朋友们为祝贺高莽先生的生日而聚，这天，先生为父亲画了肖像，而这是朋友留给父亲的最后一幅画像。

前些天（国庆节前），我骑车去琉璃厂，将这幅父亲最后的画像作了装裱。从这幅画里能看到两位老先生的友情，我把这画作放在我家书柜专为父亲留出的一个层格中（很想在家中悬挂，无奈六十平方米的住宅没有合适的墙面），我们会永远珍藏它，这是对父亲永远的纪念，也是对高莽先生永远的纪念。

2018年10月9日

蒋宇平，1956年9月出生，中国航天系统科学与工程研究院研究员；诗人、翻译家屠岸先生之子。

我和高莽先生的交往

刘文飞

我是在1981年考到外文所当研究生，当时大学毕业我二十二岁不到，高莽先生已经五十多岁了。我们之间差了三十多岁，不是差一辈人，可能差两代人。但因为"文革"的时候中间的岗位有空缺，所以我们进外文所的时候，高莽是副编审，我们是研究生。他是我真正名义上的硕士生导师，我们交往得比较多一些。

我们交往特别多，当时我们都住在格子间里，我经常会跑到他的格子间里面，那是真正的格子间，大概就四平方米，一个桌子就摆了一半，再搬两个椅子就占满了。有一次他跟我说送我一本他主编的苏联诗选，那个时代出书很少，书也很贵，他送我一本书还写了一行字："文飞兄，向你讨教"。我当时觉得，这么令人尊重的长辈称我为"兄"又写了这么一句话，太不合适了。然后他看了看我又说了一句："老兄，以后向你多讨教。"

他用"乌兰汗"的笔名做翻译，这本诗集也是署名乌兰汗主编。后来我发现这本诗集第一个入选的诗人就是阿赫玛托娃。这本书是1984年出的，前言是1982年写的，我想至少是在1981年左右高莽先生就开始研究阿赫玛托娃。这本诗集有三十六个俄罗斯诗人，他选得最多的就是阿赫玛托娃，选了二十首。

刘文飞展示高莽先生为他画的速写像

我当时也和高莽先生谈到过这个问题，八十年代初的时候，外国当代文学概念是"二战"结束、1945年之后的事，而阿赫玛托娃主要创作是在四十年代之前，在编书的八十年代，阿赫玛托娃也已经去世了。我们觉得苏联当代诗选应该选在世的作家。高莽先生说，我还是要把她收进来，而且要放在最显赫的位置。他说了一句话："阿赫玛托娃的诗肯定最具有当代性。"我觉得这是很独特的眼光。我想，高莽先生的翻译很有可能是从阿赫玛托娃开始的，而且他的翻译在整个文学翻译界摆脱了一种惯性，改革开放之后他注意到了阿赫玛托娃这批人，眼光真的很独特。

我要谈的第二件小事，是他给我的一张画。有一天我们开全所大会，很偶然地高莽先生坐在我旁边，那个会大概比较乏味，他坐在旁边一下一下看着我，我都没意识到，快散会的时候，我才看到是一幅画像，他问我要不要，后来就撕下来给了我，然后下面写了一句话"不像的刘文飞"。其实很像，那时我二十五岁，拿过来很温馨。这是八几年的事情，就像昨天刚刚发生过。高莽先生对年轻人是非常提携关照的，老年人经常说一句话，说他没大没小，这个是很赞赏的，他是那么大的翻译家，《世界文学》的主编，但和我们完全像朋友一样，他这样的品格对我们有很深远的影响。

这是和高莽先生交往的一些点滴，当然还可以说很多，但今天不完全是追思会，还要谈一谈这套书。

这套书可以谈论的大概有这样几点：第一，这套书的三卷不算太厚。因为阿赫玛托娃是在俄国作家和诗人里创作总量偏少的，但即便这样，俄国的全集也有十卷，据说现在编十二卷，因为他们不断找到她的研究文章，而且十卷俄语翻译成中文体量会稍微大一点，因为俄国的诗排版很密，我们一页排二十五行，他们排到四十行甚至更多。翻译成中文，而且每一本书篇幅不是很大，二百页左右。

但还是觉得，三本书合在一块特别厚重。因为编辑这本书的过程中，高莽先生把阿赫玛托娃创作时期把握得很好，把她晚年随笔都收录了——有诗、随笔和回忆录，无论是题材还是创作时间涵盖的面很广。高莽先生不是拿本书就翻，他是在二十多本书里找出来这些东西。

之前的出版物，可能就是专门找抒情诗，或者简单的随笔集结出版，所以看起来比较简单。当高莽先生把这些东西集合在一起，我觉得很厚重。读完这三本书，阿赫玛托娃从最初到最后创作的全部都能呈现出来，如果达到这样的效果，我们买这样的三本远远超过了十卷，这三本的每一卷加起来是四五十万字，我觉得编辑做了很好的事情。

第二点，这个书有价值的是在译者本身。译者的名字写的是高莽，而不是乌兰汗，其实改不改无所谓，我们都知道乌兰汗就是高莽，高莽就是乌兰汗，也许年轻的读者不知道。其实这套书体现了高莽先生的翻译历程和作为中国译者的心路历程。我把这三本书从头到尾读了一下，我特别尊重这套书的编辑，把高莽先生以前的序言和后记全都保留了。比如高莽先生在后记中间写到"对阿赫玛托娃诗歌的翻译是我一生用时间最长、用心血最多的一件事情"。我不知道他翻译阿赫玛托娃最早的时间，1981年还是1980年，也许查日记可以确定下来，但是根据出版来看，不晚于1981年年底。

1981年中国人对外国人的理解是什么样子？那时候刚刚改革开放两三年，他就开始翻译阿赫玛托娃。直到高莽先生在中国台湾出《安魂曲》的时候，已经是2011年。他说了一句话："感谢（中国）台湾出版人，让我八十多岁的老朽居然还有机会出一本书。"可以说对阿赫玛托娃的翻译贯穿了高莽先生的翻译生涯。三十年来他在执着地翻译一个人的诗，当然在这期间他还翻译过很多人的作品，但对阿赫玛托娃的翻译是不懈地持续了三十年。这套书里，我们恰好能把高莽三十年对阿赫玛托娃不断的解读、不断的介绍归纳起来，以后有学生要研究高莽老师的翻译历程，这个书提供了一个捷径。

第三，这套书，尤其是《安魂曲》的翻译，是高莽先生作为中国知识分子，一个经历过"文革"，经历过"反右"，经历过旧中国和新中国的心路历程的写照。

高莽先生自己也说过这个故事，他说当年在哈尔滨报社里面当编辑的时候，组织上交给他一个任务，让他翻译一份苏共中央的文件，这个文件题目叫《关于党在文学艺术方面政策的决议》。这个《决议》的起草人是日丹诺夫，他当时是苏共政治局常委，主管意识形态，这样一个人出面在中央宣读《决议》，但里面充斥着辱骂，现在觉得简直不可思议。这个《决议》就是要批判两个作家：一个是左琴科（苏联著名幽默讽刺作家），一个是阿赫玛托娃。《决议》里说阿赫玛托娃是一个淫荡的诗人、色情的诗人，她扮演荡妇，扮演尼姑。

现在这个事情一笑就过去了，但没想到这个事情对高莽老师是很大的心结。改革开放以后，他读到阿赫玛托娃的诗，觉得非常好，他产生了一种愧疚，说当年那么翻译那份《决议》，觉得对不起这个诗人，觉得应该更多地介绍她，以对她优美诗歌的介绍，来抵当时翻译文件对诗人造成的伤害。我不知道年轻的朋友能不能体会到这些事情，我们觉得高莽先生没做错什么事情，但是他觉得愧对阿赫玛托娃，最后做的事情好像是一种补偿，我想说这是一种基督徒式的忏悔。他用文学的方式来反映中国有良心的知识分子应该有的救赎，所以我觉得这本书读起来是使我感动的。

最后，我想说高莽先生文学翻译的意义。

第一，他们这代人语言造诣很高，尽管他们翻译的时候中国翻译学没有形成，但我觉得在他们心目当中对语言的敬畏很深。俄语对高莽先生来说不是外语，是母语，因为高莽先生从小在哈尔滨长大，上的是俄国人的学校，跟我们十七八岁进了大学学俄语是不一样的。尽管我现在掌握俄语还不错，我觉得俄语对我来说是外语，但对于高莽先生来说，汉语和俄语都是母语。我建议以后搞俄罗斯文学翻译的年轻人，不妨对照着中文和俄文来看看高莽老师的译文，尤其去看他对俄文很细微的理解。

第二，高莽先生的中文也非常好。我们知道高莽老师开始翻译的时候，五十年代时的汉语是一种汉语，改革开放以后的汉语是另外一种汉语，我不想说差距超过文言文和白话文，但是性质有点相似。他不止一次跟我说，你们条件好，上过大学经过系统的训练，他说我没上过大学，我的知识都是偷学来的，自学来的，我的知识不系统，俄文的语法没学过，中文的语法没学过，说要向你们学习。我觉得他是真诚的。

高莽有多重身份。他有一次跟我说，我写那么多散文是为了练中文，练完中文来翻译。对他而言，中文的写作竟然变成了为俄译汉做准备，这种翻译家的职业性对我们也构成了某种触动，他把翻译当成比写作更重要的事情。所以你会发现他的中文写作很杂，他写真正意义上的散文，写回忆录，写诗，有时候写文言文的小文章。我觉得通过他对俄文、中文的历练，可以感觉到一个翻译家的职业道德，这点还是很让我们感叹的。

我们经常会说翻译家在中国文学界、文化界的地位是不高的。在很长一段时间里面，一个文学出版社出的外国文学名著，封面上没有译者的名字。在座的文学爱好者，我们能记住二十个、三十个中国当代最走红的作家的名字，但是能记住译者的名字吗？我刚才逛了一下这个书店，翻译的作品超过原创的作品，但是很少有人看是谁翻译的，不去关注译者就说明翻译家的地位相对是低的。我们经常会说翻译家是出力不讨好的职业，其实最好的翻译家，哪怕当不了一流的作家，也能当二流和三流的作家。但翻译确实很辛苦，很多译者说我们愿意翻一千字、两千字，但不愿意写三千字、四千字，很多人会想我永远做不成世界最好的作家，那我干脆做翻译好了，这是一种道德感。

实际上翻译家的地位不是很高，而高莽先生是以另外一种独特的方式提高了翻译家的地位，他在翻译家的身份中间作了很多种添加。

第一种添加，他是知名的画家，但画家不是乱画，他画的东西都是和外国文学有关系的，我们可不可以理解成，他的绘画是某种意义上添加了文学、添加了翻译？不能说他通过绘画服务翻译，但至少他觉得，画和翻译一加一就大于二，两个东西相加起来就产生了一种合力。

第二种添加，他本身是一个作家。北京奥运会的时候他写了一首诗《一个老教授的心愿》，他要通过他的诗歌写作、散文写作介入中国文学界，介入之后就能使他的译文产生影响。一个翻译家越多介入中国文学界、中国文学生活，他的翻译生活能产生的影响就更大。如果一个人避在一个角落里面，从来不和作家交流，你的译文影响就很小。

第三种添加是编辑家。他长期担任《世界文学》的编辑部主任，也担任过主编，他担任《世界文学》主编期间，是这本刊物风格变化最大的时代。他是一个伟大的编辑家，这对翻译家的身份是很大的添加，更不用说他自己亲手培养了多少翻译家。

另外一重，很少有人能模仿地添加，是中俄文化的使者。他当过最高领导人的翻译，常年担任中国对外友协的首席翻译，当时苏联几乎所有的著名作家全部来过中国，接待的全是高莽老师，所以他结识了一大批著名的苏联文学家，跟他们交往很多。他到了外文所，不再担任外事工作，但是他把他的特长保持下来了。他可以把中国的文学介绍到苏联、俄罗斯，他是一个文化的使者。

第五个添加，他是一个学者。他的研究在外文所是一流水平。他是社科院的荣誉学部委员。

这五种身份都在对翻译家做一种添加，高莽先生是伟大的翻译家，他的译著也是伟大的译著。

写于2018年10月29日

刘文飞，作家，翻译家，北京首都师范大学教授，中国俄罗斯文学研究会会长。

秋叶深深悼高莽

秦岚

在金秋双节长假的尾声里，我从编辑部微信群中看到了高莽先生逝世的消息："2017年10月6日晚22时30分，高莽先生在平静中离开了我们……"这消息一瞬间让我失神，呆滞了许久，才从先生的音容笑貌中回过神来。心痛的感觉。只能感到心痛。这心痛仍然是在先生的音容笑貌之间蔓延着。

与先生的初次相见是在十年前的2007年。当时社科院有一个采访学部委员的项目，我被所里指定采访高莽先生。这项任务让我感到了压力，因为高莽先生是俄罗斯文学翻译领域泰斗式的人物，同时又著述颇丰，是写了很多散文随笔的作家，绘画方面也造诣深厚。采访篇幅有限，平均用力很难挖得深入。为此，我怀着不安做了一些功课，希望问题能提得更学术化更深入一些。

还记得第一次见面，我们约了上午九点。哎，我这个路痴刚刚开车不久，任凭打多少个电话给岚姐（高莽先生的女儿）问路，还是快十一点钟才到先生家。本来有些紧张的我心里又装满了愧意，打算一进门就施礼道歉。可是，门是先生亲自开的，见到我就一把拉住，哈哈大笑道："你这个小糊涂啊！从八达岭来啊？"我的紧张和愧意统统跑了，大声说道："您真是把您家藏得好啊，能找到都是奇迹了啊!"岚姐大笑:"从八达岭找来的,可不就是奇迹!"接着高莽先生向我介绍半躺半卧在沙发上的老伴儿孙老师,岚姐搬出了茶点……我一下子觉得事先准备的围绕着先生对俄罗斯文学的观点啊、翻译理论啊、学术追求啊的那些问题都问不出口了,而和一位令人尊敬的老人家以及他的家人聊天儿的愿望涌了上来。是啊,聊聊眼前这位有着漂亮银灰色背头、艺术气质十足的瘦老头的丰富人生不是更难得吗?

于是,我们就从"老虎洞"开始聊起来……我先后去先生家五六趟,这个过程中,我喜欢听这个瘦老头讲故事,他对每个问题的回答都像讲故事。他的叙事本领太好了,任凭故事有三五条线索都不在话下,主次有序、轻重缓急有节奏、观点清晰;观点有时是放在前面讲,有时是在后面亮出来,无论置前置后,总是能让你鲜明地抓到;举例子呢更棒,是讲故事的精彩部分,是带着磨缓了的东北口音讲给你的,是慢条斯理是家常是温厚是洗尽铅华。他的眼皮儿总是有一点浮肿的感觉,可是每到动情之处或者好玩儿、得意之处,那双有点浑浊的瞳仁就焕出神采来,像六七岁孩童似的……在这个"采访"过程中,我也喜欢上了这个家庭,为这个家庭的温暖所感动。

我与高莽先生结缘于这次采访,此后也数度登门拜访过先生。有一次还没有进门,先生就把我带到对门的岚姐房中。进门的左手边墙壁上,挂着一幅装裱好的挂轴,是先生为我画的像!高莽先生指着眼前这两平尺的画像说:"是不是你啊?喜欢不喜欢啊?"那满是温暖笑意的神情,仿佛就在我眼前,今天伸手仍可以触摸到的样子……

高莽先生绘画作品中很重要的一部分是为中外文学艺术名人所造的画像,鲁迅、茅盾、曹靖华、普希金、托尔斯泰、泰戈尔、博尔赫

高莽先生（右）和《世界文学》副主编秦岚（左）在采访中

斯、大江健三郎……他写他们的故事，描画他们高贵的精神世界与心灵。到高莽先生家，你不知道会有哪一位名人在墙上和你相遇，你不知道从高莽先生口中会讲给你这"墙上朋友"的哪一段趣事。在这里第一次遇到的"墙上朋友"是大江健三郎。高莽先生拿出照片让我读大江先生写给《世界文学》的赠诗，并翻译给他听……

还有一次是和俄文翻译、中央编译出版社副社长邢艳琦女士去的，是年初。还记得先生说要做一个游戏，让我们写下新一年的愿望，放在盒子里，他到年底最后一天会看。他说："要集很多朋友的，一定很好玩儿。这一年过完的时候打开看，你们的愿望实现没有啊？是不是自己会忘记了啊？"我们都写了。我把元旦前夜的梦写上了："我梦到有一个小小三角脸的鬼（梦里这么觉得），剖开了我的胸膛，拿走了我的心和肺。没有疼痛。我看着他拿走了心和肺，好像有点担心，又像有点高兴地想——没心没肺也许挺好吧。我的愿望就是做一年没心没肺的人看看好不好。"后来《世界文学》六十周年庆典，高莽先生来了，我问起他这件事，他说："别说你做不到没心没肺啊，就连我这么大岁数，想扔也还扔不掉呢。"那一天，我带了盛唐轩的布老虎送给他，我们的合影和这"扔不掉心和肺"的对话，一起留在了镜头中，也留在我的记忆里。

从前年开始，《世界文学》编辑部着手了一项采访老一辈翻译家的工程，即将他们的成就与精神品格梳理成章，将其影像资料抢救性地录制下来，保留起来，传给后代。高莽先生的文字书写让我承担。去年给高莽先生贺九十一岁生日的时候，面对着老人家，我对《世界文学》现任主编（第十一代）高兴说想补充一些内容到采访录中。确实还有许多问题，我一直想听先生谈一谈，比如他从俄罗斯的墓园入笔刻画俄国的作家们，关于生死他一定有自己独特的感悟……

虽有这些想法，我却像永远长不大似的，想不到高莽先生会离去，结果，先生突然就走了，让这愿望成了遗憾。"宿善不祥"，此之谓也。遗憾虽然簇新，却已经无法补救。

在我内心，非常感谢社科院外文所给了我采访高莽先生的机会，让我有机会亲近《世界文学》的前辈，偏得了一份美好的心灵滋养与交流；听先生回忆《世界文学》往事，我不时地觉得走入《世界文学》编辑部是个值得珍惜的缘分，她使我也能做一个花匠，和我们这代同事继续茅盾、冯至、高莽等先生手里的活计，打理《世界文学》这方天地，从世界文学大花园采集鲜花，呈献给社会。

这会儿，我带着心痛和遗憾追忆着高莽先生。先生还没有走远，听得到我的祝福：祝先生一路走好！感谢先生为这个世界留下的丰富的精神财产！您温暖的"老虎洞"，一直会温暖人心！

2017 年 10 月 7 日

秦岚，《世界文学》副主编。

从种子到森林

——《世界文学》点滴记忆

高兴

空气中的召唤

上世纪八十年代初，我还在北京外国语学院读书。出于爱好，更出于青春的激情，课余大量阅读文学书籍。诗歌，小说，散文，中国的，外国的，什么都读。不时地，还尝试着写一些稚嫩的文字，算是个准文学青年。在二十世纪八十年代，不爱上文学，在我看来，简直就是不可能的事。那真是金子般的年代：单纯，开放，真实，自由，充满激情和希冀，个性空间渐渐扩展，整个社会都在倡导读书，鼓励思考、创造和讨论，号召勇攀科学高峰，就连空气中都能感觉到一种积极向上的氛围，闪烁着理想主义和浪漫主义的光芒。

当时，杨乐云先生已在《世界文学》工作了二十多个年头，临近退休，开始物色接班人。通过印象、文字和长时间的通信，杨先生确定了我对文学的热情，问我毕业后是否愿意到《世界文学》工作。

"爱文学的话，到《世界文学》来工作，最好不过了。"她说。那一刻，我仿佛听到了空气中的召唤。

从小就在邻居家里见过《世界文学》，三十二开，书的样子，不同于其他刊物，有好看的木刻和插图。早就知道它的前身是鲁迅先生创办的《译文》。中华人民共和国成立后，茅盾先生在北京与其说创办，不如说又恢复了《译文》，后来才更名为《世界文学》的。有很长一段时间，我索性称它为鲁迅和茅盾的杂志。不少名作都是在这份杂志上首先读到的。我所景仰的冯至先生、卞之琳先生、季羡林先生

2016年高兴探望高莽

等文学前辈都是《世界文学》的编委。于我，它有着难以抗拒的魅力。我当然愿意。

"你还是多考虑考虑，这将是一条清贫的道路。"杨先生建议，脸上露出严肃的神色。为让我更多地了解《世界文学》，也让我感受一下编辑部的氛围，杨先生安排我利用假期先到《世界文学》实习。

1983年7月，我从西郊坐了好几趟车，来到建国门内大街5号，第一次走进中国社会科学院大楼，第一次来到《世界文学》编辑部。在过道里，正好遇见高莽先生，他高大威武，身着沾有不少颜料的工装服，一副艺术家的样子，握手的刹那，大声地对我说道："要想成名成利，就别来《世界文学》。"

那个年代的编辑

我明白高莽先生的意思。那个年代，当编辑，就意味着为他人作嫁衣。编辑部的不少前辈就是这样严格要求自己的。几乎所有时间，他们都在阅读原著，寻找线索，挖掘选题，寻觅并培养译者。我和杨先生接触最多，发现她做起编辑来，认真、较劲，甚至到了苛刻的地步。她常常会为了几句话，几个词，而把译者请来，或者亲自去找译者，对照原文，讨论、琢磨、推敲，反反复复。有时，一天得打无数个电话。那时，用的还是老式电话，号码需要一个一个转着拨。同事们看到，先生的手指都拨肿了，贴上胶布，还在继续拨。在编辑塞弗尔特的回忆录时，光是标题就颇费了先生一些功夫。起初，译者译成《世界这般美丽》。先生觉得太一般化了，没有韵味。又有人建议译成《江山如此多娇》。先生觉得太中国化了，不像翻译作品。最后，先生同高莽、苏杭等人经过长时间酝酿，才将标题定为《世界美如斯》。

世界美如斯，多么典雅而又韵致。先生告诉我，菲茨杰拉德的著名中篇《了不起的盖茨比》也是《世界文学》首发的，译者最初将标题译为"伟大的盖茨比"。研读作品后，李文俊先生觉得这一译法尚不到位。"great"在英语里实际上有众多含义，既有"伟大的"基本意思，也有"真好""真棒""了不起的"等其他含义。而用"了不起"来形容盖茨比恐怕最为贴切。于是，中国读者就通过《世界文学》读到了《了不起的盖茨比》这部中文译著。为几句话几个词而费尽心血，这样的编辑，如今，不多见了。

《世界文学》选材向来极其严格，决不滥竽充数。常常，一个选题要经过长时间酝酿、斟酌，反复讨论，还要物色到合适的译者和作者，方能获得通过。稿子到后，还要经过一审、二审和三审，方能备用。刊用前，还要再过发稿审读这一关。不少优秀作品就是如此磨出来的。每每遭遇优秀的作品，杨先生总会激动，眼睛发亮，说话声都洋溢着热情："好极了！真是好极了！"随后，就叮嘱我快去读，一定要细细读。读作品，很重要，能培育文学感觉。先生坚持认为，在她心目中，作品是高于一切的。有一阵子，文坛流行脱离文本空谈理论的风气。对此，先生不以为然。"怎么能这样呢？怎么能这样呢？"她不解地说。

"读到一个好作品，比什么都开心。呵呵。"这句话，我多次听先生说过。

高莽、李文俊、金志平、杨乐云、苏杭等前辈都既是出色的编辑，又是优秀的作家、译家或画家。但他们当编辑时就主要"为他人作嫁衣"，只是在退休后才真正开始投入于翻译和写作。瞧，这就是那个年代的编辑。

仿佛在开联合国会议

二十世纪八十年代，编辑部人才济济，最多时共有各语种编辑近三十人，分为苏东组、英美组、西方组、东方组和秘书组，每周一必开例会，先是主编、副主编、编辑部主任和各位组长碰头，随后再招呼全体编辑开会，主要讨论选题、组稿和发稿。各语种编辑在介绍选题时都会自然而然地夹杂一些外语，比如作家名、作品名等。这时，你就会听到英语、法语、俄语、德语、日语、朝鲜语、阿拉伯语、捷克语和罗马尼亚语先后响起，此起彼伏，十分热闹。头一回参加这样的会议时，我不由得产生了一缕幻觉：仿佛在开联合国会议。某种意义上，《世界文学》就是一个文学联合国。

有意思的是，每位编辑受专业影响，举止和行文上都会多多少少表现出不同的风格。总体而言，学俄语的，豪迈、深沉、稍显固执；学英语的，幽默、机智、讲究情调；学法语的，开明、随和、不拘小节；学德语的，严谨、务实、有点沉闷；学日语的，精细、礼貌、注重自我……当然，这并非绝对的，事实上常有例外。记得有一次，几位前辈在为我们几位年轻编辑讲述编辑工作的意义。高莽先生以一贯的豪迈说："马克思当过编辑，恩格斯当过编辑，列宁当过编辑，毛泽东当过编辑，周恩来当过编辑，历史上无数的伟人都当过编辑……"正说得激动时，李文俊先生轻轻插了一句："可是，他们后来都不当了。"会议气氛顿时变得轻松和活泼。高莽先生毫不在意，也跟着大伙哈哈大笑。事实上，正是这些不同和差异构成了编辑部的多元、坦诚和丰富，一种特别迷人的气氛。

亲人般的读者

刊物检查和原文校对已成为《世界文学》编辑工作中的两大传统。每次新刊出版后，编辑部都会召开刊检会，几十年不变，一直延续至今。刊检会最实质性的环节就是挑错，而且是互相挑错，领导和编辑一视同仁，毫不客气。每一次都会检查出一些问题，有时还会发现一两个硬伤。这实际上是在不断提醒大家，编刊物本身就是项遗憾的事业，一定要细而又细，认真再认真，不能有丝毫的懈怠，尽量减少遗憾。

二十世纪八十年代曾经有好多年，每次刊检会一开始，我们先会读一封特殊的来信，那是《世界文学》的老译者和老朋友水宁尼先生的"校阅志"。水先生实际上是电子工业部的高级工程师，但喜好文学，业余还从事写作和翻译，曾在《世界文学》上发表过好几篇译作，还曾兼任过《北京晚报》的专栏作者。每次收到《世界文学》，他都会从封面、封底到内文和版权页，一字不差地仔细校阅，并写下一页页校阅志，然后邮寄给编辑部。水先生的来信通常五六页，多时竟达二十来页，一一列出他发现的错误或可商榷之处。如此坚持了十来年之久。这得花费多少心血和功夫啊。用他的话说，他就想通过这样的方式来表达对《世界文学》的爱。2001年某一天，时任编辑部主任李政文先生忽然意识到水先生好久没有来信了，派人到电子工业部一打听，原来水先生已于1999年4月因心脏病突发离开了人世。我们说不出地难过。一份杂志是有自己的亲人的。水宁尼先生就是《世界文学》的亲人。

高莽，或者乌兰汗

高莽先生是那种你一见面就难以忘怀的人。高高大大的东北汉子，倒是同他的笔名"乌兰汗"挺般配的，总是一副大大咧咧的样子。他翻译时喜欢署名乌兰汗，画画时才署名高莽。凡是接触过他的人，都会被他的热情、豪爽、乐观和善良所感染。外文所长长的过道上，只要他一出现，空气都会立马生动起来。倘若遇上某位年轻美丽的女同事，他会停住脚步，拿出本子和钢笔，说一声："美丽的，来，给你画张像！"说着，就真的画了起来。他自称"虔诚的女性赞美者"。

他总是调侃自己在编辑部学历最低。可这位"学历最低"的前辈却凭着持久的热爱和非凡的勤奋，基本上靠自学，在翻译、研究、写作和绘画等好几个领域取得了不俗的成就，绝对称得上跨界艺术家，他主持工作期间，《世界文学》同文学界和艺术界的联系最为密切了。常常有作家、画家、译家和演员来编辑部做客，大多是高莽先生的朋友。有段时间，为了扩展编辑们的艺术视野，高莽先生倡议举办系列文化讲座，并亲自邀请各路名家来主讲。印象中，小说家邓友梅来过，戏剧家高行健来过，指挥家李德伦来过，漫画家方成来过，评论家何志云来过。讲座完全无偿，顶多赠主讲人几本《世界文学》。我们都明白，这其中有着高莽先生的友情。

记得刚上班不久，高莽主编就带我去看望冯至、卞之琳、戈宝权等编委。登门前，他都会买上满满一袋水果。在这些老先生面前，我都不敢随便说话，总怕话会说得过于幼稚，不够文学，不够水平，只好安静地在一旁听着，用沉默和微笑表达我的敬意。写出"我的寂寞是条长蛇"的冯至先生有大家风范，端坐在书桌边，腰板挺直，声音洪亮，不管说什么，都能牢牢抓住你的目光。翻译出脍炙人口的《海燕》的戈宝权先生特别热情，随和，笑容可掬，亲自沏茶递水，让人感觉如沐春风。而卞之琳先生清秀，瘦弱，静静地坐着，眼睛在镜片后面闪着光，说话声音很柔，很轻，像极了自言自语，但口音很重。我基本上听不懂，心里甚至好奇：如果让卞先生自己朗诵他的《断章》，会是什么样的味道？

可以明显地感受到高莽先生对这些先辈的敬重和欣赏。正因如此，他也想让我们这些年轻编辑多多接受他们的教益，哪怕仅仅目睹一下他们的风采。这都是些了不起的人哪，他由衷地说。晚年高莽不止一次地提到冯至先生的一首题为《自传》的小诗：

> 三十年代我否定过我二十年代的诗歌
>
> 五十年代我否定过我四十年代的创作
>
> 六十年代、七十年代把过去的一切都说成错
>
> 八十年代又悔恨否定的事物怎么那么多
>
> 于是又否定了过去那些否定
>
> 我这一生都像在"否定"里生活
>
> 纵使否定里也有肯定。
>
> 到底应该肯定什么，否定什么
>
> 进入了九十年代，要有些清醒
>
> 才明白，人生最难得到的是"自知之明"

"要有点阅历的人，才能明白这首诗的深意。"高莽先生轻声地说道。不知怎的，我总也忘不了他说完此话后的片刻沉默和眼神不经意间流露出的忧伤。

种子的志向

阅读，选题，组稿，编稿，已成为我工作和生活的基本内容。除去稿子，还要大量阅读其他书籍。阅读面，自然也日渐宽阔。光从《世界文学》就读到多少独特的作品。卡夫卡的《变形记》，福克纳的《我弥留之际》，马尔克斯的《迷宫中的将军》，帕斯的《太阳石》，米利亚斯的《劳拉与胡里奥》，莫勒托瓦的《会说话的猪》，格拉斯的《猫与鼠》，门罗的《善良女子的爱》，赫拉巴尔的《过于喧嚣的孤独》，曼德施塔姆、叶芝、布罗茨基、兰波、波德莱尔、休斯、奥利弗、勃莱、里尔克、博尔赫斯、阿莱克桑德莱、博纳富瓦、霍朗、沃尔克特、希姆博尔斯卡、雅姆的诗歌，川端康成、塞弗尔特、米沃什、普里什文的散文，都在我的记忆中留下了印记。诗人沈苇在一次研讨会上说："我愿意把中国作家分成两类：一类是读《世界文学》的作家；一类是不读《世界文学》的作家。"他的言外之意是：《世界文学》完全可以成为衡量一个作家水准的坐标。我同意他的说法。

但惶恐和压力恰恰源于读者的认可，同样源于《世界文学》的深厚传统。我一直在想：什么是理想的文学刊物？理想的文学刊物，应该是有追求的，有温度的，有独特风格和独立气质的；理想的文学刊物，应该同时闪烁着艺术之光、思想之光、心灵之光。理想的文学刊物，应该让读者感受到这样一种气息、精神和情怀：热爱、敬畏和坚持。事实上，坚持极有可能是抵达理想的秘诀，是所有成功的秘诀。理想的文学刊物应该让读者感受到从容、宁静和缓慢的美好，应该能成为某种布罗茨基所说的"替代现实"。理想的文学刊物，应该有挖掘和发现能力，应该不断地给读者奉献一些难忘的甚至刻骨铭心的作品，一些已经成为经典，或即将成为经典的作品。卡尔维诺在谈论经典时，说过一段同样经典的话："这种作品有一种特殊效力，就是它本身可能会被忘记，却把种子留在我们身上。"理想的文学刊物就应该具有这样的"特殊效力"。理想的文学刊物就应该永远怀抱种子的志向。理想的文学刊物还应该有非凡的凝聚力和号召力，能够将一大批理想的作者和理想的读者团结在自己周围。如果能做到这些，一份刊物就会保持它的权威性、丰富性和独特性，就会起到引领和照亮的作用，就会以持久的魅力吸引读者的目光。我们也深深地知道，要真正做到这些，会有多么艰难，需要付出多少心血。

惶恐，而又孤独。置于语言之中的孤独；置于文学之中的孤独；喧嚣之中的孤独；突然起风之时的孤独；告别和迎接之际的孤独。"谁这时孤独／就永远孤独"。

在孤独中，将目光投向一排排的《世界文学》。六十五年，三百八十期，日积月累，《世界文学》译介过的优秀作家和优秀作品究竟有多少，实在难以计数。肯定是一片茂密的林子。那片林子里，有一代代作家、译者和编辑的心血和足迹；林子里的每棵树都有无数双眼睛，它们也在望着我们呢。一步，一步，温暖而神圣的孤独。一步，一步，即便困难重重，我们也唯有前行，唯有把每一天、每一年都当作新的开端。谁让我们是《世界文学》人呢。

2018 年 7 月 10 日凌晨

高兴，诗人，翻译家，《世界文学》主编。

高莽：作家的画梦

祝勇

一

岁月常常展现出它的不可思议。一个缠绕你多时的问题，往往并不需要解答，时过境迁之后，一切均不言而喻。冥思苦想解决不了的难题，可以交给时间解决。

七十二岁的高莽蜗居在紫竹院附近的一座板楼上，在逼仄的空间里译稿、作画。他做梦都希望拥有一间自己的画室，可是竟没有。四周成捆的书报资料吞噬掉了有限的空间，一张可以兼作画案与书桌的略大一点的桌子，侵占了房间里最后一点可供行走的通道，胖人几乎要半蹲着挤过去，才有希望坐到对面的长沙发上。光线不好，所以他要尽量在好的日光里多干一点，天光一旦昏暗下来，就什么都干不成了。开着灯也不行。他说，到底是老了。

他的书籍、文稿、杯子、眼镜，永远在铺着花格台布的桌案上散乱着。他最怕找东西，由于累积的资料成捆地在几间小屋里沿墙根一

193

高莽画祝勇

直摞到棚顶，找一样东西，花一整天的时间也未必找得到。有一次他寻找的一篇旧作，是在他彻底失望、决心放弃的时候，突然冒出来的。他时常感到疲倦。累的时候，他的目光透过窗子望向远处，好在视野尚佳。心情若好，还可以下楼走上一遭，买份报纸，复印点文稿，洗几张照片，或者干脆到万寿寺转转。不在乎川流的车子的喧嚣，温煦的阳光倒常常令他在平静中陷入遐想。于是，许多可以回味的细节，便轻易地浮现出来，清晰如画。

于是，一些本已在岁月中蒙上了尘垢的影像，又开始骚扰他的内心。他想起四十多年前自己曾随周扬访问苏联，在西驶的火车上，他向周扬发问，为什么知识分子的书房里大多悬挂着诸如克拉姆斯科依《陌生的女人》《月光》这样的油画作品（印刷品），而不是工农兵的

194

革命宣传画？克拉姆斯科依是沙俄时代巡回画派领袖，《陌生的女人》画的是一位坐在马车里的贵族美妇。他记得当时周扬只是略微笑了笑，没有作答。

周扬那天的笑容一直像一团雾一样弥漫着他的思绪。五十年代陪同梅兰芳先生访苏的时候，梅先生对高莽说的话，更加深了他的疑惑。那一天，他们一起漫步在斯坦尼斯拉夫斯基博物馆里，梅先生便以细微的嗓音对身边的高莽讲道："梅耶荷德最懂中国戏曲，你将来要画画，请将我和梅耶荷德画在一起。"梅耶荷德曾是与斯坦尼斯拉夫斯基齐名的大导演、欧洲戏剧界的权威、电影大师爱森斯坦的老师。英国大导演戈登·格雷访苏时曾说：只要梅耶荷德能到火车站来迎接我，我就心满意足了。然而，梅先生这话，还是令高莽感到意外。因为早在梅先生说这番话之前十八年，梅耶荷德已被作为"人民的敌人"处死了。梅耶荷德剧院是在 1938 年 1 月被以"与苏维埃艺术背道而驰"的罪名查封的。查封以前，梅耶荷德的妻子、著名女演员赖赫在《茶花女》中第七百二十五次，也是最后一次扮演了主要角色。1939 年 6 月 20 日，梅耶荷德在列宁格勒被逮捕，是夜，他的宅邸被抄。次年，他惨死狱中。梅耶荷德被捕后二十五天，即 1939 年 7 月 15 日，赖赫在家中被杀，身上留下多处刀伤，死因至今不明。

高莽没有想到梅先生情有独钟的是这位"人民的敌人"，而不是斯坦尼斯拉夫斯基这位人民艺术家。他深信梅先生的话自有其深刻的涵义。但是，它究竟意味着什么呢？

革命与艺术，有时候会在他心里打架。

高莽虽然毕业自教会学校，但是他十几岁便投身革命，1945 年 8 月 15 日苏军出兵中国东北后，一直在中苏友好协会工作。歌声、标语，以及红旗招展的会场，培养了那一代人的革命浪漫主义情绪。他有着浓重的革命情结和苏联情结，二十一岁便翻译完成了剧本《保尔·柯察金》，而他后来的妻子，便是剧中扮演冬妮亚的演员。寂静的北方漫天飞舞的大雪和粗糙的北风，在他的记忆中，都带有一种无法言说的甘甜滋味。莫斯科与列宁格勒，那是他心中的革命与艺术的圣地，后来数次造访，他都是怀着朝拜的心情去的。

保尔·柯察金的形象在他的心头颤动。他永远都不会忘记保尔和冬妮亚分别的那个晚上的情景——他们坐在公园的长椅上，望着西天落日的余晖。保尔对冬妮亚说："你必须跟我们走同样的路。……假如你认为我首先是属于你的，然后才是属于党的。但在我这方面，第一是党，其次才是你和别的亲切的人们。""冬妮亚悲伤地凝望着闪耀着碧蓝的河流，两眼饱含着泪水。"然后，保尔便走了，留给冬妮亚一个决绝的背影。他从此走得很远，走向弥漫着浓烈硝烟的战场，走向西伯利亚的筑路队伍。那时候，年轻的高莽还从来没有听说过，一位名叫日瓦戈的医生，在十月革命后的一个饥饿的寒冬里，卖掉了心爱的钢琴，换来一小堆足以救活全家的土豆；他所崇拜的革命作家高尔基，竟在革命暴力等问题上与列宁有重大分歧。高尔基在 1924 年 1 月 15 日致罗曼·罗兰的信中这样评说列宁："我曾多次指出，摧毁俄国知识分子，他摧毁的正是俄国人民的核心。我尽管对这人怀有好感，从他那方面说，他也喜欢我，我相信这一点，但我们的争论引起彼此精神上的敌视。"那时，年轻的高莽还根本不可能想象，一个被唤作古拉格的群岛，成为新时代里的西伯利亚；而法捷耶夫，《青年近卫军》的作者，受人敬重的苏联文艺界领袖，竟因精神的苦闷，于 1956 年 5 月 13 日，在莫斯科的彼列捷尔金诺村，饮弹自尽。历史往往不像它的表象那样简单，而知识分子所要面临的苦难的历程，也远远没有终结。这样的宿命，不久也在他自己的命运中得到应验。

俄罗斯多雪，洁白如迷人的四瓣丁香花，像他的故乡哈尔滨。许多个寂静的晨昏，他在雪原上漫步，试图从穿越白桦林的风中，聆听到昔日大师的耳语。而历史的真相，却总是埋藏在地层的深处。年轻的高莽，头脑里总是笼着一层雾。

<h1 style="text-align:center">二</h1>

高莽后来的人生旅途并没有因为他的革命情结而变得一片光明。在四十年代中后期，尽管战事还在继续，有人还没顾得上搞运动，高莽却幸运地提前挨了批。起因是他发表在哈尔滨《学习报》上的一组讽刺浪费的漫画。因为有好事者向上级投书，这些画便成了他向党的第一次进攻。于是，以后的历次猖狂进攻，也都顺理成章了。

这次批判的余绪一直延宕到1949年以后。当时新创刊的《文艺报》曾在第一卷第八期上，以六页的篇幅刊载了华君武、蔡若虹等人的批判稿，同时刊载了署名"方生"的读者来信，指责高莽的漫画"是以讥笑敌视的态度在工人、群众、干部中间，造成不满和不团结的气氛"。由出刊的时间1950年1月10日，我们大致可以推断，这几篇文章，应当是在1949年11月左右完成的。于是，对高莽漫画的批判，便成为新中国成立后较早针对艺术家个人进行的批判。华君武在《对四幅漫画的意见》一文中指责高莽的"趣味"和"滑稽"是美国式的，蔡若虹的文章《从"就画论画"说起》指出"美国画报是经常有这种人物形象的"，从一开始就没打算给他留情面。当时高莽在哈尔滨管着一个图书室，时常翻弄苏联书刊，对他创作影响最大的，当是苏联最有影响的漫画刊物《鳄鱼》。至于美国漫画，高莽连边儿都不曾摸过。

很多年后，华君武、蔡若虹都和高莽成了朋友。华君武经常给高莽的老母亲带些食品，还为高莽失明的老伴寻医找药。或许，这位老人的心底，一直对昔日的举动怀有悔意。但在高莽面前，他从未提过那篇批判文章，不知是忘记，还是回避。

高莽的顶头上司一看风声又紧，便不失时机地勒令高莽深入检查。检讨内容包括资产阶级出身、在外国教会学校所受的教育，以及思想根源与立场。"文革"后陈辽曾在一篇文章中写道："批错了一篇、一部、一幅作品，其社会效果之坏，要比我们通常估计的严重得多。"这是自然，否则，如何能收到杀一儆百的功效？

高莽那时还不知道上面喜欢什么样的检查，倘能及时地投其所好，把所有的臭狗屎都抹到自己头上，倒也可以省了很多麻烦。"文

高莽和祝勇

革"中，别人审问他，为什么要给刘少奇当翻译。这就奇了，不是你们安排我给这个叛徒、内奸、工贼当翻译的吗？除了刘少奇这位"睡在身边的赫鲁晓夫"，高莽甚至多次为赫鲁晓夫本人做翻泽，至于与苏修帝国主义分子相勾结的阴谋嘛，那就太多了，一时真想不起从何说起。

当外调人员拿着他画的一幅满是飞鸟的画稿，审问他是如何布置有关人员逃离大陆，投奔"自由世界"的"秘密指令"时，他已经对这些人的想象力钦佩得五体投地了。他曾有一位外号叫"小鸟"的女同事，在调往外地以后，他给她写的信，"信"中没有一个字，只是画了一些飞翔的小鸟。他平日里喜欢这样随心所欲，不想他的这些性情，后来成为告密者和"造反"者邀功请赏的凭据。

差不多与此同时，他在长春光机所当处长的哥哥，被指控为"国际间谍"，遭毒打致死。另一个哥哥也从公安人员变成囚徒，被关进不见天日的死囚牢房。死比活容易，小布尔乔亚的倔强与软弱交叠纠缠着高莽那颗不安的心，他于是想到了死。是妻子"不能死，活下去"的忠告，支撑他从岁月的阴影里走出来。

小说《芙蓉镇》的男主人公秦书田在被揪斗的雨天里也同样地喃喃道："活着，像牲口一样地活着！"

许多老人不愿回首往事，于是历史的真相便愈发扑朔迷离。我曾经力邀我所敬重的一位老学者撰写个人回忆录，他说："不是我不想答应你，只是现在回想过去的事情，我不可能不激动，不可能不受到感情的折磨，所以我不能写。什么时候我能够以一种平静的心情面对往事，什么时候才可能落笔。"他的话，恐怕代表了很多老辈文人的心态。1998年的高莽坐在他的书房里与我谈话。透过他的神情，我无法揣测他回忆往昔时的心情，只能从他的文字中寻找依据。他的《冷与暖》一文的开篇是这样写的："几十年的人生旅途，跌跌撞撞磕磕碰碰，留下遍体鳞伤。如今扶伤回顾往事，面对更为凄惨可悲者，深知他们大有人在，觉得自己只不过是擦破了一层皮，已无痛感。"

他和他的一代人从浩劫中走出来，各自扮演了各自不同的角色。与吴晗、老舍他们比起来，他还算幸运，所以他才这么说。他是超越了对个体生命的关注，满怀着对整整一代人的悲悯情怀，写下这番话的。他望着案头的水仙对我说："你看这水仙，花香袭人，可是它遭受了刀子的横竖割伤，才换来盛开的完美。"就是在这个时候，他将自己的内心，与苏联知识分子的心路历程，打通了。

三

去高莽家里做客，每次都会贪婪地翻看他的速写本。他一生积攒了大量的人物速写作品，每有学习会讨论会，或者文人雅聚，他都会不失时机地，把众生相画下来，时间一久，竟积成厚厚几摞，分别制成不同的插册，每次去，我都乐于抽出一册，坐在一边静静地翻动，仿佛要在这些陈旧的影像里，想象历史的身影。高莽笔下人物，老辈者有胡愈之、曹靖华、钱锺书、杨绛、季羡林、茅盾、巴金、田汉、萧军、蔡若虹、华君武、曹辛之，小辈者有李洁非、徐坤君，图侧多有被画者的题识，可能是几行隽语，也可能是一句逗趣的诨话。于是，这些画稿，便有意无意地，掀开了中国知识分子心底深处的一角幽帘。

退下来的高莽最大的收获是完成了一幅大画，就是丈六的水墨长卷《赞梅图》。房间狭小，不能退远观看，甚至那幅巨大的宣纸也铺展不开，只好匍匐在地上，边画边卷，边卷边画。所以，掌握比例和透视，便是一件难事。几乎整个夏天，他都躲在燠热的小屋里作画，从早上起床，一直画到夕阳西沉，每日不断，用他自己的话讲，比上班还忙。三个月后，大功告成。他这才踏实下来，仿佛灵魂得到了告慰，从此，便可以无怨无悔了。

"梅"，是梅兰芳，在画幅中心，轻舒臂腕，环绕他的，有斯坦尼斯拉夫斯基、萧伯纳、布莱希特、塔伊洛夫；唱《老人河》的罗伯逊、唱《船夫曲》的夏里亚宾，当然，不会漏掉结局悲惨的梅耶荷德和他的爱妻赖赫。他曾将这幅心血之作拿给戈宝权观看，请他指认画中人物，可惜年迈的戈老已经难于辨认了。这令他心中颇为忐忑。1996年，一个由六十人组成的莫斯科戏剧表演家旅行团访问北京，专程参观梅兰芳故居纪念馆，同时品赏一下《赞梅图》。室内展不开，只好在院中观看。几位俄国朋友攥住画轴，慢慢将画展开，他们顺利地认出了前两位，当第三位的身影露出来时，在场的所有的人都惊呆了：赖赫！他们没想到，现在许多俄罗斯的年轻人，都不知道这个名字了，而这位美丽的苏联女演员，竟于死后六十年，在中国艺术家的画作里得到复生。高莽说，她的姿影总是令他挥之不去。梅先生去世时，他曾写过一篇文章，提到梅耶荷德和赖赫，多亏当时的上司不知此二人何许人也，高莽也就安然无事了。时光荏苒，大师退席，他们是否在场，对他们自己或许并不重要，对这世界，绝对两样。如今各种冒牌大师横行世上，他们若在，那些人是不敢的。真正的大师不说话，但他们的精神会说。他们是这个世界的魂，他们走了，世界就没了魂。高莽画梅，聊以填补大师退场后内心的空缺。

年老的高莽半倚在沙发里，出神地凝望着案头的水仙，回味着年轻时的旧梦和自己颠簸的一生，品味着生为文人的苦涩。而青年时代的高莽，则在东北的雪原上行走着，做着作家和画家的梦。他的心境像未被践踏过的雪地一样纯白，那时，什么还都未曾发生，只有风刮在脸上，生疼，他不在乎。毕竟是年轻。保尔·柯察金是他的精神偶像。握在手中的那卷剧本里，保尔刚刚和冬妮亚告别，天边的霞光，依然明丽耀眼。

2010年12月，原载《非典型面孔》三联书店

祝勇，作家，任职于故宫博物院。

怀念高莽先生

陈梦溪

2017年10月6日22点30分，翻译家、作家、画家高莽先生在他九十一岁高龄离世。这是7日一早笔者收到的唯一一条微信未读消息，看着这句简短的话，感到突如其来。半年前，也就是今年春，笔者还去高莽先生家中拜访、采访、闲聊，那时老先生仍旧精神矍铄，幽默风趣，拿起画笔和颜料投入而专注，甚至当场用油笔为笔者画了一幅肖像素描。一时只觉得难以相信，却忘记了，或是不愿承认，高老毕竟已是年过九旬的老人，还身患疾病，生命力的存在和离开可能往往在瞬息之间。感到安慰的是，高老的女儿岚姐透露父亲走的时候非常平静和安宁。

我们如今追忆高莽先生的生平故事，恐怕不仅仅是为了让大家知道我们所熟知的那些普希金的诗歌、那些耳熟能详的俄罗斯作家的名著都是出自他的翻译，而是这位老人用几乎一生参与和见证了近一百年外国文学尤其是俄苏文学在中国的发生发展历程。在由人民文学出版社出版的《普希金诗选》中，高莽以"乌兰汗"为笔名翻译了《如果生活欺骗了你》等名作，"乌兰汗"只是高莽十几个笔名中的一个。

高莽1943年开始发表作品，1947年，他翻译了苏联作家班达连柯根据奥斯特洛夫斯基的名作《钢铁是怎样炼成的》改编的剧本《保

高莽先生所画的普希金登上长城印在俄罗斯普希金纪念馆的官方明信片上

尔·柯察金》，曾在全国各大城市上演。1949年高莽在《东北画报》上发表译作短篇小说《永不掉队》（原作者乌克兰作家冈察尔），曾收入我国中学语文教科书。1997年，时任俄罗斯总统的叶利钦为表彰高莽对中苏中俄文学艺术交流的贡献而授予他"友谊"勋章。

高莽先生出生在哈尔滨，在他身上能看到东北人骨子里特有的幽默感和乐观精神，而与文学和艺术的缘分又让他充满了浪漫的情怀。今年春天，在一个乍暖还寒的下午，高莽先生坐在客厅，陷入了他的回忆中，在笔者问道，八十年前上小学的时候，最先接触的是哪些俄国诗歌时，他几乎没有思考，张口就用俄文念出了一首，他沉浸在诗句中，阳光打在他的侧脸上……少年时代的他就是那样背诵这些诗句的，用俄文——那时还没有人将它们翻译成中文。

之后高莽又一句一句用中文朗诵道："我记得那美丽的瞬间：你就在我的眼前降临，如同昙花一现的梦幻，如同纯真之美的化身……"这是他翻译的一首爱情诗,《致克恩》。克恩是美丽的女子,是普希金爱慕的对象,爱情的化身,高莽在少年时朗诵这首诗时不一定能够理解其中的男女之情,但诗句中文字的韵律与美感仍旧让他着迷。之后他遇到自己的妻子,两人都属虎,在高莽家中也摆满了各式各样的老虎——毛绒的、布艺的、粘贴的、彩绘的,有几十上百只。与普希金年轻热烈的爱情相比,这种相伴到老、相濡以沫的爱情同样令人羡慕。

据高莽先生所说,他儿时就读在一所"Y.M.C.A"(基督教青年会)的学校中,因为他出生的哈尔滨与俄罗斯(当时是苏联)接壤,不管是当地的社会环境还是学校的教育内容,都受到浓重的俄罗斯文化影响,同学中以俄罗斯人居多,老师也是用俄语讲课,孩子们在学校学习俄语,接触俄罗斯文学,尤其是诗歌也成了必然的事情。"九一八"事变爆发时高莽五岁,在他的回忆中,日本人迅速地占领了东三省,他的学校在不久后也被日本人接管,学校开始改了课程,要求他们学习日语和日本文化,大家都憎恨日本人,也抗拒他们在沦陷土地进行的教育和文化同化。

高莽的整个读书期间都在这样的情况下度过,不过他一直没有放弃对俄国文学和语言的钻研。1943年,高莽在哈尔滨的《大北新报》上发表了他的第一篇译文——屠格涅夫的散文诗,那年他十七岁。此后他开始从事专业的俄语文学翻译工作,后来进入中国社会科学院外国文学研究所和《世界文学》杂志,将更多的优秀当代文学作品介绍给国内读者,这其中就有高莽翻译的2015年诺贝尔文学奖得主白俄罗斯女作家阿列克谢耶维奇的代表作《锌皮娃娃兵》。

高莽虽然翻译过大量普希金的作品,但普希金却不是他最喜爱的俄罗斯作家。除了普希金,高莽还翻译了苏联作家冈察尔的短篇小说集,帕斯捷尔纳克精神自传《人与事》、卡达耶夫《团队之子》、葛里古里斯《粘土与瓷器》、卡哈尔《绣花丝巾》、科涅楚克《翅膀》、马雅可夫斯基《臭虫》《澡堂》、阿菲诺根诺夫《亲骨肉》、格列勃涅夫等《卡尔·马克思青年时代》（电视连续剧）；以及普希金、莱蒙托夫、舍甫琴柯、布宁、叶赛宁、阿赫玛托娃、马雅可夫斯基、帕斯捷尔纳克、曼德尔施坦姆、特瓦尔多夫斯基、德鲁尼娜、沃兹涅先斯基、叶甫图申科、罗日杰斯特文斯基、卡扎科娃等诗人的诗作。这些作家对于高莽的影响不亚于普希金。

高莽与普希金结缘是在普希金逝世一百一十周年时，班主任让大家画普希金的画像，高莽因为画得好，当年十一岁的他的画作被当成优秀作品挂在教室外面的墙上。之后的八十年，高莽一直在从事普希金作品的研究和以普希金本人为主题的画作，他凭借自己的想象，将普希金短暂却波澜起伏的一生画了出来，高莽很喜欢普希金生命的最后一刻，因决斗失败而倒地，白茫茫的雪地上洒着点点鲜红的血迹，再翻出这幅画时，高莽仍旧怅惘不已。高莽看到普希金生前曾在作品中表示希望能够来到中国，在长城上走一走，但因为种种原因没能实现，就用画笔替普希金完成了心愿。

普希金的生命虽然短暂，但却创作了大量的诗歌、小说、剧本、散文、童话等，不过高莽看来，普希金的文学成就掩盖了他其他方面的才华，比如绘画。在他看来，虽然没有人将普希金称为画家，但普希金的绘画作品却相当重要。普希金一生创作了无数的绘画作品，光是留存下来的画作就有一千五百幅。普希金的绘画也影响了高莽的创作，他原本就喜欢画画，受自己喜爱的文豪的影响，更是创作了许多画作。普希金的画作涉及很广，风景、动物、花鸟……但最多的还是肖像画，而高莽也创作了大量的肖像画，给他喜爱的作家们，给朋友们，给生活中遇到的人们。从他为普希金创作的多幅肖像画中可以看出，他的绘画风格受普希金的肖像画的影响之深。高莽的绘画作品《巴金和他的老师们》为中国现代文学馆收藏；所画普希金、托尔斯泰、高尔基等人的肖像为外国文学馆或纪念馆收藏。

　　与高莽先生翻译过的那首《如果生活欺骗了你》相比，笔者更喜欢他翻译的这首《饮酒歌》，离别的时刻更难忘怀。

　　　　草原上最后几朵花儿
　　　　比早开的鲜花更可爱。
　　　　它们容易搅乱我们的心，
　　　　把悠悠的遐想勾起来。
　　　　所以，有时，离别的时刻——
　　　　比甜蜜的重逢更难忘怀。

原载《北京晚报》2017年10月16日

　　陈梦溪，《北京晚报》记者。

不知疲倦的高莽

难于慰藉的哀思

——缅怀老友高莽

孟烈

遽悉老友高莽仙逝，无限感伤，哀戚盈怀。忆及我俩，相识相交、相知相契，往事历历，萦绕悱恻，厚谊深情，铭刻于心。我与高莽兄之相识相交，实出偶然，但相知相契，则应属必然。对我俩初逢之偶然性，高莽兄在他的文章中，曾经谈过，他说：

"孟"这个名字，我早有耳闻，知道他不是哈尔滨人，却对哈尔滨颇有感情，对这座城市的历史也很有研究，可惜一直没有机会与他晤面。1999 年我国著名画家、鲁迅美术学院老院长、美术教育家王盛烈先生在北京举行个人画展。庆祝宴会上集聚了很多朋友与同行。我和几位客人同桌，无一相识。我的听力甚差，交谈常闹笑话，这种经验教训使我不便向生人问长问短。那天，我默默坐在一旁。王盛烈先生走过来，和大家打招呼。他指着一位身材修长、鼻梁上架着眼镜、手指间夹着香烟的人，介绍说："你们认识这个人吗？他叫孟烈，写过几部电影、电视剧，很有影响。"王盛烈的声音中含有戏谑，也有赞美地又说："他是我的学生，他学的是绘画，现在却成了文学家了。"然后，开了一句玩笑："我本来的是一窝鸡，不知道为什么，居然从蛋中钻出来一只鸭子。"在哄堂大笑中，我插了一句说："不！是一只凤凰。"又是一阵笑声。原来他就是孟烈呀！我看过他写的《范斯白》，以哈尔滨为背景描述洋密探活动的小说。我是哈尔滨人，很想从孟烈口中多知道些哈尔滨的事，给自己补补历史课。我跟身边的人换了一下座位，靠近孟烈以便能听清对方说话。我们先是互问健康，然后转到天气，渐渐话题展开了，神聊起来。大概二人有相近之处，也有共同的爱好与兴趣，所以越聊越近乎。我诚挚地邀请他和夫人到我家做客，从此交往渐多。

——高莽《孟烈和〈哈尔滨旧影〉》
《黑龙江日报》2001 年 11 月 30 日

……这是十八年前的往事，追思如在眼前。看起来，我俩的相识相交确属偶然，但在偶然中也存在着必然因素。例如在文学艺术界我们共同的朋友很多，我们共同的兴趣爱好也很多，我对他仰慕已久，他对我也确有强烈的结识愿望，因此两人每到一起就有说不完的话，谈文学、谈艺术、谈哈尔滨的人和事……唉，还是别说啦！痛失良朋的滋味，真的不好受哇！

高莽兄喜欢摄影，他总想在我毫不知情的状态下，捕捉我个性鲜明的本来面目。他总是在我聚精会神欣赏画作时，偷偷地端起相机把镜头瞄准了我，迅速按动快门……然后，在我已回哈市之时，把照片洗印好寄来，并在信中写明："背后有签名者，我比较满意。"有一幅大逆光剪影式的照片，便是他签了名的佳作。

他曾给我画过两幅肖像，一幅是我老老实实地坐着，他一本正经

高莽画孟烈

凭印象画神态

地画，结果则欠生动。另一幅则是他凭印象画神态，有一点漫画式的夸张，结果很精彩。朋友们看了都说后者很神似，这足以说明我在他的心目当中，有足够的形象蓄存。

他在信中说："有你这样一位朋友，一生就没有白过！"这话虽然有恭维的成分，但我相信他是发自真心的。不过我已经翻两倍还他了。我回复他说："能够成为你的朋友，当是我三生有幸！何止是一生啊！"

痛惜哉，这样的一位好朋友永别了！高莽兄走了，走向不可归的远方，走向奈何桥之彼岸，走向那个没有网络、通不了微信的不可知之处。

高莽兄，永远地怀念你！

孟烈，作家，剧作家，生活于哈尔滨。

恩师高莽

龙飞

一

我早就十分景仰高莽先生。二十世纪九十年代初，我正撰写阿赫玛托娃的传记文章。得知高莽先生的译著《爱——阿赫玛托娃诗选》已经问世，便冒昧写信向他求赐。我的同事谷羽老师当时恰在北京，高莽先生就把书让谷老师给我带了回来。

翻开诗集，只见扉页上题着："龙飞同志　听说你在撰写阿赫玛托娃评传，翘首企盼拜读"，然后是他的签名，字迹非常潇洒。我想，高莽先生也太高看我了，我哪有能力写评传呢？后来写成一篇一万六千字的《阿赫玛托娃：俄罗斯诗歌的月亮》，刊登在《名人传记》杂志上。这种传记文章怎能和具有学术性的评传相提并论？我没好意思告诉高莽先生，怕辜负了他的期望。

1999年4月，在北大举行的纪念普希金诞辰二百周年大会上，我终于见到高莽先生。他温文尔雅，风度翩翩。短暂的接触，感觉这位

《 *Зимний вечер* 》
Рисунок Н. Ильина

高莽对插画问题的回复

集翻译家、作家、画家于一身的大学者非常平易近人。他刚刚完成
"普希金"组画，在会上作了关于这次创作的报告，谈到其中最重要
的一幅《普希金在长城上》时，说："普希金一直想来中国，由于沙
皇阻挠，未能成行。我用自己的画替他实现这个愿望。"

　　同年6月，高莽先生应邀赴俄出席普希金纪念大会，他将这幅画
赠给了莫斯科普希金故居纪念馆。

　　不久，我得知高莽先生新近撰写和出版了《帕斯捷尔纳克传》，
又向他求赐。他马上寄来。读完该书的后记，我才知道他近年处境不
好，家中连续发生不幸：1995年5月他的哥哥故去，1996年2月母亲
辞世，同年夏天妻子双目失明，如今他的夫人还需他照料。我不由得

感到一阵心酸，同时也敬佩他的精神力量。我立即写信感谢他的惠赐，并向他和师母表示诚挚的慰问。

从此，高莽先生每出一书必赠我一本。最初是挂号邮寄，后来由他的女儿晓岚和侄女晓崟开车来津办事时，亲自把书送到我家。有时我尚不知高莽先生又有新著问世，他已将书给我寄到或捎来，令我又感激，又欣喜。高莽先生非常多产，我有幸拥有他的许多著作。

二

新千年开始是高莽先生的创作丰收期。他自称散文、随笔，而在我心中已属于用散文手法撰写的专著。高莽先生那一部部著作，都成了我的案头必备书。

他的《俄罗斯大师故居》（2005）以优美文字及珍贵图片娓娓讲述十九世纪俄国六大文豪的生平创作及其故居的故事。而最让我激动的是书中关于普希金的篇章。

一百多年来，人们通常把普希金之死归咎于他的妻子。从1963年开始，苏联的普希金专家们挖掘出一批新史料。在此基础上，他们陆续撰写和出版了多部专著。这些著作，提出了对普希金夫人的新评价：她是位心灵与外貌同样美好的女性。而我国学界不少人因长期受传统观点影响，对她仍抱贬斥态度。读了新史料，我多次撰文为她鸣不平，但在国内尚未见到有说服力的佐证。高莽先生在新著中涉及这一话题。八十年代末，他在莫斯科普希金故居纪念馆外的街上，看到一座新建的普希金夫妇雕像纪念碑。高莽先生写道："这是有史以来第一次在街头展示他俩的合像。"书中图片展现了这座雕塑：英俊潇洒的诗人和年轻美丽的妻子手牵手眺望着前方……说明时代在进步，苏联社会已纠正了过去对普希金夫人的偏见。看到图片，我很欣慰，并以新史料和这张图片再次撰文反驳对普希金夫人的不公正说法。

高莽先生的《俄罗斯美术随笔》（2005）配有三百多幅彩色插图，让读者感受到俄罗斯造型艺术的璀璨辉煌。作品以"巡回展览画派"在俄国的兴起为开篇，谈到二十世纪初俄国画坛异彩纷呈，各种流派、团体争先涌现，进而叙述苏联"社会主义现实主义"的五十年。全书涵盖了自十九世纪后期至今的众多艺术家。读者从中能体会他们在创新和变革中的痛苦与欢乐。俄罗斯造型艺术的传统精髓对我国影响极为深远。作者用散文笔法勾勒了一个多世纪以来俄苏美术的发展历程，故有媒体称"不是专业的美术史，却更具可读性"。

此外，《白银时代》（2007）、《墓碑·天堂》（2009）都是非常有分量的作品。《白银时代》讲述俄国文学"白银时代"后期八位代表诗人非同寻常的命运。这些走在世界文学前列的大师，凭着对理想的追求和驾驭艺术的功力，铸就了俄罗斯诗歌的辉煌，相信历史将永远铭记他们的功勋。

《墓碑·天堂》则是拜谒俄罗斯八十四位文学艺术大师。作者以飞扬的文采和诗人的情怀，讲述墓碑下的人物，并配上亲手绘制的速写、肖像和珍贵照片，勾画出一位位登上人类精神巅峰的大师的诸多鲜为人知甚至惊心动魄的故事。文字、图片和绘画融为一体，真正达到了图文并茂。集翻译家、作家、画家于一身的高莽先生将其才华发挥到了极致。

我将这四本书总称为"俄罗斯文学艺术家小百科"。

三

自1992年得到高莽先生赠书后，每到新年，我都给他寄去贺年片，送上自己的感激与祝福。他收到后立即回赠。2004年，高莽先生自制的贺年片给我带来巨大惊喜：他将《普希金向往中国》一画印在明信片背面，画下方印有普希金的诗句："前往遥远中国的万里长城……"看来高莽先生将自己的画作成批印在明信片上，作为贺年片，赠给各地的朋友们。

2006年高莽先生的贺年片印的是"普希金"组画中的《少年普希金》。2008年他的贺年片最让我爱不释手：画面色彩斑斓，描绘充满诗情画意的俄罗斯夏日风光，画中人可能就是奥涅金和达吉亚娜，右侧配有一首普希金抒情诗……如此精美别致、独具一格的艺术品，只能出自高莽先生之手。

高莽先生这些独特的贺年片，启发我自己动手制作个性化贺年片。

四

凡是遇到俄罗斯文学艺术方面的疑难问题，我就向高莽先生求教。最初是写信，后来便通过晓岚用邮件或微信。

十多年前，我将自己分散在报刊的文章做成集子。封面图片是从高莽先生的《俄罗斯美术随笔》中选出的一幅，即画家盖梅森为《叶甫盖尼·奥涅金》所作的剪影插图。做第二集时，封面图片选的是普希金给奶娘念诗的那幅。但不知道画的作者，须在书的勒口注明作者。查不到，要请教专业人士。虽然我有不少画家朋友，但估计他们全都不会知道。怎么办？找高莽先生！这样的问题唯独他能解决。我将图片复印下来，寄给他，问该画的作者是谁。他很快回信告诉我，画的作者是 Н.Ильин（尼·伊利英），并在我寄去的复制图上写下这幅画的俄文标题及作者，附在信中给我寄回。原来这是画家伊利英为普希金抒情诗《冬天的夜晚》（1825）所作的插图——高莽先生如此博学多才，真是国宝级人物！

当我写托尔斯泰夫人索菲亚时，发现在我国她的日记中译本早已出版，而长篇回忆《我的一生》却一直没有找到。后得知她的回忆录在苏联时期曾零星刊登过某些章节，直到2010年托尔斯泰逝世一百周年前不久，俄罗斯才首次出版回忆录全书。在《俄罗斯大师故居》中，高莽先生曾引用过索菲亚回忆录的内容。我便请教他："苏联时期没出版这部回忆录吗？您大作中引用的材料是否出自报刊的零星章节？"他答复确实如此。这让我领悟到可能与苏联官方对托尔斯泰态度的矛盾性有关。

2013年，为纪念斯坦尼斯拉夫斯基诞辰一百五十周年，我写下一篇文章。配图时想找一幅斯氏墓碑的彩照，俄罗斯网上有好多张，但都不太理想。相比之下，唯有《墓碑·天堂》中那幅最好，拍摄角度好，色彩好。原来那是高莽先生在莫斯科新圣母公墓亲手拍摄的。文章见报后，我在给晓岚的邮件中请她转告高莽先生，我"侵权"使用了他拍摄的照片，向他致歉并致谢。

记得是2015年的冬天，晓岚给我送来高莽先生的新书。谈起前不久，阿列克谢耶维奇荣获诺贝尔奖时的盛况：不少记者拥到高莽先生家，而且电话不断，热闹非凡——因高莽先生于1999年译过她的作品《锌皮娃娃兵》。我听了也为老先生高兴。谈到高莽先生身体，晓岚忧郁地说，最近查出肝硬化，担心会癌变……我听后对老师和师母十分牵挂，常通过邮件问候。2016年在网上见到高先生九十大寿的系列照片。他蓄了长须，须发全已变白，一下子显得苍老了许多，不过精神很好，我也就比较放心了。

为纪念普希金逝世一百八十周年，今年2月，莫斯科普希金故居纪念馆为前来参观的游客准备的纪念品明信片的背面，印的正是高莽先生的《普希金在长城上》。这件事让他非常开心："我真没想到，因为是普希金故居纪念馆印制的，意义就不一样了。"我从晓岚那里听到这一消息也很开心。

令我非常过意不去的是2017年8月初还打扰过高莽先生，为了斯坦尼斯拉夫斯基那句名言（"要学会热爱自己心中的艺术，而不是艺术中的自己"）的译法。我认为有人译得不妥，却广为流传。我曾就近请教一位老先生，而老先生的态度模棱两可。这也难怪，那句话文字虽简单，但译起来确实需琢磨一番。于是我决定找心目中的权威——高莽先生。因为在《墓碑·天堂》的封底，他选用了七位书中人物的名言，其中就有这一句。也就是说他对这句名言肯定是经过深思熟虑的。

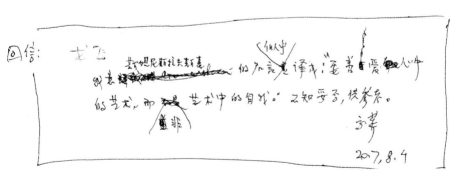

高莽回复龙飞（2017年8月4日）

我马上给晓岚发邮件。事后又有些不安，不知高莽先生身体如何，太冒失啦。我打电话问谷老师是否知道高莽先生的近况，他说高莽先生最近身体不太好……我听了懊悔自己考虑欠周。就在这时，高莽先生回信了，肯定了我的看法。晓岚怕打字出错，将信扫描发给我。信最后写的日期是"2017.8.4"，距离他辞世六十四天。这封信成了他给我上的"最后一课"。

能做高莽先生的学生，得到他不断赐书与赐教，是我今生的幸运。

《中华读书报》2017年12月11日

龙飞，作家，南开大学外语学院教授。

由《高莽的画》勾起的点滴往事

沈念驹

    2011年12月13日，偕小白造访亦师亦友的译界前辈高莽先生。行前通了电话，他那浑厚的男中音听来依然中气十足，他告诉我到他家现在可以坐地铁十号线，出地铁后怎么走，思路的清晰使人根本想不到电话的那一头是一位虚岁八十有六的老人。按他指引的路线顺利到达他家门口，见房门已经虚掩着了，便轻叩三下。他亲自开门迎我们进屋。两年多不见，他的变化并不大，只是听力有点不济，坐定后便戴上了助听器。他告诉我腰不好，这是多年的老毛病，医生建议热敷，刚开始还有用，后来就不灵了，往往这边敷舒服了，那边又痛了，总之机体衰退，药石无计。我们闲谈的话题之一是彼此的熟人和朋友的近况。说着说着他想到了自己出版不久的画册，于是站起身从书架上取出一册，题款盖印后赠我。多年来我一直盼望他的画能出版成书，现在看到终成正果，真替他高兴。这是889mm×1194mm、1／12的大开本画册，深红色的封面，上印中俄两种文字的书名《高莽的画》。打开扉页，只见除了中俄两种文字的书名，还加了一个副题："俄罗斯卷"，显然收入本卷的画幅都是与俄罗斯有关的。整本画册由《俄罗斯人物肖像》《俄罗斯风景画》及《和俄罗斯有关的部分照片》三部分组成。画册的首页上方，是俄罗斯美术研究院颁发授予他荣誉院士证书仪式的照片，下方是《高莽简介》。第二页是高莽在占据整页的列夫·托尔斯泰肖像前的留影。接着是"普希金组画"，继而是俄罗斯和苏联众多作家、诗人、汉学家的肖像，然后是俄罗斯风景画，有钢笔速写，也有油画、水粉画和水墨画；最后部分是画家参加外事、学术活动及与俄罗斯各界人物交往的部分照片。他说还准备出一本画中国人的画册。看着这一幅幅生动的画面，我的思绪飞向了多年来与高莽先生交往的情景，一件件往事在记忆里徐徐闪过……

除了同行中人，知道高莽其名的人可能不是很多，因为他的写

2007年沈念驹、江小白夫妇与高莽、孙杰在"老虎洞"合影

作和翻译署的多是笔名"乌兰汗"，画画时才署"高莽"这个名字，而大量的绘画以前都没有专门出版，出现在书籍和刊物中的插图又不署名，只在版权页上印有"插图某某"之类的字样，读者未必会留意。集翻译家、作家和画家于一身的高莽，在外国文学界可是大名鼎鼎的人物。1962年以前他服务于各级中苏友好协会，致力于两国政府间和民间的文化交流。其间他结识了大量苏联和俄罗斯的文化名人，与他们结下不解之缘。尔后他调到隶属于中国社科院外文所的《世界文学》（1953年由茅盾发起创办并任首任主编，原名《译文》，以示其继承当年鲁迅所创办的《译文》杂志的传统）编辑部工作，后来担任该刊主编，直至1989年离休。自二十世纪五十年代以来，很长时间内这是我国译介外国文学的权威性刊物，许多外国文学名作都是首先通过它介绍到中国，许多译者也是通过它为广大读者所认识并成名的。作为该刊的编辑及后来的主编，高莽自己也是译者之一，译介俄罗斯和苏联文学。他翻译过普希金、阿赫玛托娃、帕斯捷尔纳克、马雅可夫斯基等诗人的诗歌与散文，也翻译过俄罗斯当代其他诗人和作家的诗歌与小说。作为作家，他写作了不少与俄罗斯文化有关的散文、随笔和传记，如《久违了，莫斯科！》《俄罗斯大师的故居》《俄罗斯美术随笔》《俄罗斯墓园文化》《阿尔希波夫的故事》《帕斯捷尔纳克》等等。作为画家他为众多外国文学译作画过插图，为众多中外文化名人画过肖像，创作过许多俄罗斯风景画。此外，他还是一位口译专家，陪伴过我国的许多文化名人和政界要人访问苏联与俄罗斯，也接待过无以计数的苏联与俄罗斯文化名人及代表团。由于他对发展中俄两国人民的友谊和文化交流所作的巨大贡献，1997年俄罗斯联邦总统叶利钦授予他友谊勋章；俄罗斯科学院远东研究所授予他名誉博士称号；俄罗斯美术研究院授予他荣誉院士称号；他生日这一天，俄罗斯驻华使馆还专门送来祝贺的花篮。

我认识高莽先生首先是通过电话。1983年1月的一天，我们的总编夏钦瀚先生参加全国外文学会年会回来，告诉我今年是《世界文学》杂志建刊三十周年，他们打算精选三十年间该刊发表过的优秀作品，编纂成书出版，正在寻找合作的出版社，问我要不要接受这个选题。我觉得，我们社作为在外国文学出版方面后起的单位，正需要有分量、能打牌子的选题，当即与编辑室的同仁商量，大家都表赞同，于是回告夏公：我们愿意接受。他立马给我该刊主编高莽的电话号码，要我直接与他联系。这就是我们认识的开始。5月20日，在黄山出席"西方浪漫主义文学讨论会"的同仁刘微亮打来电话，说会后草婴、力冈和高莽要来杭州，要我帮助预订出版局招待所的房间。八十年代初期人们出行对住宿的条件都不讲究，一般都住单位招待所，房间设施极其简陋，一间四个床位，没有席梦思，不带卫生间，更无空调，盥洗室和厕所都是公用，也没有二十四小时热水供应。我就为他们预订了一个房间。到达这一天我在武林门长途汽车站接他们。草婴和力冈我早已认识，与高莽虽有过神交，却是初次谋面。他穿一件大红防雨尼龙绸运动服，身材魁梧，一见面我就说他像个运动员。他态度随和，善于主动与人招呼，虽是初次见面，我却毫无陌生感，倒有一见如故的感觉。我们接待的条件很差，但是编辑室的同仁都很真诚热情，大家轮流陪伴他们游览杭州的风景名胜，宾主都感到十分欢畅。正好《〈世界文学〉三十年优秀作品选》出版在即，里面收有草婴译的《一个人的遭遇》和力冈译的《扎密莉亚》，大家便一起就书出版以后样书、稿酬的发放等细节作了研究，我还为将在6月召开的《世界文学》杂志建刊三十周年纪念会所需样书的运输问题与铁路部门联系落实，他们同意将几大包样书当作行李事先装在客车车厢的交接处，让高莽随

226

身带走，不另办托运，我同时电告杂志编辑部接站。高莽为省了许多手续而非常高兴。这是我们真正的第一次接触，以后彼此有工作上的多次联系和合作，我赴京出差也总是抽时间去看望他，因而结为忘年之交。

1986年4月中国翻译工作者协会第一次全国代表会议在京召开。开幕式那天我在人民大会堂大门口的台阶上遇到他，他告诉我力冈正在找我，原来他是为此而专门候我的。我于是站在会场的入口等待力冈。会议期间正值力冈新译肖洛霍夫的《静静的顿河》出版，漓江出版社借用社科院外文所会议室召开该书的专家座谈会，高莽也出席了会议，他坐在我旁边，开玩笑说，听说有饭吃，我就来了。他这个人就是这样，毫无架子，说话风趣，往往一句玩笑话就使气氛变得轻松自如。

看着手头画册中的"普希金组画"，我想到了我们两人在普希金作品翻译出版上的合作以及他对我的热情支持。1985年我工作的浙江文艺出版社出版了余振先生翻译的《莱蒙托夫抒情诗集》（实际上是全集，再版时便正式冠以《莱蒙托夫抒情诗全集》的书名），社会反响不错。我于是有了系统地出版外国著名诗人诗全集的设想。由于不久便出现了全国性图书市场的持续萎缩，这个设想一时无法实施。九十年代初，我们社的外国文学出版开始走出困境，我重又萌生了当初的念头。《普希金抒情诗全集》当然是不可或缺的。普希金诗歌相当大的一部分我国以前已经翻译出版过，而且较多地集中在戈宝权与查良铮先生各自翻译的集子里。他们的译文相当好，已为读者和翻译界所肯定；如果要出普希金诗的全集，少不了需要采用他们翻译的一部分诗篇。这就涉及授权使用的问题。考虑到戈老是外文所的专家，与高莽是同事，虽然此时已经仙逝，他的家属一定认识高莽。查良铮先生虽然也早已仙逝，在外国文学界结交甚广的高莽当知道与其家属的联系方法。其余诸多译者，通过这位《世界文学》前主编也不难联系上。再则他自己就是普希金诗的译者之一，一些尚未翻译过来的诗篇，可以请他，或由他组织翻译。于是我写信请他担任该书主编。信中我谈了选题设想和请求他做的具体工作，我在请求后面用括号加了一个俄文词组——ПОВЕЛИТЕЛЬНОЕ НАКЛОНЕНИЕ（命令式），这当然是玩笑话，我知道他不会在乎，更不会生气，所以才这么写。他很快给我回信，说接受我的"命令"。后来他把编纂好的《普希金抒情诗全集》的全部书稿寄来，还写了一篇长序。书出以后，在京译者的稿酬和样书都是他代劳转交，真是帮了我的大忙。《普希金抒情诗全集》《莱蒙托夫抒情诗全集》以及接着推出的《普希金长诗全集》《莱蒙托夫长诗全集》《泰戈尔散文诗全集》，为尔后以"外国著名诗人诗全集书系"为名出版的丛书打下了基础，我们又渐次充入雪莱、纪伯伦、波德莱尔等诗人的诗或散文诗全集，使这套书具有一定规模。该项目的成功，如果没有高莽先生当初慷慨真诚的帮助，是难以想象的。

普希金的作品自上世纪初传入中华，国人对他的热情并未因时间的推移而降温，可以说不同的时期都有他的粉丝。在取得"外国著名诗人诗全集书系"的成功以后，我考虑到普希金的诗歌，无论抒情诗或长诗（叙事诗）我们都出版了，下一步应该把他的散文作品（小说、游记、传记、日记、回忆录、评论等）以及戏剧、童话、书信都收罗进来，在诗人诞辰二百周年之际出版一套全集。我的想法得到同仁们的赞同，我于是从图书馆借来俄文版的《普希金全集》，摸清底细，开始组稿，同时请年轻学者吴笛和我一起担任全集的主编，我们俩自己也参与翻译。高莽先生既是普希金诗歌的译者，又是研究者，我仍请他为全集写序，他一口应承。这套书出版以后我给他寄去样书，他把其中的一套赠送给了俄罗斯文化部，现存北京的俄罗斯文化中心，为我们社做了宣传。1999年6月北京大学、人民大学分别隆重举行纪念普希金诞辰二百周年的学术研讨会。高莽先生和我都参加了北大的会议，我还参加了人民大学会议的开幕式（因为两个会议时间上有重叠，无法得兼）。高莽先生特地为诗人的二百周年诞辰画了一组水墨画，画面上都画有普希金的形象，内容与诗人的诗作和生平有关；画的上端都有名人题词。有四幅挂在会议主持席和发言席背后的墙上，引起热烈反响。与会者对画家的技艺和画幅的内涵及立意啧啧称赞，在画前流连忘返。许多人在画前摄影留念。这些画不仅使会场大为增色，也把会场的气氛推向了高潮。俄罗斯驻华大使罗加乔夫（汉文名"罗高寿"）在致辞中赞扬了高莽为中俄文化交流和译介普希金所作的贡献。

看到画册中契诃夫的两幅肖像和一幅莫斯科新圣母公墓内契诃夫墓的速写，不禁想起与高莽先生合作翻译契诃夫作品的一点情况。2001年，社里负责"经典印象译丛"项目的曹洁与我商量，要我选编和翻译一本契诃夫中短篇小说的集子。我选定篇目以后，准备着手翻译，但是曹洁要求的交稿期限比较紧，我又不愿意因为赶速度而草率从事，所以决定请译界朋友合作，此议也得到曹洁的赞同。我把篇幅占全书三分之一多的五篇请朋友翻译，其中《姚尼奇》和《邻居》两篇请高莽先生翻译，他欣然接受，而且如期交稿。我看了他的译文，觉得有独到之处。比如篇名"Ионыч"（系小说里的主人公的名字，以往流行的汝龙的译本直接按发音翻译，作"姚尼奇"，无可非议），高莽先生译作"药内奇"，既与原文中该人名的发音相似，服从了人名音译的原则，又隐含主人公的职业是医生，而且是个庸俗无趣的人，可谓独具匠心。又如小说里一个人物经常挂在口头的一句俏皮话，俄文原文这句话是"Я иду по ковру, ты идешь, пока врешь."用的是双关的手法，由于中俄两种语言的文化背景不同，翻译时很难处理。如果直接按意思翻译，就是："我在地毯上走路，你在撒谎的时候走路"，表现不出因发音相似而双关逗人的"俏皮"，中国读者定然不知所云。前半段"我在地毯上走路"，俄语念起来又像"Я иду, пока вру"（我在撒谎的时候走路），这就跟后半段"你在撒谎的时候走路"相对应了。如何在翻译的时候两者兼顾，是颇费周折的。高莽先生的译文是这样的："我走路踩地毯，你走路胡扯淡。"虽然不能将原文的双关完全表现出来，至少做成了顺口溜的形式，而且前后押韵，让读者感到一点"俏皮"的味道。小处见大，从这里可以感觉到他在翻译时即使在细节上也是很认真的。

　　画册的87至89页画有俄罗斯达吉斯坦诗人加姆扎托夫的四幅肖像速写。这又使我想起高莽先生与我合作的一段往事。1991年底苏联解体后，原苏联作家协会仍然按照该会先前与中国作协的协议，在1992年1月派出了最后一个以苏联名义组成的作家访华团。该团抵京后一直由高莽陪同，一路南下参观访问，经上海、苏州，于1月27日晚乘火车抵达杭州。省作协委托我全面负责接待。事先见到代表团名单，但是上面未注明北京过来由谁陪同。当我接站时见到高莽陪同前来，真是喜出望外。坐进中巴以后，他向我一一介绍了代表团成员。团长加姆扎托夫和夫人，我就是这时候认识的。苏联解体以后，一些加盟共和国彻底独立出去，与原苏联的主体俄罗斯毫无瓜葛了，还有九个愿意结成一个新的国家联合组织，这就是媒体报道的"独立国家联合体"（简称"独联体"）。"文革"前我获得俄文的时事政治语汇主要靠新华社的《俄文电讯》。中苏恶交后《俄文电讯》的发行量锐减，"文革"开始前由铅印改为打字本发行，"文革"以后连打字本也不知去哪儿订了。于是一些新出现的词语俄文如何正规表达也就不得而知。我刚听到"独联体"的名称时设想过一些译法，就是不知人家自己怎么叫。这次我趁机问加姆扎托夫："Как называется ваш новый союз?（你们的新联盟叫什么？）"他回答说："Содружество независимых государств.（独立国家联合体。）"我总算解决了一个疑难问题。到望湖饭店住下后，高莽先生对我说，他一路下来已经很累，杭州的三天就由我全程陪同，他要喘口气了。我有过陪伴外宾的经历，切身体会到这确实是件非常累人的工作，因为不能有半点差池，所以理解他的感受，欣然答应让他歇息。

由于解体前苏联经济已经非常糟糕，加上解体后总理盖达尔实施过激的"休克疗法"，俄罗斯的经济一落千丈，人民生活水准直线下降。原先生活颇感优裕的作家此刻也十分拮据。在接待他们的三天里，我总的感觉是他们情绪非常低落。闲谈间他们不自觉地会说到"苏联"这个名称，但是马上苦笑一下说："Да Советского Союза уже нет！"（嘿，苏联已经没有了。）加姆扎托夫甚至对我说："我不知道我该属于哪个国家。"其失落感可想而知。不过中国接待方对他们十分热忱殷勤，无论高莽还是我，都尽量满足他们的要求，从饮食起居到游览参观，努力安排周详，使他们感到温暖。我既当导游又兼翻译，参观游览时尽量详尽地介绍有关的人文背景和历史掌故。在断桥我讲述了《白蛇传》的故事，他们听了非常感兴趣，有的甚至说这是一部史诗，打算回去以后写一首长诗。有的一路上不断询问故事的有关细节。他们这时的情绪仿佛完全摆脱了苏联解体带来的阴影。加姆扎托夫对我非常友好。一路上我们两人交谈甚欢，不仅合影留念，他还把自己的作品集题款后赠送给我。这三天里高莽先生对我高度信任，让我放手工作，我们两人配合默契，圆满地完成了接待任务。1月30日下午代表团乘火车离开杭州前往上海，再飞往北京，从那里回国。与高莽先生另一种形式的短暂合作，给我留下了温馨的记忆。

画册的116至117页是一幅占据两页的水墨画《赞梅图》，画的中央是主人公梅兰芳，其余都是他同时代的国际文化名人。梅兰芳身穿西服，伸出兰花指的左臂弯着举在左肩上方，同样伸出兰花指的右臂置于胸前，摆出仿佛在舞台上演出的姿势。国际文化名人都面露惊叹赞赏的表情，有的鼓掌叫绝，有的彼此凑近了正在交流各自的感想……原画是气势恢弘的五米长卷，系画家1995年为纪念艺术大师梅兰芳先生诞辰一百周年而专门创作的。我个人理解，他把自己的作品命名为《赞梅图》，其含义首先是这位以梅为姓的大师因自己艺术上的造诣赢得了举世赞美。其次，举世赞美的不仅是大师犹如香自苦寒来的梅花，具备在艺术上孜孜不倦、刻苦钻研、不断创新进取的精神，还有他如同傲霜斗雪的梅花，在民族危亡的紧急关头不畏敌寇凶焰，大义凛然地蓄须明志的高尚气节。他创作这幅画的时候，正好有一次我去拜访他。时值盛夏，我进门见他打着赤膊，只穿一条裤衩，窄小的书房兼客厅里，长沙发对面的书橱前横立着一块两米多长的三合板，上面钉着宣纸，已经用铅笔画了众多人物。原来他正在画草稿，我的出现打断了他的创作。他告诉我自己的创作思路：要把梅先生同时代的世界文化名人画进去，有梅先生见过的，也有梅先生没有见过的。他认为艺术没有国界，能够相互影响，彼此交融，……可惜我在得到画册以前一直没有机会看到这幅画完成后的样子，只知道他是把宣纸铺在地板上画成的。据说梅先生的纪念活动结束后有关方面打算收藏，但是他舍不得。这些当然是后话，是我另一次造访的时候他对我说的。

在他家我们不止一次谈到他的人物肖像画，他拿出自己画的许多人像给我看，绝大部分是他结交的中外文化名人，中国的如茅盾、巴金、冰心等，外国的画得最多的是苏联和俄罗斯的作家；许多画上都有主人公本人的题词或签名。他也画普通人——日常生活中接触的同行和朋友。这些画，有的是他专门为主人公画的，也有许多是他在开会或一些人聚在一起聊天时，信手速写的，连我也被他画过；画完以后他给本人看过，请他题字或签名，然后收为己有。这样的画有不少是随意而为，也不固定画在什么上面，往往手头的笔记本、小纸片，甚至纸盒的表面，都可以成为他速写的载体。我曾建议他把这些画整理出版，他自己也有这个打算。我也曾向出版界的朋友推荐过他的画，希望能将其结集出版，可惜好事多磨，久久不得如愿。现在我看到《俄罗斯卷》终于问世，真是欣喜莫名。但愿不久能见到《中国卷》，那就功德圆满了。

2011年12月20日于北京官书院寓所

原载《新老年网》2012年1月及同年1月22日纽约《侨报》第12期

沈念驹，作家，翻译家，曾任浙江文艺出版社副总编，主编《普希金十卷集》。

不知疲倦的高莽

——读《历史之翼——品读文化名人》

谷羽

纵观人类文化发展史，不少民族都曾诞生过具有世界影响的文化巨人，比如古希腊的荷马，中国的孔子和屈原，意大利的但丁，西班牙的塞万提斯，英国的莎士比亚，德国的歌德与贝多芬，法国的巴尔扎克，俄罗斯的托尔斯泰，印度的泰戈尔……这一个个非同凡响的名字，恰似一座座巍然屹立的高峰，令世人景仰。他们的作品超越时空的局限，世代流传，成为各民族共有的艺术瑰宝。他们的思想，熠熠生辉，彰显出文学艺术的博大精深。

倘若有一位画家能为这些世界文化名人绘制肖像，展示他们的内在气质、独具个性，那该有多么好啊！

感谢高莽先生，运用中国的毛笔宣纸，为世界文化名人写真画像。呕心沥血几十年，他绘制的人物肖像数以百计。2007年9月，上海图书馆举办"高莽'中外文化名人肖像'水墨画展"，展出了一百幅世界名人肖像。同年10月，作为"俄罗斯的中国年"重大文化交流项目之一，在莫斯科举办高莽肖像画展，展出了出自画家手笔的四十幅俄罗斯艺术家画像，参观者异常踊跃，许多俄罗斯人在留言簿上倾诉出赞美与感谢的心声。

　　2008年1月，长春出版社出版的高莽新作《历史之翼——品读文化名人》，可谓汇集了上述两次画展中的精品，共挑选了二十八个国家的六十四位世界文化名人，高莽先生不仅为这些艺术大师绘制肖像，还一一介绍绘画的过程以及他个人对这些文化巨匠的敬佩之情。这本书图文并茂，印刷精美，足以作为珍品书籍为广大读者收藏。

　　高莽多才多艺，性格开朗，待人谦和。他在书中谈到自己时说："我只是画界的一名不知疲倦的学徒。""不知疲倦"四个字用得精确恰当。但我觉得"学徒"实乃自谦之词，改为"学者"更符合真实情况。高莽画像，以深厚的学养作基础。为某位文化名人画像，必先了

2013年6月谷羽、高莽在画展上合影

解其生平，收集绘画资料，大量阅读相关作品。高莽的确不知疲倦！不知疲倦地学习，不知疲倦地绘画，不知疲倦地翻译，不知疲倦地写作，不知疲倦地思考，不知疲倦地追求，不知疲倦地交往，不知疲倦地奉献……数十年如一日，勤勤恳恳，锲而不舍，终于由一个教会学校的毕业生，成长为国内著名的翻译家、作家，成了具有国际影响的画家、深孚众望的文化使者！

高莽在《历史之翼——品读文化名人》后记中写道，特别感激那些为他的水墨画像题词的老前辈，如巴金、冯至、钱锺书、季羡林、草婴，以及黄宝生、江枫等大家和朋友，他还感谢他为之画像的那些文化名人。他说："他们的题词、他们的书法都为我的水墨画像增添了光亮与色彩。"画像与题词相得益彰，闪烁着真挚友情的光辉，的确是这本书与一般画册不同的特点。这里不妨引用几条题词。

巴金的题词："一个小老头，名字叫巴金。"很少使用毛笔写字的巴金，写得字体别致，极有韵味。

季羡林的题词："佛家讲无我，画上有真我；真我赫然在，狂欢舞婆娑。"显然，堪称学界泰斗的季老先生喜欢这幅画像，发自内心地喜欢。

翻译家草婴为高莽所画的肖洛霍夫的肖像题词："面对静静流淌的顿河，心里翻腾着哥萨克的血泪；通过一个人的悲惨遭遇，控诉法西斯的滔天罪行。"只有熟悉作家生平、对其作品有深刻理解的学者，才能写出这样的词句。

高莽为雪莱画像，画得英姿勃发，神采飞扬；翻译家江枫则把他翻译的《西风颂》全文题写在画上，使得画面愈发饱满，更有气势。诗、书、画，三位一体，各臻其妙，从而使这幅画成了难得的艺术精品。

文学艺术界谈到高莽，对于他的慷慨大度，乐于助人，几乎是有口皆碑。1993年12月，翻译家栗周熊应邀前往阿拉木图参加纪念哈

一个
小老头
名字叫
巴金。

巴金的题词："一个小老头，名字叫巴金。"

萨克民族诗人阿拜（1845—1904）的学术活动。这个有心人事先找到高莽，请画家为诗人阿拜画幅肖像。高莽爽快地满足了他的要求。栗周熊将画像复印了十五张，带往哈萨克斯坦。出乎意料的是，这幅水墨画引起了巨大的反响。哈萨克斯坦首都的报刊登载了这幅画像，不仅阿拜的亲属、会议的接待人员，就连总统的艺术顾问都来向栗周熊索要画像，别说十五幅，再印五十幅也难以满足人们的要求。一幅画像成了这次会议的一个亮点，成了中哈两国人民友好的象征。

拉美文学专家林一安、段若川出访拉丁美洲，都曾请求或建议高莽为拉美名作家画像，他们携带画像访问拉美的诗人与作家，从而增进了中国与拉美人民的相互了解与情谊，那些作家的题词和书信便是最好的见证。墨西哥作家鲁尔弗，有乡村小说大师的美誉，当他看到高莽为他绘制的水墨肖像时，高兴得想要拥抱伟大而美丽的中国，拥抱那些阅读其作品的读者。巴西著名作家若热·亚马多在高莽为他绘制的画像上题词："向读过我作品的读者亲切致意，祝中华人民共和国人民幸福。"智利名作家何塞·多诺索看到高莽为他画的肖像，让段若川给高莽带回来一封感谢信，信中有这样的文字：

　　尊敬的高莽先生：我写这几行字为的是表达我对您的谢意，感谢您捎来我的肖像，我非常喜爱它，而且我给谁看谁都喜欢。我祝贺您的佳作！感谢您如此准确传神地抓住了我的面部特征和神情。……我用拉丁美洲的拥抱向您道别。愿您万事如意，心想事成，并且向您保证永远牢记您的盛情。

读高莽先生的著作，悟出了他的抱负和志向，不仅追求人物外在的形似，更想窥视艺术家内在的心灵。比如他画贝多芬，这位天才的音乐家在创作鼎盛时期不幸双耳失聪，他所创作的第三交响曲原本献给拿破仑，但拿破仑称帝的狂妄让贝多芬感到失望与愤怒，他一气之下勾去了原来的献词，改为献给英雄。从此第三交响曲成了《英雄交响曲》。如何展示音乐家的内心冲突与顽强不屈的个性，无疑是画家面临的一次挑战。高莽几经考虑，反复构思，最终选择了刻画贝多芬凝视的目光，蓬乱的头发和周围纷纷飘舞的金黄落叶，因为——落叶无声。

高莽画的易卜生，发缕飞扬，胡须叱咤，嘴唇紧抿，怒目圆睁，俨然是一头雄狮，活生生画出了这位剧作家敢以一己之笔锋与权势阶层相抗争的锐气、胆识与魄力。此外，像托尔斯泰肃穆审视的目光，高尔基傲然凝视紧锁的眉宇，歌德充满睿智的明亮眼神，雨果凝重中隐含悲悯的表情，都给人过目难忘的深刻印象。

高莽不仅为世界文化名人画像，还透过文字介绍某些生动的细节，让读者接近这些艺术大师，进一步了解他们特立独行的个性与心灵。八国联军火烧圆明园不久，是正直的法国诗人雨果仗义执言，怒斥两个烧杀抢掠的强盗，"一个叫法兰西，另一个叫英吉利"。患难见知己，我们中国人应该永远铭记雨果的名字。

在抗日战争极其艰苦的岁月里，美国记者史沫特莱，跟随新四军转战华北、华中进行采访，向世界报道中国人民英勇抗战的真实情况，不料因此受到美国非美活动调查委员会的迫害，晚年不得不流亡英国。史沫特莱临终时刻留下遗言，把自己的骨灰和中国已逝的革命者埋葬在一起。她说："如果中国大使到来，只要在我的遗体前唱一支歌，我就感谢不尽了，那就是中国的国歌'起来'。"读到这些词句，我难以克制心头的激动。

抗日战争时期，美国作家海明威和他身为记者的妻子也曾来我国采访。他们访问了国民党一些军政要员，还曾秘密会见周恩来。海明威对中国的印象是"太奇妙了！"对时局的展望是"日本永远征服不了中国"。而且他还断言："周恩来将是胜利者。"这就是一个作家的胆识，你不能不佩服他的眼光看得更深、更远、更透彻。

说到法国女作家乔治·桑，文学爱好者大都津津乐道其风流韵事，高莽先生并不回避这位作家的浪漫史，提到了乔治·桑的情人于勒·桑多、诗人缪塞、音乐家肖邦，他们都比乔治·桑年轻六七岁。但是，高莽接下来写道："蔑视世俗的叛逆者乔治·桑，还是一位极其勤奋的作家，她争取每天工作至少六个小时，每天写二十页，这是她为自己规定的目标。"这样的描述就使我们对乔治·桑有了全面立体的认识。如果她只会谈情说爱，那就很难解释她怎么会写出那么多世代流传经久不衰的小说了。

高莽勤奋，人们都知道他既是画家，又是翻译家、作家。其实，他的诗写得也很好。在《历史之翼——品读文化名人》这本书里，就有他自己写的好几首诗。我觉得他写托尔斯泰的那一首特别动人，既有哲理，又有诗意，词句流畅和谐：

问明净的草原，／问日月星河，／问老庄孔孟，／问基督佛陀，／问昨天问今天问明天，／真理何在求索再求索，／恨宦门之污秽，／弃爵位于粪土，／穿布衣以耕耘，／进茅屋以问苦，／求自我之完善，／祈良心之复苏，／更挥毫抨击黑暗势力，／惊天地，／动鬼神，／拨万里云雾。

品读世界文化名人，展示出画家高莽的心灵追求。跟随画家品读世界文化名人，是一次精神洗礼。我愿意再次向高莽先生深鞠一躬，诚恳地说一声：谢谢！

原载《中华读书报》2008 年 3 月 5 日

谷羽，资深翻译家，南开大学外语学院俄语系教授。

老老头为小老头画素描
——我为高莽先生照相

张昌华

我与高莽先生结识，是近两年的事。

丁聪先生（1916—2009）逝世后，其夫人沈峻（1927—2014）在我主持的《百家湖》杂志发表了一篇两百字的短文《致丁聪》。同时配发的是高莽的漫画《返老还婴图》，画面是沈峻推着小车，车上丁聪手持如椽大笔，一副春风得意的样子。这是一幅"永远永远惦记着你的'凶老伴'"沈峻，充任丁聪秘书、保姆、护士和"家长"的生动素描。

丁聪羽化时，是揣着夫人的那封短笺和高莽的这幅漫画上天堂的，其意味深长。用了高莽的一幅插图，刊物要付酬（两串羊肉串钱）。我不知高莽住址，向沈峻求援，遂有缘结识高莽先生。

三封书札往返后，我们由相识渐为相知。我请高莽为《百家湖》赐稿，先生不摆架子，只说年事已高，身体又不好，不写文章了；但前年应一位朋友之邀，为他编的一本专集写了一篇追忆母亲的文字，不知何故该文集一拖再拖，问可否以此文充之。岂止可以，求之不得！

不久，先生寄来《母亲，我心中的灯》，并附来母亲百年华诞的照片和他为百岁母亲作的绘像。八千字长文，我一气读完。此类追忆亲情的文字，我读得较多，令我感到温馨和感动的也不少，但令我怦

2015年9月12日高莽先生在"老虎洞"为张昌华画像

然心动、震撼的鲜见。而高莽这篇，不止令我震撼，更是令我心碎。现摘录若干细节：

十六岁的母亲遵父母之命，嫁给十四岁的父亲。母亲一字不识，但她却常拿着书，问高莽书上字，很想做个识字的女性。平时母亲不允许家人坐在书报上，不让子孙破坏带字的东西。"文革"期间"破四旧"，她把旧书化为纸浆，做成一个纸钵，外面糊上花布，做钵使。书没了，书魂仍在。红卫兵抄家，母亲见高莽有本画册"不合时宜"，乘红卫兵不备，把一本俄文《毛选》的护封套在画册上，躲过一劫。她不识字，但通情达理。她听说"人贵有自知之明"这句话，儿子成长后，她让高莽把这几个字写给她，她另在纸上描出这几个字送给儿子："听到别人说这句话，我就决定写给你，让你永远记住。"这话让高莽受用一生。

母亲有自己的审美观念，她知道儿子常为人画像，对高莽说："画男人要年轻些，画女人要漂亮些。"这句话让钱锺书知道了，他让别人转告高莽，说按他母亲的原则画像，是不会有真实的作品的。杨绛先生听后，却认为"不见得"。母亲不爱看自己的龙钟老态，她把室内大衣柜上的镜子，用白纸糊上一截……母亲长寿活到一百零二岁，无疾而终。她临终时对高莽说："我死时，在我胸上放一本书，我太想识字了。"高莽愧疚，当年没能帮母亲脱掉文盲帽子。他遵循了老人的心愿：火化时，把一本字典放在老人胸口，让她带入天堂……

自2013年以来，我与高莽音问不断，但无面缘。2015年秋，我专程进京拜访。时年八十有九的高莽，听说我去看他，十分高兴，让女儿宋晓岚到车站接我。

他已患肝腹水，腹部膨大。晓岚告诉我，父亲腿脚不灵便，但偶尔还写写画画。高莽室内有点特别，各种有关老虎的字画、栩栩如生的玩偶特别多，书架中、墙壁上、床头边，满屋皆是，有百只之多，世界各国的虎均有。我问先生何至于如此。他说，他与老伴都属虎。他现在的住处原来叫"老虎洞"。杨绛说："'老虎洞'太冷，不如叫'老虎窝'。"

我们聊得很投缘。高莽把我带到他的小卧室，一张单人床，倚墙的书架上挤满一长排活页夹，那里面装满他与文坛师友过从的信札。他与茅盾、巴金、冰心、艾青、钱锺书、萧乾等师友均有较密的过从，曾为他们画过像。家中挂着一幅他画仓颉（高莽习惯用"苍颉"）的画像，画上"苍颉"两字是钱锺书题的。他说这是他用钱老题名纸的下脚料，改成的小画。他把画裱了起来，并饶有兴味地让我细看画像下部草丛的上方，是钱先生试笔写的草字头，状似"飞虫"，很有趣；还谈及钱先生为他润饰《苍颉》题词的往事……

卧室里次第悬着三幅女性画像：母亲、夫人孙杰和女儿晓岚。高莽说这是他生命中三个"伟大的女性"。母亲活了一百零二岁，生他养他教育他，"是我心中生命的灯"；夫人与他相濡以沫七十个春秋，现在双目失明，长期卧床；女儿晓岚是他晚年的"拐杖"，为照顾他们晚年生活，放弃国外优裕生活……高莽爱女儿，有趣的是两人常斗嘴，以斗嘴逗趣为乐。

香茗品了一盏又一盏，不觉一个半小时了。我为高莽拍了照，起身准备告辞。高莽摆手，示意我坐下。他转回卧室，又颤巍巍地走出来，手里拿着画夹："哪能让你就这样走了呢，留点纪念。"原来他要为我画一幅速写。我受宠若惊，按他的要求侧身坐着，一动不动，太紧张了。高莽叫我放松，别老僵着身子，自然些。他用墨笔只用了三五分钟就画好了。然后问我"高寿"，我好奇怪，还是说了。他"哦"了一下，在画作下方写道："七十二高龄的昌华先生留念"，落款是"八十九岁的高莽留笔，二〇一五. 九. 十二于北京。"高莽又从里屋搬出一只装满印章的铁皮月饼盒子，女儿晓岚要帮忙，他不让，非自己动手不可。好不容易找出那方曹辛之为他篆的名章。钤好印，晓岚连说："错了，错了！"高莽问："怎么错了？""年龄写错了。"高莽一看下款，他把八十"九"写成类似八十"五"，摇摇头："老啦！"提起笔信手改了过来，且不露痕迹，又向晓岚挑战似的一笑："这下对了吧？"

我回宁第二天，高莽即来电话，嘱我把他的速写复印一份，还嘱我题上一句话，寄他作纪念。我戏题："这是一位老老头为一个小老头作的素描。友人读了称'形神兼备'。而我要说高莽先生把七十二岁的晚辈美化成二十七岁的小伙啦。故祈求八十九岁的'何焉'老，在九十八岁时再为后学重绘。""何焉"者，高莽曾用笔名也。

张昌华，作家，资深文学编辑，著有《我为他们照过像》等。

让人着迷的高老

吕正惠

2007年我买到广西师范大学出版社出版的《俄罗斯文学肖像——乌兰汗译作选》两厚册。那时候我已经知道乌兰汗就是高莽，《世界文学》前主编，也零零星星买过他主编或翻译的俄罗斯文学作品选集，但都没有这两册来得集中。两册书装帧朴素大方，一白一蓝，令人喜爱，我摩挲了好几天。仔细翻阅目录，发现乌兰汗翻译最多的作家竟然是阿赫玛托娃，诗二百二十页，散文（包括别人评论阿赫玛托娃）一百一十六页，在乌兰汗所翻译的俄苏作家中排名第一。

我对阿赫玛托娃一向比较有兴趣，因此首先读她的作品，特别是闻名已久的《安魂曲》。这一读，让我非常吃惊，我没想到一向以晦涩出名的二十世纪诗歌竟然可以写得这么朴实、这么感人。接着我把阿赫玛托娃的其他诗作也都读了，越来越喜欢。我就想，乌兰汗对阿赫玛托娃这么尽心尽力，为什么独独漏掉她晚年最重要的《没有英雄人物的叙事诗》？在我所收集的俄苏文学作品中，我还从来没看到这首诗的中译，为什么乌兰汗也不译呢？是太难了吗？终于，我在《诗歌卷》的前言中读到这样的一句话："白银时代的诗，我译得最多的是阿赫玛托娃的诗，甚至译完了她的《没有英雄人物的叙事诗》。这次整理译作时却怎么也找不到原来的译稿了，心里焦急，可又能奈何。待将来再说吧！"我心里埋怨："你将来再说，我可急得要死。"怎么会把这么重要的译稿弄丢了呢？真不知道要怎么说这样一位老翻译家。

更让我想不到的是，两年后的2009年春天，我竟然在台北接到一通电话，来电的人自我介绍说，他是天津南开大学的谷羽，我马上响应，是参与翻译普希金诗集的谷羽吗？他说是啊。我们约好了见面，谷羽先生跟我说，他正在文化大学客座，他特别留意台湾翻译和论述俄国文学的人。他注意到，为桂冠出版社出版的世界文学名著《死魂灵》《猎人日记》《地下室手记》《复活》，还有普希金和契诃夫写导言的竟然都是我。他到处打听吕正惠是谁。说来凑巧，他竟然认识一个台湾的统派，而这个统派当然认识我，所以我们就这样见面了。

当天我们整整聊了一个下午，其中我最迫不及待的就是问谷羽先生："您认识高莽吗？""怎会不认识，他是我老师啊！""高莽先生找到《没有英雄人物的叙事诗》的译稿了吗？""找到了啊！"我几乎高兴得跳起来。我说，能不能介绍我认识高莽先生，我很想出这本书。那时候我刚接办人间出版社不久，虽然我的任务是要出版有利于两岸交流的书，但偶然插进一本文学的书，应该还可以吧？我相信让我办事的人大概不会因此而怪我。就这样，我开始和高莽先生在网上通信了。

我终于拿到《没有英雄人物的叙事诗》的译稿，并且和《安魂曲》一起付排，准备把两首诗合成一本书出版。我亲自担任责编和校对。《安魂曲》我读得很熟，校起来一点也不困难，但是《叙事诗》可把我搞惨了。这首长诗牵涉到二十世纪初俄国文艺界的许多人物，应用了许多西洋典故，技巧非常"现代"，非常难读。读第一遍完全不知所云，我只好耐住性子仔细阅读高莽所写的解说《关于没有英雄人物的叙事诗》，这个解说还蛮长的，将近二十页。我对着解说，从头再读一次，总算摸到了入门的途径。高莽除了对全诗的解说之外，还加了不少译注，每一条注我都细读，我不知道读了多少遍，自己觉得好像读懂了。就这样，我发现高莽的两条注解好像有一点问题，两处讲的是同一件事，但译稿读起来像两件事。我写信问高莽先生，跟他说，这两条注解似乎应该统一。高莽很惊讶，我竟然看出其中的问题。他来信大大地表扬我，让我很高兴，从此以后他对我在校稿时所提出的问题都非常重视。

但是，一本书同时收入《安魂曲》和《叙事诗》，篇幅还嫌不足。我仔细翻阅了《俄罗斯文学肖像》的诗歌卷，建议高莽收入几个重要的组诗，包括《战争风云》《北方哀歌》《野蔷薇开花了》《子夜诗抄》，他都欣然同意。为了这本书，我跟他多次通信，我感觉到，他越来越把我当作志同道合的老朋友，让我在整个编辑校对过程中越来越投入。不知不觉，我竟然成为他的老朋友了，愿意为他做任何事情。这就是高莽为人的特质。只是凭通信，你就觉得你是他的老朋友，而我们的年龄实际相差有二十多岁，你能相信吗？

2011年书出版后，我趁着到北京办事的机会，特别去看望高莽。高莽是文化界的大人物，老实说我心里蛮忐忑的。没想到，一进门他就说，原来长得这个样子啊，他是东北大汉，我是南蛮小子，让我觉得很好笑，一下子就解除了我的紧张。聊着聊着，他突然说，你坐着不要动，他走到我背后，按住我的肩膀，让我起不了身，他女儿宋晓岚立刻按动照相机，拍了下来。一个坐着的小个子男人，背后站着一个大个子，按住我肩膀，这就是我们第一次的合照。临别时，高莽说，下次请你吃饭。

我大概被请过三四次，每次都有高莽亲人作陪。高莽知道我喝酒，每次都让他女婿从密云赶来陪我。有一次我开怀大喝，喝了六七两二锅头，远超出我的酒量，在一家麦当劳睡了整个下午。高莽走路

2011年高莽与吕正惠合影

越来越不方便，餐厅又没电梯，上下楼很费劲，但他还是坚持要请客，我一点办法也没有。吃完饭，他让我立刻离开，他说让他们慢慢下楼，这样他们没有压力。

　　有一次我把刚出版的阿赫玛托娃的抒情诗选《我会爱》送过去，高莽先生显然非常愉快。谈着谈着，他突然露出顽皮的笑容，跟我说："阿赫玛托娃这个女人不简单！"我说："她有很多男人。"高莽先生笑得更愉快。我又说："茨维塔耶娃也很奇怪，她见到男人，就想把他当男朋友。"高莽说："这两个女人都有点可怕。"我突然说："您年轻的时候一定很帅,很多女人爱上你吧?"他笑一笑说："我老婆非常漂亮。"然后拿一张照片给我看,果然漂亮。接着他突然说："我老婆现在双目失明,整天躺在床上。"这时候我终于想起,他跟我聊一阵子,就要进房间一趟,原来他是到房间去看望他老婆。我到他家几次,每次都有这个动作。

我最后一次去看高莽,是2016年11月,时间我记得很清楚,因为我到北京是为了参加陈映真的告别式。我已经有两年没去看高莽了,他的身体显然大不如前,最后他拿出一张照片,就是我们初次见面时他站在我后面、手按我双肩的那一张,说要送我,我有一种很奇怪的感觉。他又说,我走不动了,今天就在家里吃水饺吧。吃完水饺我就离开,因为高莽马上要睡午觉。走出公寓大门时,我突然想到,我还能再见到他吗?果然,第二年他就走了。

这一次他还送我一本书,《高莽书影录》,是山东一位年轻人张期鹏帮他编的。张期鹏搜集了所有高莽的著作,把每本书的封面都拍下来,编成一本书影录。这个工作困难度很高,因为高莽很多书都绝版了,搜集起来很不容易。从这本书可以看出比高莽小得多(应该小四十岁以上)的张期鹏对高莽的深厚感情。高莽不只让我着迷,他还让很多人着迷。他在这本书的扉页上为我画了一张像(每次见面都要画一张),并题上如下字句:

比我还了解我的吕正惠先生,任你对我说长道短,反正是别人写我的,何况我已临近九十……

老朽高莽,北京,2016.11.29

这就是我们最后见面的日子。

我把《我会爱》这本新书送给高莽时，他还跟我说，他想再译一本阿赫玛托娃的散文选集。听到这句话，我其实很吃惊，他已高龄八十七，记忆力衰退很多，怎么可能再译书呢？但我仍然顺着他的口气说，太好了，但您要慢慢来，不要着急，我生怕他累坏身子。但出乎我意料的是，他在2014年春节前就把书译好了，他在译后记里说："谢谢吕正惠先生，使我这个八十八岁老朽还能出一本译作。"并且记上了时间。这本书三百三十多页，超过一半是新译的。对于他新译的两篇关于普希金的评论（《普希金殉难记》和《亚历山德林娜》），他是这样说的："后两篇非常难译，花了不少精力，前前后后改了十几遍（绝非夸张），有些地方还是没弄明白。"看了这两篇译文中密密麻麻的译注，我只能惊叹，不知道高莽哪来的精力。

　　人间出版社出版了《安魂曲》和《我会爱》以后，北京一位研究新诗的朋友跟我说，有一位俄罗斯诗歌翻译名家告诉他，高莽译的阿赫玛托娃不好，我非常生气，问我的朋友，那个人把他的译稿传给你看过吗？过几天我朋友传来他所译的《安魂曲》，我实在看不出他的翻译有哪个地方比高莽高明。还有一次，我在大陆见到另一位翻译名家，他当面跟我说，高莽的翻译不好。我更生气，立刻回说："你看过他的翻译吗？"他没有回答。这两个人我都知道，都买过他们的书，确实有名，比高莽低一辈，我也很佩服。但我非常不服气，他们凭什么说高莽的翻译不好？"今之少年，喜谤前辈"，这是孔融的名言，但何至如此呢？有一次谷羽先生翻译了《子夜诗抄》中的《夜访》一诗，传给我看，我立刻回信告诉他，高莽译过了。谷羽对高莽非常恭敬，看完高莽的译文，立刻回信说，译得太好了，我不如他。

　　我曾经问过谷羽先生，我说，凭直觉我认为高莽的俄语语感非正惠兄：

大作《诗圣杜甫》收到。

你对杜甫（又何止杜甫）

的研究，～～～～～～

其深入、其详尽、其细腻

……处之呈示出您的～～～～～～

功力，除佩服外，只有叫绝。

可惜我没有任何其外可向

您说的。～～～～～～ 一来齐～～～～～

也许过些日子会有～～～～～～

～～我的绘画～～～～～～

届时再寄上求教。

向全家问好！

高莽
2016.5.19

高莽给吕正惠（2016年5月19日）

常好，别人恐怕比不上，为什么？谷羽立刻回答，高莽先生从小读哈尔滨俄语学校，常常在学校中朗读普希金的诗，排演俄语剧本，他的俄语哪能不好。我才恍然大悟。还有一次我问高莽先生关于翻译的问题，他说，外语要好，中文也要好。他年轻的时候开始搞翻译，东北老一辈作家草明刚从延安回东北，看到他的译稿，对他说，你的俄语是好，但中文不够好，一定要加强。高莽对我说，他一直记得草明的话。

东北解放以后，急需俄语人才，很快就发现高莽。高莽受到重用，1946年刚满二十岁，就由《北光日报》安排，翻译日丹诺夫对《星》和《列宁格勒》杂志的长篇报告，其中重点批判对象就是阿赫玛托娃和左琴科。二十世纪五十年代中苏之间的文化交流，高莽常常担任口译，他的能力深受茅盾、巴金、老舍、戈宝权等领导的肯定。早期他还根据当时的风气，翻译过根据《钢铁是怎样炼成的》所改编的剧本《保尔·柯察金》，还有马雅可夫斯基的《澡堂》和《臭虫》。因此年轻一代的翻译家可能误以为，高莽是官派的翻译家，我想我所知道的那两位翻译名家也许就是据此认为高莽的翻译没价值。这种先入为主的判断真是误人不浅。我买了大陆所有成书的阿赫玛托娃的译作，现在我敢肯定地说，关于阿赫玛托娃，现有的译本都比不上高莽的。不信的话，可以去比较《安魂曲》和《夜访》，这是高莽翻译的最高杰作，应该是可以传世的。

《俄罗斯文学肖像》诗歌卷所译的六位苏联时期的诗人，叶赛宁、马雅可夫斯基、茨维塔耶娃、帕斯捷尔纳克、曼德尔施坦姆五位，高莽所译都不多，独独对阿赫玛托娃非常偏爱，数量远胜于其他五位，可见高莽有自己的偏好。即以阿赫玛托娃而言，一般的译本都不收或少收卫国战争时期的诗歌，但高莽所译却非常完整。人间版的《安魂曲》在大陆重印时（上海文化出版社，2018），删掉了《战争风云》和《明月当空》两组诗，共二十五首。这些都可以证明，高莽对阿赫玛托娃的欣赏，自有其独特的一面，不同于其他译者。我所以特别偏爱高莽的译文，因为我体会到高莽译文的特色，我更倾向于高莽的美学态度。作为高莽的"小友"，很用心地编校过他翻译的阿赫玛托娃的三本书以后，虽然我不懂俄语，但我还是敢说，在现有的翻译中，高莽所译还是最好的。我所以要写这篇纪念文章，主要就是想讲这句话。

2020 年 9 月 1 日

吕正惠，福建师范大学闽台区域研究中心兼任研究员，中国台湾清华大学、淡江大学荣誉教授。

妙笔高郎

曹积三

身材魁伟、声如洪钟的高莽先生，是位才子。

他能写会画，能创作也能编译，中外兼顾，堪称十八般武艺集于一身。

所以，他有很多称谓：中外人民友谊的文化使者、俄苏文学研究家、翻译家、画家、作家、学者、曾经的《世界文学》主编、中国社会科学院荣誉学部委员、俄罗斯美术研究院名誉院士，等等。

他是把《保尔·柯察金》搬上中国舞台的第一人。

其译作颇丰，包括诗歌、散文、戏剧、传记等，林林总总，作者囊括普希金、莱蒙托夫、阿赫玛托娃、叶赛宁、帕斯捷尔纳克、马雅可夫斯基、屠格涅夫、布宁等多位大家、巨匠；更有《人生笔记》《墨痕》《白银时代》《高贵的苦难》《心灵的交颤》《俄罗斯大师故居》《圣山行》《历史之翼》《枯立木》《我画俄罗斯》《四海觅情》《灵魂的归宿》《墓碑·天堂》等著作不断行世；还出版有《伟大的无产阶级革命导师马克思与恩格斯》《高莽速写集》等多部画集，特别是他为中、外数百位文化名人所绘肖像，造诣颇深，影响广远，作品为中国现代文学馆、苏联高尔基故居纪念馆、日本井上靖文学馆，欧洲及拉美等多家纪念馆收藏。

高莽画曹积三

高莽画茅盾（水墨画）（1977年）

　　他为海内文化巨擘们所造之像，得到被画者的颔首称赞，并多有
题款：

　　茅盾的题字是一首七绝：

　　　　风雷岁月催人老，峻坂盐车未易攀

　　　　多谢高郎妙化笔，一泓水墨破衰颜

艾青写道："一下把我抓住了！"

丁玲题云："依然故我。"

巴金所写很幽默："一个小老头，名字叫巴金。"

并题："我说像我。"

我认识高莽先生就是从他的名人肖像画开始的，确切地说是看到他为上、中、下三册的《外国名作家传》的作家造像开始的。

那是二十世纪八十年代初发生的事。他为那套书画的外国作家画像，惟妙惟肖，生动逼真，虽然是黑白两色，却端的传神，让人过目难忘，特别是其中苏联的作家，画得格外具有神韵，后来知道，他为此研究过大量的资料，有的还去过他们的故居，访问过相关的人士，下了很多功夫。毋庸讳言，他的画像，为《外国名作家传》增色不少。如果没有他的画，也许不会有那么多的读者那么喜欢这套书，我便是其中之一。

正是从那时开始，我决意要出本书，请高莽先生画人物肖像。

十几年后，当我决定编《当代百家话读书》时，就去拜会高莽先生。我深知书中将有百余幅人物肖像，画起来，并非一日之功，是件很粘手的活儿，这要占去先生很多时间，他会答应吗？

那时，先生住在海淀昌运宫一号楼，我到了他家，说明来意，他爽快地说了两个字："好吧！"

这两个字，说得我心头发烫。

其实，当时，他手上有许多的活儿，为画我书中的人物肖像，将它们都搁下了。

于是，我有了与高莽先生交往的机缘。

许多有才气的人，话语间常常会不经意地透出些桀骜之气，他却没有。

他的谈吐，同他的为人一样，淳朴、淡泊，如行云流水，但十分

257

地睿智，十分地幽默，十分地亲切。他常常为我讲述他不谙世俗，遭小人骂，受恶人骗的故事。同他聊天，体味到他渊博的学识和对世事、社会、人生的冷峻透视，总觉得长见识，受益匪浅。

那时，他的书房，兼着他的画室和会客室，什物很多，转身的范围都很小，我简直无法相信，他的那些大幅的画，如陈列在梅兰芳故居纪念馆里的《赞梅图》、被小人骗走的《孔子》等，都是怎样在这间屋子里完成的。

"把东西往四面撤，画纸铺在地上，一段一段地画，再大的画也不难完成。"

他说得很轻松，似乎窄小的空间对于施展他的才情并无大碍。

听了，谁能不为他这种超然物外的精神所打动？

他告诉我其房子共有三室，这书房，是面积最大的一间。另外两间，除了他和夫人孙杰的卧室，便是母亲的屋子。

我想看望高先生的母亲。

他说："好吧！"

打开屋门，只见老人躺在床上。她面庞清朗，皮肤白皙，可以想见，年轻时她的容貌一定很出众。但岁月沧桑总是那样无情，让美丽的容貌慢慢逝去，现在老人已经很瘦了，特别是那一双手显得有些枯干。

高先生说："明年，我母亲就一百岁了！"

我很吃惊，老人竟是望百寿星，他耄耋之年还有老母陪伴在家，真为他祝福，替他高兴。

高先生深深地爱着他的母亲，曾充满诗意地深情写道：

> 我还记得小的时候，妈妈怎样用一双细嫩的手为我洗头，洗身，洗脚。她的手轻轻摸抚着我的皮肤，好惬意，好温柔哟！

我喜欢伏在妈妈身边，看她在布头上缝绣彩色花条。她那么专注，那么细心，缝了拆，拆了缝，稍有欠妥的地方，一定返工。后来，我看到布头上绽开了鲜花，长出了绿叶，飞来了小鸟，似乎还能闻到花草的清香，听到鸟儿的啼鸣。这是妈妈为我缝制的枕头套。我喜爱极了。我睡在这个枕头上，感受到妈妈的手爱抚着我的脸，温暖着我的心，连夜里的梦也不太苦涩了。

高莽先生常常忆起童年时妈妈对他的慈爱。读小学时，班上演节目，老师让他扮演小松鼠，可服装却要自己解决。妈妈一笑说，她有办法。只见她买来一块灰绒布，琢磨起来。白天忙，没工夫，就在晚上对着油灯，比量着高莽的身子，裁裁剪剪……一天早上，一件带着大尾巴的松鼠服，像变戏法似的出现在妈妈的手上，高莽穿上，真像只松鼠，十分地逗人，美得他"哏哏"地笑出了声。

可他哪里知道，妈妈为了让他高兴，三天三夜没有阖眼。

母亲九秩大寿时，高莽先生送娘一件礼物，用他在"五七干校"时练就的手艺，亲手为老人家缝制了一套衣裤。母亲接过衣服，端详了许久，眼睛里闪着欣慰却有点异样的光芒。

那天晚上，高莽先生半夜醒来，发现母亲房间的门缝里透出灯光。他担心妈妈忘记了关灯，影响她的睡眠，便悄悄地走到门前，朝里一望，惊呆了！

只见母亲戴着老花镜，手里握着剪子，在拆儿子给她缝制的那套衣裤。

高莽先生没敢打扰母亲，悄悄地退回了自己的卧室，可心里百思不得其解，妈妈，这可是您六十岁的儿子一针一线孝敬您的礼物哇！

几天过后，他终于憋不住了，问母亲这究竟是为什么。

"你的心意我领了，可你的活儿干得不地道，针线走得不直，也不匀，看着多不顺眼呐！"

她本想偷偷地将那衣裤拆了，重新缝起来，哪承想，手不听使唤了，拿起针就抖个不停，衣裳没有缝成，还让儿子发现了。

高莽先生望着母亲那双枯干的手，很是心疼，更觉得母亲了不起，人虽老了，可心里还是一朵花，像以前一样要强，无论干什么事，都尽心尽力，不让别人有些许的挑剔；她要求儿子也一样。

老人家不识字，但却爱看儿子写字、画画。没卧床之前，常常坐在儿子身旁，默默地看着他伏案忙碌着，注视着儿子手中的笔在纸上滑动着。欣赏和羡慕中，浸透着她对儿子的切肤之爱。

她曾叮嘱儿子：待她死后，在她心口窝上，放一本书，到了另一个世界，她一定要去学字，读书，弥补今生今世的遗憾。

高莽先生敬重母亲，深深地爱着母亲。

后来，老人卧床了，一切均不能自理。

高先生的夫人患有眼疾，后来不幸失明，帮不上他。

每天，特别是夜里，高莽先生都要几次起来将娘抱下床解手。斯时，他已是近七十岁的人了，而且有腰疾，抱娘上床、下床，已勉为其难，他多半是单腿跪在地上，用另一只腿的膝盖顶着床沿，才能满头大汗地将母亲抱上床去。

他觉得侍奉母亲，是应尽的孝心，倘能多侍奉一天老人家，做儿的心里会感到宽慰。

老人一百零二岁时走了，高莽先生是那样地留恋母亲，舍不得她离去。

母亲虽然走了，但叮嘱却还响在他的耳边："孩子，你给男人画像，要画得比真人年轻些；画女人时，一定要比真人漂亮才行。"

高先生也说不清老人家为什么会有这样的想法，可他觉得妈妈倒是捕捉到了一般人的好恶心理，担心他的笔对不上被画者的心思。

高先生在为《当代百家话读书》中的撰稿者画像时，还真遇到了一件事，有位女士看了画像后，大约是觉得画者没有将她画美，便来信问我，画者是谁？那潜台词是不言而喻的。

高莽先生当然牢记着母亲的提醒，但他画像有雷打不动的原则，那就是形神兼备，尤其要传神。在传神中，表现被画者的个性和特点，绝不天马行空，胡乱溢美。在《当代百家话读书》中，他为一百零五位文化精英造像，不仅人物众多，而且，俊才们囊括多种学科、行当，特点各异，真是难为了他。

他在照料卧床的百岁老母的同时，一个个地琢磨着，一位位地画着，一笔不苟，精益求精，汗水涔涔地画了整整一个夏天。

其间，他换掉两副眼镜，有了病恙也不在乎。这本书行世后，获得全国大奖，直到十一年后的去年冬天，还有读者打来电话，询问何时再版，可见读者欢迎的程度，而这欢迎，是与高莽先生的心血与辛苦分不开的，他的人物造像为书中的内容增添了魅力。

因了这本书，我走近了高莽先生，进一步熟悉了他，倘若再给他的名字前面加定语的话，我想应该增加一个称谓——孝子。

他不仅是学富五车的学者、妙笔生花的才子，还是一位美德于身的孝子。

这才是完整、全面、真切的高莽先生。

载2009年5月22日 《人民日报》海外版

曹积三，作家、编剧、资深影视艺术家。他编著的《当代百家话读书》，请高莽先生画人物肖像。

诗意的吻合

赵丽宏

读一些著名的外国诗歌的中译本时，我有时会产生疑惑，排成中文的那些文字，虽然分行排列，形式是诗歌，但是却平庸乏味，缺少诗意。请读一下："我走出家门，亮堂堂的太阳照在头顶上，身上顿时暖烘烘，生活如果一直是这样，活着才有点名堂。"这样的诗句，如果和一个全人类都熟知的诗人的名字连在一起，或许有些滑稽。前几年，读一本汉译《帕斯捷尔纳克诗选》，感觉就很别扭。译诗中的春天是这样的："今年春天一切都很特别，连麻雀的鸣叫也挺欢快。我甚至不想描述，心里多么高兴和舒坦……"我看不出这春天有什么特别。诗人在诗里这样描述他的生活："今冬我住在莫斯科近郊，但正值严寒，风雪交加，每当必要时，我就经常因事进城……"帕斯捷尔纳克的诗歌，曾经使无数俄罗斯的知识分子共鸣，然而我无法相信，这样的文字，爱挑剔的俄罗斯读者怎么会因之痴迷？毫无疑问，这一定是翻译出了毛病。我一直认为，诗歌的翻译非常困难，从严格的意义上来说，诗人的诗歌，只为他们母语的读者们而写，他的喜怒哀乐，只能通过自己的母语才得以倾诉。一首诗，如果翻译成外国语，完全可能会变成和原作不太相干的另外一段文字，它原有的韵味和节奏都会消失。倘若翻译者本来对诗就一窍不通，那么，他翻译出

高莽画赵丽宏

来的是什么，就更难预料了。很多外国人曾把我们的唐诗和宋词翻译成外语，我不信他们能译出唐诗和宋词的韵味，这些用最精练的汉字表现出的意韵和音韵，怎么可能转换成外语？译成汉语的帕斯捷尔纳克的诗歌，也许是同样的道理吧。

前几天，收到高莽先生赠我的散文集《画译中的纪念》，这是一本很有意思的书。高莽先生以一个翻译家和画家的双重身份，回忆了他和许多中外文化名人的交往，尤其是他和一些俄罗斯作家的交往，其中有不为人所知的轶事，也有作为当事者的独特感受。高莽先生和俄罗斯作家交往时没有语言的障碍，所以他的经历和感受决不是浮光掠影。在《阿赫玛托娃与〈离骚〉》一文中，他回忆他和俄罗斯汉学家费德林的交往，其中谈到了诗歌翻译。费德林是屈原《离骚》的俄语译者，他把《离骚》翻译成俄文后，对自己的译文不满意，便登门拜访阿赫玛托娃，请她对译文进行"诗的加工"。费德林作为一个杰出的汉学家，他可以比较准确地把艰深的《离骚》转译成俄文，然而这种转译，至多是内容和意思的翻译，要转达出诗的神韵，他就无能为力了，所以他才求助于阿赫玛托娃。当时是五十年代初，阿赫玛托娃正在受到批判，她心爱的独生子为她蒙受冤狱，作为母亲，她，心境的悲哀可想而知。开始，她不愿意做这件事，经过费德林的再三恳求，她愿意试一试。阿赫玛托娃并没有马上动手改译诗，她一次又一次让费德林提供有关屈原，有关楚辞，有关屈原时代的中国的资料，然后才着手修改译文。费德林告诉高莽："她把我的译文在字句上作了重新安排，于是译文就放出了光彩。只有她有这神奇的本领。结果就有了现在的译本。它也许无损于伟大《离骚》的原作。"我无法阅

2011年作协第八次代表大会上赵丽宏和高莽

读费德林翻译的《离骚》俄译本，但我相信，经过阿赫玛托娃修改的译文，一定是真正的诗；高莽在他的散文中又讲了这样的一件使我心颤的事：当时，阿赫玛托娃为探视她无辜入狱的儿子，曾在列宁格勒牢房的门前默默地伫立了三百个小时。我不知道，她站在牢房门口的那些日子，和她修改《离骚》译文是不是同一时期。我假设这两件事情发生在同一时期，那么，这位伟大的俄罗斯女诗人默默地站在风雪中时，她的心中可能回荡着屈原的诗句……失意的屈原，悲愤的《离骚》，必定和她当时的心情产生强烈的共鸣。多年前，我曾到过阿赫玛托娃在圣彼得堡的故居，在她狭窄简朴的居所里，我感受到了她当年的孤独和冷寂；我也到过她在莫斯科住过的作家别墅，在她当年常常散步的白桦林中寻找她的足迹；还有圣彼得堡郊外的皇村，少女时代的阿赫玛托娃曾在那里追随普希金的脚步……读高莽的文章时，记忆中的这些经历又一一重现在脑海中，我也很自然地想起了屈原的诗句："余将董道而不豫兮，固将重昏而终身。"我相信，在磨难中度过一生的阿赫玛托娃，一定能深切地体会屈原的这两句诗。

原载《文汇报》1997 年 8 月 14 日

赵丽宏，作家、诗人，著有诗集《珊瑚》《沉默的冬青》等，散文集《生命草》《诗魂》《爱在人间》等，报告文学集《心画》《牛顿传》及四卷《赵丽宏自选集》等。

墓园文化的拓荒者——高莽

赵宏

　　年初，港台文学评论家汪义生博士将《新民晚报》中选摘《墓碑·天堂》一书的部分章节送我一阅，他知道我与该书作者高莽先生相稔熟。就在北京酷暑之际，我又去看望了高老，有幸拜读了全文。

　　高老长年从事中苏文化的交流工作，因此经常有机会去俄罗斯采风，对那里的风土人情耳熟能详，流连忘返。自从他首次踏上俄罗斯墓园的那天起，就迷恋上了那里的墓碑艺术，决心要将它一一写出来，与大家共赏，书中文章的写作时间跨度达几十年之久。

　　本书描写了八十四位在俄罗斯声望极高的作家、艺术家的墓园及其故事。书中分为作家诗人篇、戏剧电影篇、音乐舞蹈篇、绘画雕塑篇等四部分。墓主中有的是作者所敬仰的先贤，如普希金、果戈理、柴可夫斯基……一个个闪亮的名字尽收眼底。也有的是作者的朋友。

　　作者通过墓碑引领我们进入主人公的精彩世界，书中对墓主的人生经历、世界观、创作生涯、艺术成就及其产生的影响，皆有客观精确的描述，评价中肯。墓主资料翔实，文中大量标注了年代，可见作者对资料的收集煞费苦心。这些都是作者的所见所闻，所见自然不会写错，所闻也来自墓主的亲朋好友，因此史料价值很高。假如说它是一本通向俄罗斯文化艺术圈的工具书也不为过。以前见到高老画的苏联艺术家的肖像画，我往往一知半解，而这本书就成了最好的诠释。

书中不少篇幅记录了中苏两国人民的友谊，故事感人。

深情厚谊，友好见证。《不残的心》记述了奥斯特洛夫斯基在我国的影响。1947年作者翻译了苏联剧本《保尔·柯察金》，该剧本随即被搬上舞台，在各大城市巡演，受到各界人士的追捧，从此保尔成为新中国青年的偶像，影响了一代又一代人。新中国成立后，奥斯特洛夫斯基的夫人赖莎来我国访问，高老担任翻译，高老去莫斯科，总要去拜访赖莎，因此在该文的开端，作者满怀深情地写道："只要我来到莫斯科，我一定去瞻仰尼古拉·奥斯特洛夫斯基的墓。"

《思念老波》一文中，作者谈到二十世纪五十年代陪同苏联作家波列沃依逛北京天桥的趣事。一位老农在吆喝着卖萝卜赛梨，这引起了波列沃依的口欲，当老人知道是苏联老大哥要买他的货物时，执意地不肯收钱，随后说："我有个心愿，想看一看苏联。你把我拍成照片，就等于我跟你一起到苏联了。"波列沃依满足了老农的心愿，将这张照片配文发表在《星火》杂志上。令人遗憾的是，当高老再去寻找老农时才知，老汉刚去世。相逢是短暂的，他们更多的交流是通过笔谈，作者在文中写下了如下的话："回国后他给我写了很多封信，……使我为此在'文革'期间没少受苦。可是我忘不了和他相处的美好日子。"

苏联著名纪录片摄影大师卡尔曼在抗战期间，只身来到中国，走遍了十一个省市，拍摄了长达一万多米的胶片，向世界人民再现了我国军民不屈不挠抗击日寇的场景。新中国成立后，他又旧地重游，为崛起的中国而感到骄傲。在《新闻纪录摄影大师》的结尾处，作者赞道："默默无声的卡尔曼墓碑啊，你像一口洪亮的钟在震动我的大脑，中国人民深深怀念这位摄影大师，这位对我国满怀深情厚谊的友人。"

文化交流，各具风采。不可否认，在二十世纪六十年代前的中国，无论在思想还是在文化上，国人受苏联的影响极深，俄苏文化为推进当时中国的发展起到了不可磨灭的贡献。

茅盾从契诃夫作品里得到极深的人生启迪。绥拉菲莫维奇的《铁流》使当时在黑暗中挣扎的中国人民看到了"艳而铁一般的新花"，林伯渠曾感慨地说道："参加长征的老干部，很少没有看过这书的。"苏联名曲《喀秋莎》《红莓花儿开》在我国传唱了几十年至今不衰。在战争年代，这些歌成为鼓舞战士消灭敌人的精神力量，词作者伊萨科夫斯基得知此事后，激动万分。作者在书中对这些大师都有介绍，而高莽本人之所以走上翻译生涯，便是受了屠格涅夫的散文诗启发。

艺术的精髓是属于世界的，中国文化同样也受到苏联人的青睐。二十世纪俄罗斯最杰出的女诗人阿赫玛托娃将《离骚》介绍给了俄文读者，作者在她的墓前，特意放上一束殷红的石竹花，以"感激她生前为翻译我国古典诗词而做的努力"。

在《喊冤的碑》一文中，讲了苏联戏剧家借鉴中国艺术的故事，1935年梅兰芳率团访苏演出，梅兰芳的手势传神，堪称一绝，给梅耶荷德留下了深刻印象。他对同道说过一句颇偏激的话："看过他的表演之后，你们再到我们各家剧场转一圈，那时你们就会说，是否可以把所有演员的手都砍掉，因为那些手没有一点儿用场……"梅耶荷德深入思考舞台上人体动作与语言的关系，中国戏剧的节奏也引起了梅耶荷德的重视，他在重排话剧《聪明的痛苦》时，将自己的心得带入其中，该剧本在公演时，海报上用大字标明：重排此戏，献给梅兰芳博士。

读过这部作品的人，都会觉得文笔流畅、词句优美、语言丰富、情景交融。文中处处真情流泻，篇篇思若泉涌，读来亲切，回味无穷。以下试举几例：

想象丰富，合乎情理。作者参观涅米罗维奇—丹钦柯夫妇墓后，在《跨世纪的艺术大师》一文中写道:"两块墓碑,一立一卧,相互辉映,诉说着人间沧桑。"《我的格言没有改变》中说:"墓碑上的穆索尔斯基……似乎在询问:你们今天如何看待我的作品?"

真诚感人,情透纸背。当作者无意中发现世界级男低音歌唱家夏里亚宾的全身大雕像墓时,激动不已,原来作者在哈尔滨就学时,夏里亚宾就来过哈市演出,他那浑厚的声音使作者心灵战栗,因此他在《不落的歌声》中写道:"如今,寒风飕飕的墓园里遇到心中的爱,激动的情绪……久久不能平静。"作者在刚走上革命道路之时,受到了苏联极左文艺政策的影响,误解了左琴科的作品,现在他来到"侧身平静地望着远方"的左琴科雕像前表达歉疚之情。在《松林寻孤魂》中一吐心曲:"我坚持要去,因为放弃这个机会,很难确定何时还能向这位作家表示自己的内疚"。"我在左琴科的墓前沉默了良久,往事一幕幕映在眼前……他在天堂里可听到?"在《后记》中作者谈到为他提供材料的未曾谋面的俄国学者索罗蒙·基坡尼斯谢世时,写道:"他已逝世了,给我留下了无限的惆怅。"

文章内在质量称得上是上乘之作,而本书的设计同样精美,颇有新意。页面留有空白,为读者提供了遐想的空间。彩照浓艳,黑白照朴实无华,形成鲜明对比,配合适宜,相得益彰。彩照让人看到了当今时代,黑白照使人回到了久远的往昔。新旧两个时代交织在一起,似乎提醒读者,那过去的一切至今依然能映照出他的闪光点。所用插图皆属名家名作,非常珍贵,图文并茂,很适合当代人的阅读口味。纸张洁白、厚实,就像作者的文章一样有分量。

作为墓园文化的基本要素,墓碑造型特色及含义、设计雕刻者姓名、墓主生平及评价,作者都一一顾及到了。

我坚信本书是作者用心去写的,对墓园及其相关的人事物的描写细致入微,情节生动。墓主与作者虽是阴阳相隔,但是思想相通,因为艺术是不分国界的。文中随处可见作者为墓主的不幸而扼腕叹息，又为墓主的成功而欢欣自豪，可谓与俄罗斯的艺术家们同呼吸共命运，作者成了传主的真正知音。

俄罗斯作协外联部主任巴维金曾对高老说：中国许多游客来俄罗斯，总要提出去看看新圣母公墓。高老当时不解其意，巴维金道出了原委：很多人是看了您写的《灵魂的归宿》一书才对俄国墓园产生了浓厚的兴趣。北师大博导李岫教授告诉我，她以前为朋友五次到书店代购此书，可见这本书在文化界的反响之大。而《墓碑·天堂》就是在《灵魂的归宿》一书的基础上进行大量增删后形成的。

合上这本新书，脑际浮现的还是书中的情景。墓园中落英缤纷，但色彩鲜艳，充满着活力，如同墓主的艺术生命流芳百世，也如同作者的文章百读不厌。

令人心驰神往的墓碑啊，连同它的主人将闪烁着不灭的光芒。

高老在传播中俄文化方面功不可没，《墓碑·天堂》为后人留下了一本文献、文学价值甚高的范本。对于集作家、翻译家、诗人、学者、画家、社会活动家于一身的高莽先生来说，这部跨世纪佳作在写作技巧、审美情趣、思考角度方面自然与常人不同，书中还有很多妙处，有待读者在欣赏中去继续发现。

至于作者写的汉学家，以及其他人士的墓碑美文，不知何时能问世，我们正翘首以盼。

2010.12.16修改

赵宏，作家，上海炎黄文化研究会副秘书长，《海派文化》报编辑部主任。

他的生命融入了金色的秋天
——怀念著名的文化学者高莽先生

王宏波

苏联著名诗人安娜·阿赫玛托娃在《迎春哀曲》中写道："他和寂静化为一体，他先是告辞，后又慨然留下，和我同在，至死不移。"

10月7日的清晨，一场小雨刚刚浸润了哈尔滨。

我在微信中看到：我国著名的翻译家、画家、作家和中俄文化的传播者高莽先生于昨天晚上十点三十分逝世。

我的大脑，在经过一阵短暂空白后，立刻浮现出安娜·阿赫玛托娃的诗句。

我走出家门，漫步在雨后的晨光中。街道两旁的树木那曾经的翠绿，在阵阵秋风里开始变成金色，有的已经开始飒飒飘落。

这就是生命的轮回？

我想到高莽先生虽然离开他热爱的生活，但正如诗中所说："他先是告辞，后又慨然留下，和我同在，至死不移。"

我面对东去的松花江，不禁回忆起我们"忘年交"的友谊。

在二十一世纪初年的冬日，经著名作家门瑞瑜介绍我在北京第一次拜访高莽。

高莽热情地接待我。

我们在被他称之为"老虎洞"的书房，谈苏联翻译、谈绘画、谈文学，当然也谈了许多他的故乡哈尔滨的历史，哈尔滨的美丽，在临别时，他说："我送你一幅字吧！"

这是我所欲而不好意思张口的。

他在书案前静思片刻，挥毫写了伟大的俄国诗人普希金的诗句："美皆恢弘瑰丽"，又在旁写道："书赠王宏波先生"。

我小心翼翼拿着高莽先生的字，走在夜色朦胧的北京街上，心中却好似一片恢弘瑰丽光明。

那年他七十六岁，身体犹健。

这幅书法作品，至今仍挂在我家客厅的墙壁上。

他的这幅书法作品是在激励我，要在人生的道路上不断探索美、发现美、创作美。

这也是警示我为了美好，而要珍惜自己的清白，坚定自己的操守。

从那以后，我们经常往来。

我每次公出到京，都要挤出时间到农光里去看望他。

他总是站在十六层的电梯旁迎接，我未等出电梯的门，就听到他那充满阳光的笑声。待我跨出电梯的门，他就伸出双手拉着我，一同走进他的"老虎洞"。

他说："这个'老虎洞'的名字由来，是因为我和夫人都是属虎的，故命名之。"

他总是送我刚刚出版的作品集，在书的扉页上题签常常是幽默的、诙谐的。他在《墓碑·天堂》的赠言竟称我为兄，"书赠宏波兄雅正"；在《域里域外》的赠言是"宏波兄：域里域外终于找到你"；在《四海觅情》的赠言是"宏波大哥：四海觅你存深情"。他的谈话也是幽默且满是智慧。一次，我到他家聊了一上午，中午到了我们去楼下的北京烤鸭店，他一脸严肃地说："我现在什么也吃不了了，"未

272

等我们说话，他又说，"也就只能吃烤鸭！"他的话引得我们一阵大笑。他的脸上浮出一层浅浅的笑意，一双眼睛里闪烁着慈爱的目光。

2010年，我参加了黑龙江省委党校第二十四期班的学习后，准备把学习期间的日记整理出版。他闻听后在电话中说："我给你画一幅你的速写，放在作者简介的上面！"三日后我就收到了用特快寄来的画作。

我手捧这幅速写，心中满是感激。

2013年，我随中国新闻代表团访问俄罗斯，回来在报纸上、杂志上开始了为期近三年的连载，受到了读者的好评，黑龙江美术出版社要出版。我把这个消息告诉高先生，他从眼镜框上方注视着我，缓缓地说："你寄来的报纸连载访问俄罗斯的文章，我都按篇看了，写得好！占有了大量的资料，历史的、现实的；政治的、经济的；外交的、军事的；文学的、艺术的；宗教的、建筑的，非常全面。"

没容我开口，他又接着说："现在人们写俄罗斯不是全写历史，就是全写现在，没有深度。你写的是既有历史，又有现在，这种写法好！……"

他在说话时眼睛里闪烁着学者的睿智，语气中透着一种力量。

"你写得比我写得好！"高老突然平静地说。

我怎么能担得起高老的这番评价。

高老是中国当代最著名的文化名人，在俄苏文学翻译、研究、编辑方面，是继瞿秋白、戈宝权、巴金、夏衍、金人、楼适夷、草婴等之后的又一座高峰。

我惶恐地起身推谢这句极重的溢美之词。

大姐笑着对他说："您看您说得宏波不好意思啦！"

他直视我一眼，又加重语气肯定地说："好！"

高老从书桌的一本书里找出一张小纸条，说："不知道你的这本书封面是怎样设计的？我为你画一个草图。"

他低头在那张小纸片上勾画了几笔，递过来。这简直就是一幅钢笔的速写。

只见上面的右边是竖题的书名，作者的姓名；左边是俄文书名的缩写；下面是两座俄罗斯的建筑。

他解释道："下面的左面是瓦西里教堂，右面是彼得保罗要塞。"

他说现在一些出版社出版的书，封面设计得大红大绿太艳了。他一再叮嘱我这本书的封面设计一定要素雅。

我请他题写书名，他认真地写出一套一个竖版的、一个横版的，并在下面盖上了他的印章。他放下笔，神思后又拿起笔，在另一张纸上又重复地写了一套，说："这两套让出版社选，用不用有印章的请他们定吧！"

我回哈尔滨不久，接到出版社的通知：这本书在审查的过程中，认为这本书的名字有太浓重的政治色彩，需要更改并提出了新的书名。这一下可使我为难了。高先生刚刚题写了书签，我怎么再开口请他重新题写呢？无奈，我只好与晓岚大姐通话，说明情况想请高莽先生再为我题写书签。不想撂下电话不到四十分钟，她打来电话，说：高先生听说后立即题写了横竖四幅书签，还认真地盖上了自己的名章！

这怎能不让我心存感恩心生感动呢？

我和她说："正好明天我去北京参加中国报业协会的会议，再取回书签！"

第二天，我们正点到达北京会议报到后，又来到农光里202号楼的十六层，高先生笑呵呵地站在敞开的户门里，以往挺拔的身躯现在有些挺不直腰了，镜片后有些浑黄的眼睛里仍旧充溢着真诚的热情，我紧走几步迎上去，他伸出苍老的、温暖的手拉住我，慈爱地说：

"你来了！快进来！"

我搀扶着高先生又一次走进"老虎洞"。他把我按坐在靠墙的沙发上，又蹒跚地移步到我对面长桌前那把椅子上。我借此短暂的时间环顾"老虎洞"，门楣上挂着一幅书法横幅：老虎洞！书柜里满满的书前摆放着几只布艺的小老虎，书柜的玻璃上映着我身后墙上高先生自画的那幅老虎图。

"你挺好吧？"高先生坐下，眼睛里满是关切地说。

"好！您也好吧？"我道。

高先生脸上松弛的皮肤刻满了皱纹，还有沧桑标志的老年斑。

他皱了皱眉头，说："年岁大了，腰不行了，疼。走路也困难。"

他的话语里几分凄凉和悲怆。

他不仅是一位享誉中外的文化名人，也以自己的儒雅倜傥的气质和形象，受到中外同行和广大读者的称赞和爱戴。况且，他仍有满腔如火烈的不泯诗心呢！现在，他怎么能平静地正视自己的苍老？

"我要再活五百年！"帝王如此！学者何尝又不是如此！因为，他有更多的知识要向世人传播。

我在心中这样想到。

晓岚大姐仍是乐观豁达，满脸春风洋溢着朝气，一双眼睛笑如波光。

她对高先生说："您的身体多好啊！怎么老说自己不行呢！"

高先生笑了，说："好！好！"

他让大姐从里间的书房拿出为我题写的书签。我双手从他手上接过，放在桌上从塑封的袋里取出，轻轻展开，"回望俄罗斯"赫然跃入我的眼帘。这又是按横竖版各写四幅，其中的一横一竖下角盖有他鲜红的印章。

"盖图章的做书签也不知对不对，所以，我又写了两幅！"高先生像是在征询我的意见。

高先生在对待我一个忘年交的后辈，竟如此地认真、谦虚，此乃凸显了他的修养和人品的力量，使我顿生出一种高山仰止，景行景止的感觉。

同行的朋友为我和高先生拍下这个弥足珍贵的历史画面。

高先生说："我刚刚出版了一本书，你有吗？"

我问是哪一本。

他说："《桂冠》，是介绍世界诺贝尔文学奖获得者的小传和我为每位绘制的头像。"

没有！

他立即双手撑案，要站起来去取书。

大姐忙说："高先生，您就别动了，我去取！"并又幽默地说，"我不就是为您服务的吗？"

她一阵风似的从里间拿出几本塑封的书。

这书的封面是淡黄色的，著名作家莫言题写的书签。

高先生让把随我去的朋友的姓名写在纸上，他戴上老花镜，端坐着在书的扉页上为每个人签名。

他写完这三本书，抬起头说："你认识贾宏图吗？"

我说他是我的老师！

高先生说："那你给他带回一本书吧！"对晓岚说："那你再拿一本书！"

他又俯身在书的扉页上写道："宏图先生，雅正！"

同行的朋友提出大家合个影。

高先生从对面的椅子上起身，蹒跚地过来并肩和我坐到沙发上，回身指着墙上挂着的他画的那幅老虎图和普希金的头像，说："以它们为背景吧！"

2015年，我在到京公出时再次去看望高先生，在聊天时知道翌年就是他九十岁的生日。我提出为他写一本传记。

他说："我是一个小人物，还能作传记？"

我说："您不是小人物，是学界的大人物！"

经过我们的"说话"，他终于同意。遂，我们进行了紧张的采访。

他对于我提出的问题，有时想不起来了，就诙谐地说："此处你就写这个死老头忘记了！"但是，他常常记起就马上讲述，有时甚至把电话从北京打到哈尔滨。

我利用三个月的时间写出了《高莽画传之·感谢故乡——哈尔滨的青春时光》，把书稿寄到北京，他一字一句地做了修改，对于其中的溢美之词，他都实事求是地做了改正。我看着这修改的手稿，感受到高先生的求实求是的品格。这部传记经陈凤翚、王惠民的帮助，在北方文艺出版社出版。在他生日的那天，恰巧我在北京便去看望他。

我一进"老虎洞"，他拉着我有些忧郁地说："你怎么才来？昨天晚上我睡得不好！"他又一脸喜悦顽童一样地说，"你得在书上签名，我好送老同志、老朋友！你不签名，我就不送！"

我按他的要求在一本一本书的扉页上签名，他坐在一旁默默地望着我。不一会儿，他窸窸窣窣地站起身，走到书柜边拿出画纸和一支炭铅，又缓缓地坐到我的身旁，眼睛注视着我，在画纸上飞快地挥动炭铅……

晓岚姐说："高先生给宏波画像啊？"他说："你不要说，不让他知道！"

"好！我不说！"

"你刚才一说，宏波都知道了。你不保密！"

父女二人的对话也是幽默的。

他画完了，自己在端详。他伸出手拽拽我，说："你看看！"

晓岚先拿过，一看说："你把宏波画胖了！"

他老小孩地说："不！是他长得丑！"说完他也笑了。

我看也是胖了，他故作生气地说："不画了！"

已过中午时分。

高先生说："我们吃饭去！"

他已让大姐在附近安排了饭店，我们下楼。

高先生走路艰难重重，我们把他扶上轮椅推着他走。

他十分地不安，坚决不让我们推。几番口舌，他执意让大姐推，只有恭敬不如从命了。

我们在树下的人行道上走，轮椅在步道板上发出咯楞咯楞的声响。

可能这声响，使他想起哈尔滨中央大街的方石路面，想起了故乡的童年和故交。

高先生问起哈尔滨的事情，那人那城，那里的朋友那里的异域情调。

因为，那里有他神魂梦绕的乡思和乡情。

我们来到不远处的饭店，到二楼的"什刹海厅"，菜来了，高先生看了满桌的菜，又老小孩般地说："我要吃肉！"

大姐不给，因为高先生的血脂高，医生告诫要注意饮食。

高先生自我解嘲地对我说："她是我的领导，天天管着我！"便不是很情愿地吃着青菜。

我们以茶代酒，边吃边聊，谈起了文学界的事情。

那天的情景犹在眼前。

我在近一年的时间没有见到高先生了，但是我们还是有电话的联系。他在电话中仍是不乏诙谐，一次他说："你也不来看我，再不来我就死了！"我已感觉到他语气的软弱无力。前几天，侨居美国的著名诗人满锐在电话里说：高莽先生的身体不好，已入院，医生已经给家属下了病危通知!

我听到这个消息后心中十分着急,但不敢给高先生或者是他的家人打电话,每天都在心中暗暗祈祷:希望高先生能够躲过这一劫,早日康复,等我去北京和他在"老虎洞"聊天……

可是,这只是我的一个良好愿望!

他终于不再回来。

他的生命,在距他九十二岁生日还有二十天的昨天,终于和金色的秋天融为一体。

高莽先生一生所热爱的苏联诗人安娜·阿赫玛托娃的诗句,仿佛就是送给他的:"他先是告辞,后又慨然留下,和我同在,至死不移。"

是的,高莽先生的精神永远"和我同在"!不!和我们同在!

写于2017年10月7日

《高莽书影录》编后记

张期鹏

一本书编完了，大抵是要写一写这本书的缘起，给读者一个交代的吧。这部《高莽书影录》，是由一幅画像引起的。

我知道高莽先生是很早以前的事情了。早到什么时候，却想不起来了，大概是在二十世纪九十年代初期。那时我便读过他的书，看过他的画，也知道他的笔名是"乌兰汗"。可是，对他的了解并不多。

直到认识了著名的日记专家自牧兄，才更多地知道了高莽。因为他与高老是忘年交，高老还为他画过像。2014年，我的散文随笔集《做个真正的读书人》出版时，自牧兄对我说："请高老给你题写个书名吧！"我自然是求之不得了。不几天，他果然送来了高老的题签，还有高老为我写的一个隶书斗方："源清流洁"。从此，高莽，一个看起来十分遥远的著名翻译家、学者、作家、画家，似乎一下子走到了我的身边，十分亲切和熟悉起来了。

这些年来，我一直致力于收藏一些著名作家、学者和文化人的著作签名本。尤其是对我喜欢、崇仰的一些文化老人，都想方设法广为搜集他们的著作版本，并想方设法请他们签名留念。自然而然地，高老进入了我的收藏视野。我查找书目，妻子帮忙网上购买，不长时间便搜集了二十多种。加上原来所藏，有点蔚为大观了。

2017年3月张期鹏先生探望高莽

　　去年6月28日，经自牧兄悉心联络，我专程赴京拜访了高莽先生。高老和他女儿宋晓岚大姐热情地接待了我，并在我带去的书上一一题签。出乎意料的是，他还在其中一本书的扉页上给我画了一幅头像，让我大为感动。这真是一个和善的人，一个心里装着别人的人。这样的人不能不让人崇敬、爱戴。后来，我把这幅画像印入了我再版的散文随笔集《啊，莱芜……》中，受到了读者的喜爱。

　　当时我便想，怎么回报热情、恳切、大度、随和、可爱的高莽先生呢？我想起了此前编著的《莱芜现代三贤书影录》，何不就此编一本《高莽书影录》呢？我把这个想法跟王举、自牧、王展、徐明祥等书友一说，他们都极为赞成，并且认为很有价值。征询高老和岚姐的意见，他们也表示全力支持。于是这部书就渐次写来，很快就要与读者见面了。

　　所以，这部书是一部感动、感恩的书，一部有缘的书。我与比我大整整四十岁的高老能有这样一份机缘，缘于读书，缘于热心助人的自牧兄，缘于极富亲和力的高老和热心的岚姐；这部书能够编成、出版，则缘于妻子的帮助、女儿的鼓励，缘于王展兄和海东文化、中国书籍出版社的精心策划、认真编辑，缘于亓希山、邹学锋、孟云霞、陶务端、李坤道、柳丽华、秦成坤、陈建兵、吕怀成、李锋、李忠德、鹿涛、朱波、王留生、魏传永、苏涛、谷海、边桂荣、王佳、鹿康、孙毅、魏卿、张海东、赵风国、陈强、贾爱国、李强、何秀强、燕峰、张家瑞、邹龙等诸位朋友的大力支持。尤其要感谢济南大明湖海底世界郝松言先生的无私帮助。高莽先生的老友，著名历史学家、作家王春瑜先生，应我的要求欣然为本书题写书名，也是一种难得的机缘。他只是因为《王毓铨书影录》对我有所了解。这不禁让我感慨：读书是多么美好！友情是多么美好！人生是多么美好！

另外还应向读者说明的是，此书大部分篇章，特别是《高莽生平简述》，都经过高老多次手订，其中不少资料是首次对外披露。这对一个作者来说是可遇而不可求的事情。从某种意义上说，这部书是我与高老及其他诸位共同合作的结果。想想，这是一段多么充实、多么美好的人生经历啊。

人之一生，这样充实、美好的经历常常不期而至，只要你喜欢读书。在此，也借这本书向天下所有的读书人致敬！

2016年9月1日

高莽先生的三幅画像

刘明辉

高莽先生离开我们整整三年了。记得那天我正立在挪威松恩峡湾的岸边，等待着夕阳的降临。一抬头，树梢边的彩虹近而清晰，仿佛触手可及。低头，猛然看见晓岚老师的朋友圈，照片上是心电监护仪最后的画面：平直的指示线，如同退潮后的海岸线，向远方无限伸展，归于最远处的平静。她说：高莽先生在平静中离开了我们。他的一生精彩而充实，感谢每一个曾经爱他和陪伴他的人，愿他在另一个世界同样幸福。震惊之余，发现这一句话没有哀伤，而是充满了温暖和爱。高老一家给我的印象正是如此。不论经历什么境遇，永远积极乐观，永远迎难而上，乘风破浪而行。立在岸边久久回不过神来，恍惚中看见高老在向世界各地的朋友们道别——面前的这道彩虹，不正是他灿烂而又沉静的微笑吗？

我们常常会有这样的感觉：某个人永远不会离我们远去。鲜活的精气神和生命力，不可能在某个瞬间都归于平静。尤其是高老这样如一团火焰照亮和温暖着不同年龄、不同国籍朋友的勇士。2012年，我曾为高老设计制作过一张藏书票。画面中有一弯新月，象征着高老敬仰的"俄罗斯诗歌的月亮"阿赫玛托娃；有一条大道通向远方，道旁一朵玫瑰相伴，象征着翻译和创作生涯青春永驻。我将

刘明辉和高莽（2013年7月）

草图寄到北京给高老过目，很快就收到了他的回信："这条道要多几个弯，给人以更遥远更艰苦的感觉。"那时初识高老不久，只知道他是个有着天真笑容的长者，这句话令我思考良久。多几个弯，不仅描述既往的事实，更表明，哪怕前路还有那么多弯，哪怕还有更遥远更艰苦的远方，自己依旧有勇气去面对和前行。换而言之，高老从来不寻求坦途和舒适，他一生都保持着迎风而立的姿态，笑对人生百态。

　　熟悉高老的朋友都知道，他不仅是翻译家，还是作家、诗人、画家。他的速写作品曾在多地展出和发表，拥有极高的艺术造诣。他生前曾几次向我提出，要为他画一幅肖像。可是我笔拙才浅，怎敢在高老面前造次。每次听到我略显客套的回答，他都会露出孩子般的失望表情，不再说话了，表示抗议。转眼间，今天，高老已离开我们整整三年了！此刻我努力用文字来描绘心中的高老，他若有知，是否会舒展眉头稍作原谅呢？

第一幅画像：见字如晤

高老回信中描写的情景，让我想起"路漫漫其修远兮，吾将上下而求索"。一个人正是因为有追求，有向往，才会感知到路途的远近，人生的甘苦。高老面对人生坎坷，一向以硬汉的姿态披荆斩棘，一路向前。他的外形常常不着修饰，花白的头发向上竖立着，显示出顽强不屈的姿态。他常穿的一件淡绿色旧夹克外套，质感硬挺，领口袖口早已磨白，仿佛是多年共同作战的伙伴。他习惯抬起眉毛，睁大眼睛，好奇而又认真地听朋友说话。每年到高老北京的"老虎洞"家中拜访，他都会提前准备好捐赠给上海图书馆的手稿，在谈话间隙像变魔术似的拿出来。有时装在一个纸盒子里，有时装在塑料袋中，朴素无华，却一定分门别类，整整齐齐。用来书写的纸张，往往是五花八门，有药品说明书，有大小不一的便条纸，有经过多次拼贴的文稿纸……书写工具也不甚讲究，有颜色不一的水笔，有漏着墨的圆珠笔，有许久未削的铅笔……总之，手边有什么，便拿起用什么。朴素的文具不会对高老的思路产生任何阻碍，他对生活中的客观条件没有要求，对自己有着最高的要求。高老的作品，不论是译作还是文稿，都会反复修改多遍，每一遍用不同颜色的笔区分，修改之处字迹再多也清晰可辨。有时整段重写，就在废旧纸片上写好，拼贴到稿纸上，笔迹一丝不苟。高老翻译好友柳德米拉·斯吉尔达的诗歌，就是书写在一叠药品说明书的背后。他

285

高莽老师为我画像，右边是岚姐

不仅亲自装订，还加了封面。经过请教翻译家冯春先生，我才知道，恭恭敬敬写在封面上的名字，正是高老的这位异国友人。面对高老的手稿，就会想起他聚精会神伏案书写的情景。手稿就是有如此神奇的力量，让人体会到润物细无声的熏陶。

为了筹备2019年上海图书馆年度展览"妙笔生辉——上海图书馆藏名家手稿展"，我与晓岚老师商量确定了以高老《我的家——老虎洞》《学画自述》手稿和一件诗歌译稿展出。晓岚老师还应邀录制了视频，向读者们介绍高老的生活及工作。视频以二维码形式进入展览和图录后，引起了读者们的热烈反响。在介绍《老虎洞》手稿时，晓岚老师因太过伤心而无法录完。现在我们看到的五分四十秒视频，是她特地学习使用剪辑软件后，独立制作而成，难能可贵。

第二幅画像：为我画像

高老的人物速写十分精彩。上海图书馆、中国现代文学馆等多家文化机构曾为他举办画展，作品在多家报纸上刊登发表，深受读者喜爱。他还为中国作家协会组织实施的重大国家文化工程——《中国历史文化名人传》的出版承担起作一百二十五位传主肖像插图的重任。2016年1月我去看望他时，他谈得兴起，提出为我画一张肖像。"但是我得先说明，画你，我画出来是不好看的。五官长得很有特点的人画出来才有意思，你就没什么特点。"他的幽默和直爽引得我们笑起来，晓岚老师赶紧在旁打圆场："他是说你长得太好了，没有'奇怪'的地方。"高老不服气地朝她看了一眼，好像在说，我就是这样实事求是啊。

高老倚着沙发扶手，一边"指挥"晓岚老师：你去拿一下纸笔。

晓岚老师一阵翻找，拿出一个用旧了的绘画板，上面所夹纸张已经泛黄，一看就是很久未使用了。问高老，用什么笔？他答："随便。"

开始画画后，大家都凝神屏息不敢出声。屋里只剩下墙上时钟的嘀嗒声和笔尖划过纸面的声音。趁高老低头作画，我悄悄转头看他，只见他表情严肃，眉头紧锁，像是郑重其事创作一件大作品。其实，他自己的形象才更适合入画——不仅五官轮廓鲜明，衣着独具个人风格，更重要的是，人生阅历丰富，经历沧桑后仍葆有一颗纯真的赤子之心。这由内而外散发的气质更增添了他的魅力。我正想得出神，忽然听他正色道：别动！我赶紧转过头去。看来，只要是进入了高老的专业领域——不论是翻译、写作还是绘画，他绝不开玩笑。直到他画完，大家才围过去观赏。我向他连声道谢，他却淡淡地说，就这样吧，我不满意。

第三幅画像："老虎洞"中的永诀

高老是在2000年搬到北京农光里住所的，在此与老伴、女儿生活了十七年。因他和老伴都属虎，所以将此命名为"老虎洞"。家中摆满了各色老虎布偶和工艺品。每次去拜访高老，晓岚老师都陪伴在旁。多年来，她自己的身体也不甚理想，但还是坚持照顾双目失明的母亲，照顾一直忙碌的父亲，协助他整理书稿画作。2017年上半年，晓岚老师告诉我，高老患病，情况不容乐观。我很担心，马上放下工作赴北京看望他。未承想，那竟是彼此的最后一面。

那天，高老难得穿了一件红色衬衫，却掩盖不住满面愁容。我坐在堆满老虎布偶的沙发上，高老坐在对面的椅子上，一言不发。晓岚老师在旁讲述高老最近的生活起居，我们都心照不宣，不谈高老的疾病。半晌，他发话了：我现在做什么都不行了。耳朵不好，记性也差，真的不中用了。我接上去说：忘掉烦恼，只记快乐，是最好的。他却没有像往常一样笑起来，而是神情严肃地抬眼看我，问：你个人情况怎么样了？这是每回见面必问的问题。因为他的孙媳月月与我同岁，我曾与她同桌吃饭，彼此聊天很合得来。我的回答也依旧是，时间主要用于工作和学习。这回，他显得有些烦躁和不快，说：这样不行。随后依旧一言不发，脸上慢慢堆积起了阴云。彼此静坐片刻，我提议合影，他也没有一丝开心的表情。后来我知道，高老多年来习惯为双目失明的老伴读书读报，陪伴左右，因此他舍不得离开"老虎洞"，离开爱他和他爱的人们。"老虎洞"是这位"硬汉"生命的支柱。

记得那天刚好是5月20日，一个充满爱的日子，我却与这位令人尊敬的长者和智者永诀。

高老逝世的那天，他的音容笑貌不断地在我眼前放电影般地浮现。他的家人说，高老的一生故事很多，他人很饱满。我觉得形容得十分精辟。我们，作为晚辈，作为朋友，作为读者，依旧可以从他的译著、诗作、画作中找到他，触摸到他丰富深邃的精神世界，这些也是他留给我们所有人最好的纪念。

2020年10月6日初稿
2020年11月19日修改

刘明辉，上海图书馆手稿文献整理研究部副主任。

国际友人的缅怀

高莽与俄罗斯的不解之缘

（俄罗斯）库里科娃

"我跟俄罗斯有不解之缘。"说这句话的是高莽，在中国，就精通俄国和苏联的文学艺术而论，他是无与伦比的鉴赏家和普及者。2017年10月6日，这位伟大的文化使者与俄罗斯的联系突然中断了。高莽离开了我们。

2016年10月25日，高莽年满九十岁，他是俄中文化合作的苍穹中最璀璨明亮的那颗星。

我跟高莽相识于1959年6月，那时候我刚从研究所毕业，被派遣到中苏友好协会工作，当时北京大学俄语系主任曹靖华教授担任中苏友好协会会长，高莽是这个协会的翻译。

曹靖华教授这样评价高莽："他不仅是杰出的翻译，他是真正的才子。他将为各国人民之间的友谊与文化合作，做出巨大的贡献。"曹先生的话让我永远铭记在心。

曹靖华教授的这些话是很有预见性的。

高莽一生七十多年致力于翻译评介俄国和苏联的小说与诗歌，让中国读者了解我们的艺术家、雕塑家、戏剧和电影导演的戏剧作品和电影。

自1959年夏天那次令人难忘的会面以来，我跟高莽建立了牢固的友谊。在北京工作期间，我跟他经常接触、交往，后来常常通信，互相打电话问候……他每年都把自己的译著寄给我，这些书在中国出版，印数很多。

前不久，高莽给我寄了一份书单，上面有他的十九本文集或译著，他自己认为那都是最重要的作品。不过，我想说，多年来高莽创作和翻译出版的书籍多达八十余种，其中有诗歌、剧本、专著，涉及俄罗斯文化界许多重要人物。

高莽寄给我的书籍，都有题词、加盖了印章，带有他的手温，我家里有个书架，上面摆满了这些珍贵的著作和图书。我有充分的理由说，在高莽心中，俄罗斯一直占有崇高的位置，他是我们俄罗斯真诚而伟大的朋友。

高莽有一本书，书名是《高贵的苦难》。我浏览这本带插图的书，原来是作家的回忆录。高莽在这本书里讲述了他在哈尔滨的童年经历，讲述了教过他的几位老师，是这些老师引导他接触俄罗斯文学并产生了兴趣。

这本书让我们明白，为了向中国读者讲述俄国和苏联一系列经典作家和他们的作品，从普希金到维索茨基，需要阅读多少俄国和苏联作家的作品，阅读多少他们同代人的回忆录，查阅多少档案资料，该付出多少辛勤和汗水！

这本书跟高莽的许多其他著作一样，我想用一句谚语来形容，就是"透过灌木望星空"，因为翻译和写作这些书籍，需要付出多年的艰苦劳作，像大师那样耗费巨人般百折不挠的努力，可以说，辛勤劳作贯穿了高莽九十年的人生岁月。

我真诚地希望，俄罗斯读者也能阅读和了解《高贵的苦难》这本书，了解这本书的作者高莽，可以说，他是一位天才，精通俄国和苏联文学的行家里手，有许多我们国家伟大作家和诗人的故事，我们的读者并不了解，而高莽却了如指掌，非常熟悉。

高莽，1926年出生于哈尔滨。七岁时，他进入基督教青年会学校，在那里学习了十年。他在《高贵的苦难》这本书的第一章中写道：俄罗斯人和犹太人，波兰人和乌克兰人，爱沙尼亚人和拉脱维亚人，各个民族的孩子在这所学校里读书学习，学校里的老师，大都是俄罗斯人。

高莽写道："从学校回来，我经常哭，因为一开始我听不明白老师们说的话，不知道他们在讲什么，一两年后我才逐渐听懂了俄语……在哈尔滨，除了我的母语，俄语成了我最常使用的语言，除了跟同学们说俄语，在三十年代和四十年代的哈尔滨，还可以用俄语跟俄罗斯侨民进行会话交流。"

在那些岁月里，许多俄罗斯著名作家、诗人和艺术家生活在哈尔滨，他们成了高莽的导师。他从学校里学习的十九世纪俄国作家和诗人的作品中汲取灵感。"正是在那段时间，我认识了俄罗斯文学，这影响了我的一生……在日本占领东北期间，俄国文学成了我的精神支柱……俄罗斯文学为我讲述什么是自由，什么是民主。俄罗斯文学让我明白了，什么是压迫，什么是自由，什么是对祖国和人民的热爱。俄国文学给了我崇高的审美教育……白雪皑皑的辽阔草原，茂密的绿色森林，无边无际的蔚蓝大海，美丽的白桦树……对大自然的描述多么神奇！那种真诚的语言难以模仿！正是俄罗斯文学启发了我的艺术灵感和审美的能力，丰富了我的精神世界。感谢这段学习的岁月，我不仅爱上了俄语，也喜欢跟俄罗斯人接触交往。"

1943年，高莽十七岁。那一年他发表了处女作，屠格涅夫的散文诗《曾是多么美多么鲜的一些玫瑰》，这成为他一生的转折点。正是从这篇作品开始，一直到今天高莽都在从事文学翻译、写作和绘画。

1945年，高莽成为刚刚在中国东北解放区哈尔滨成立的中苏友好协会的一名工作人员。在中苏友好协会，他担任翻译和编辑，并管理协会创建的图书馆。在那几年，他认识了从西部战线来到东北的苏联士兵和指挥官，并跟他们交往。严酷的、饱经风霜的面孔；沉重的皮靴；被汗水浸透的褪色军装；表情温和，对平民百姓充满了同情心……高莽接触过苏联普通士兵，这样的印象保持了很长一段时间。

在中苏友好协会工作期间，高莽阅读了苏联作家班达连柯依据奥斯特洛夫斯基的小说《钢铁是怎样炼成的》所创作的剧本《保尔·柯察金》。这个剧本给高莽留下了深刻印象。他下决心把剧本译成中文。不久，中文译本出现在哈尔滨兆麟书店，1948年由哈尔滨教师协会业余剧团排练演出。

剧中的女主角冬妮亚由孙杰扮演，孙杰当时在哈尔滨一所小学当老师。孙杰与高莽相遇，相爱，很快结婚成为夫妻。《保尔·柯察金》演出取得了巨大的成功。有三年多时间，孙杰没有离开过哈尔滨教师业余剧团的舞台。1950年这个剧本由北京当时最好的中国青年剧团演出。剧院导演是莫斯科国立戏剧艺术学院毕业生孙维世……1958年，我有幸结识了这位才女，她很快就成了北京青年剧团的首席导演。我记得她以真正的热情和喜悦向我讲述了剧本是由高莽翻译的，演出非常成功。

新中国成立后最初几年，"向保尔看齐"成了中国青年学习的口号。

1954年高莽调到北京中苏友好协会工作。1999年，中华人民共和国成立五十周年前夕，对读者进行问卷调查影响最大的五十本书，《钢铁是怎样炼成的》排名第一。

作为翻译人员，高莽陪同中国文化界代表团多次访问苏联，代表团成员都是文化界名人，比如俄语界著名学者曹靖华、戈宝权、叶水夫，还有著名作家和艺术家，如丁玲、巴金、老舍、茅盾、梅兰芳等等。

高莽一直认为，老同志是他一生学习的榜样，他特别敬重曹靖华教授和戈宝权先生，这两位都是俄语界的专家，是研究俄国与苏联文学的领军人物。高莽说过，正是通过阅读曹靖华和戈宝权的翻译作品，他才认识了普希金、契诃夫、列夫·托尔斯泰、高尔基、肖洛霍夫、西蒙诺夫、法捷耶夫、卡达耶夫等杰出作家和他们的作品。

参与中苏友好协会的工作，使高莽有机会与许多苏联作家和文化界名人建立个人联系。在莫斯科、列宁格勒、各个加盟共和国首都，他认识了作家波列沃伊、吉洪诺夫、艾特马托夫、马克西姆·唐克、瓦西里耶夫，画家维列伊斯基，雕塑家阿尼库申，翻译中国古代作品和当代小说与诗歌的汉学家费德林、艾德琳、索罗金、巴斯曼诺夫等。

高莽还给访问中国的中苏友好协会代表团当翻译，代表团成员都是著名的苏联作家和诗人、戏剧和电影导演。因此，1954年他见到了苏联英雄卓娅和舒拉的母亲科斯莫杰米杨斯卡娅。1956年结识了《钢铁是怎样炼成的》的作者奥斯特洛夫斯基的遗孀赖莎·帕尔菲利耶夫娜·奥斯特洛夫斯卡娅。

1962年，高莽作为俄罗斯文学专家、外国文学专家，调到《世界文学》杂志编辑部工作。他在这家杂志社任职二十多年，从普通编辑，晋升为编辑部主任，直到后来成为《世界文学》杂志主编。

高莽在这家杂志社的长期任职，使他有机会结识许多世界文化名人。他继续致力于把自己的本职工作做好，长期关注世界文学和俄罗斯文化界的重要人物与作品。

根据高莽自己的说法，对俄罗斯文学的热爱是他的第一要务，也是最执着的爱，是他一生中真正的奉献。

眼前是高莽的著作《历史之翼——品读文化名人》。我翻阅这本书，作者的广阔视野，让我惊讶不已。我翻阅到有关俄国和苏联作家的章节，有列夫·托尔斯泰、陀思妥耶夫斯基、高尔基、肖洛霍夫等作家的画像和文章。高莽对这些杰出作家的生平不仅了如指掌，介绍他们的字里行间渗透着深厚的个人情感与喜爱。高莽在几十年的创作中先后出版了八十多本专著、译著、文集、画册。还撰写了大量的论文和评论，高度评价俄国和苏联文学艺术界的人物和作品。

高莽学术视野的广阔令人惊叹：普希金和莱蒙托夫，托尔斯泰和屠格涅夫，高尔基、马雅可夫斯基、阿赫玛托娃、茨维塔耶娃、曼德尔施坦姆、阿赫玛杜琳娜、沃兹涅先斯基、罗日杰斯特文斯基、叶甫图申科、德鲁尼娜以及其他诗人和作家都是他翻译与研究的重点。

高莽创造了很多项"第一"：他第一个向中国读者翻译介绍维索茨基的歌词、第一个翻译马雅可夫斯基的剧本《臭虫》和《澡堂》、第一个翻译和研究阿赫玛托娃的《安魂曲》、第一个翻译帕斯捷尔纳克的自传《人与事》。高莽还翻译了诗集《士兵之歌》，撰写了《卡尔·马克思的青年时代》。他为电视台撰写了剧本《马克西姆·高尔基》。另外，《苏联文学史》的一些章节和《外国文学百科辞典》有关苏联文学的词条也出自他的手笔。

由于高莽的介绍，中国的研究者和评论家才认识了我们的雕塑家、画家阿尼库申、阿里特曼、维列斯基、特鲁别茨基，认识了诗人布罗茨基以及他们的作品。

1989年高莽从《世界文学》编辑部退休，不再担任主编。然而，对于富有创造力、真正的学者们说来，退休并不意味着学术工作的结束，高莽就是这种退而不休的人。凭借多年的翻译经验、深厚的文学艺术造诣，他将生命的最后二十七年献给了文学艺术创作。

1994年，高莽出版了散文随笔集《妈妈的手》。高莽孝敬他的母亲，由于孝顺的儿子和儿媳的细心照料，老人家活到了一百零二岁的高龄。在这本书里，有相当多的篇幅涉及俄罗斯作家和艺术家，高莽经常给母亲讲这些人的故事。

九十年代末，高莽的散文集《域里域外》《四海觅情》问世，这两本书都属于国内外作家和艺术家的剪影，图文并茂，内容生动。与此同时，高莽一如既往关注俄罗斯题材。

2004年，高莽的著作《圣山行——寻找诗人普希金的足迹》出版。高莽对普希金怀有特殊的情感，他把普希金称呼为"俄罗斯诗坛的太阳"。高莽翻译了普希金近百首诗歌，还有长诗，他不仅喜欢诗人创作的爱情诗，同样喜欢诗人创作的政论诗，因为普希金向世界宣告："诗歌的灵魂是自由！"

2006年出版了《俄罗斯美术随笔》。

2010年，高莽出版了精美画册《高莽的画——肖像与风景》，献给中国人民的俄罗斯朋友，俄罗斯文化界的名人，以及让画家高莽难以忘怀的俄罗斯风景。翻阅这本书，仿佛置身于特列季亚科夫画廊或俄罗斯博物馆的大厅当中。画册中不仅收集了大量的解释性的文字，还附带讲述了十九世纪后期的俄国现实主义艺术家，讲述了代表社会主义现实主义流派的苏联艺术家的故事。

2016年出版的《普希金绘画》一书中，囊括了高莽描绘普希金的二百多幅素描，以及俄国这位大诗人作品中提到的同时代人的多幅人物肖像。

高莽的著作《灵魂的归宿：俄罗斯墓园文化》和《墓碑·天堂》在中国舆论界引起了巨大反响。高莽在这本书中写道："莫斯科有很多我去过的地方，我在我的画中捕捉过……但我不能不提到一个地方，这就是新圣女公墓，拥有令人惊叹的艺术墓碑——俄罗斯的历史和文化。坟墓前有一束鲜花，似乎将生者与死者的感情融为一体。沉默在这里占据主导地位。我念着墓碑上那些熟悉的名字，一张一张面孔站在我面前，宛如一张张活人的面庞。他们是中国人民的朋友，是中国读者喜爱的作家和诗人。"高莽描述作家法捷耶夫、爱伦堡、契诃夫、尼古拉·奥斯特洛夫斯基，诗人马雅可夫斯基，电影导演艾森斯坦、卡尔曼。高莽写道："半个多世纪以来，我有幸结识了许多优秀的人……他们中的大多数永远离开了我们。我有责任向当今健在的一代人传达俄罗斯作家和艺术家对中国的友好感情。"

讲述俄罗斯礼仪文化的《灵魂的归宿：俄罗斯墓园文化》》一书在中国引起了广泛的好评。这本书不仅包含了画家创作的草图和墓碑草图，还讲述了普希金、果戈理、莱蒙托夫、屠格涅夫、列夫·托尔斯泰的生活与创作以及不为人知的逸闻趣事。书中还讲述了十九世纪著名的汉学家比丘林，作曲家柴可夫斯基、肖斯塔科维奇，舞蹈家乌兰诺娃的故事。本书还用很大的篇幅介绍俄罗斯外交官和汉学家、莫斯科国立大学罗加乔夫教授，汉语名字罗高寿，1950 年代著名的苏联国务活动家阿尔希波夫，在中国工作的苏联专家都归他领导。西林是享有盛名的桥梁专家，武汉长江大桥就是他主持设计修建的。北京电影制片厂依据高莽的著作《灵魂的归宿》摄制了一部十二集的纪录片。影片不仅在中国大陆放映，也在香港地区上映并取得了巨大成功，吸引了大量的观众。

2006 年是中国的俄罗斯年。高莽以另一部绘画作品的出版表示庆祝：《我画俄罗斯》在北京人民文学出版社问世。高莽在前言中讲述了他在哈尔滨度过的童年和青年时期的故事，回忆了 1953 年第一次难忘的莫斯科之行。在"苏联·俄罗斯联邦写生画"部分，高莽写道：

> 即使在学校，在哈尔滨体育馆，我也读到了诗人莱蒙托夫关于莫斯科的诗，我心里充满了兴奋。那时我多么梦想看到金色圆顶的莫斯科，在俄罗斯首都的钟声中呼吸，感受它

的气息……

1953 年我第一次来到期待已久的苏联，在那里我亲眼目睹了莫斯科，克里姆林宫参差不齐的红墙，鹅卵石铺成的红场，著名的莫斯科大剧院，古老的修道院和新建筑……莫斯科！我梦想中的城市！这里的一切，一切对我来说都是如此新鲜和令人赞叹——绿色阴凉的街道，耸立着纪念碑的众多广场，莫斯科市民匆匆忙忙赶往某个地方。我画了莫斯科的街道、人物、会议室的内部陈设……几十年来，我画了很多速写，自己都数不清究竟画了多少。

《我画俄罗斯》全书共三百一十页，收入了一百多幅肖像和素描，那是俄罗斯作家、诗人、文化艺术工作者、外交官、公众人物、汉学家的肖像，附带有或短或长的评论，讲述了高莽一生的经历，他所结识的俄罗斯朋友，他们相遇、交流、彼此友好的令人感动的故事……画册中有他著名的大型水墨画《赞梅图》。京剧大师梅兰芳处于画面的中心位置，围绕着他的世界文化名人共有二十一位。这幅水墨画是特意为梅兰芳诞辰一百周年创作的，现保存在北京梅兰芳纪念馆。画面上的世界文化名人当中有斯坦尼斯拉夫斯基、涅米罗维奇—丹钦柯、梅耶荷德、塔伊罗夫、夏里亚宾、爱森斯坦、柯年、赖赫、汉学家阿列克谢耶夫院士等。另一幅大型水墨画《巴金和他的老师们》，画面上描绘的俄罗斯作家有赫尔岑、屠格涅夫、列夫·托尔斯泰、高尔基。

在这本画册的后记中，高莽写道：

我和俄罗斯的情缘历时远不止半个多世纪。我研究过俄国（包括苏联时代）的文学艺术，翻译过作家和诗人们的作品，写过有关俄罗斯文学和艺术的著述。

在研究和翻译俄罗斯文学的同时，我也在从事绘画事业。我画的对象主要是各国先进的知识分子，较多的是俄罗斯文学艺术界人士。我一直努力揭示他们的精神世界与心灵的壮丽。

我已年满八十。绘画在我的一生中带来过痛苦与悲伤，但感受更多的是幸福与欢乐。

我愿将我剩余的岁月和微薄的劳动，继续贡献给巩固人民之间永远的伟大的友好事业！

这是我生活经历的需要！

这是我艺术创作的追求！

这是我灵魂的歌！

高莽说到做到。2007年，俄罗斯的中国年，俄中友好协会庆祝协会成立五十周年之际，高莽才华的崇拜者们收到了一份厚礼：俄中友好协会、国家博物馆和尼古拉·奥斯特洛夫斯基博物馆联合组织了高莽个人绘画展览。墙上悬挂着 二十五幅水墨画。展览作品处于中心位置的是《普希金在长城上》。画家高莽用这幅水墨画体现了诗人未实现的访问遥远中国的梦想。还有普希金在白雪皑皑的米哈伊洛夫斯克的画像，以及普希金在莫斯科和圣彼得堡纪念碑的巨幅彩色照片。

画展开幕式庄严隆重，画家高莽说：1937年，他才十一岁，在哈尔滨俄罗斯侨民子弟学校读书，为了纪念诗人普希金逝世一百周年，他画了第一幅普希金肖像。

1999年，诗人诞辰二百周年之际，高莽创作了普希金组画，画家创作了十二幅水墨画，约请他的朋友在画上题词。这组绘画作品，最早在北京人民大会堂展出。在中国人民对外友好协会和中俄友好协会倡议下，举行了庄严的活动纪念这位俄罗斯大诗人诞生二百周年。高莽也把他的绘画作品带到了莫斯科。他们在艺术学院的大厅里展出，受到了参观者的热烈欢迎。

2007年在莫斯科展出的水墨画作品，大部分是高莽画的俄国和苏联作家、诗人肖像：普希金、果戈理、赫尔岑、托尔斯泰、契诃夫、陀思妥耶夫斯基、高尔基、阿赫玛托娃、马雅可夫斯基、法捷耶夫、尼古拉·奥斯特洛夫斯基、肖洛霍夫、格拉宁、巴克拉诺夫、阿斯塔菲耶夫、罗伯特·罗日杰斯特文斯基、叶甫图申科等等。这些水墨画肖像，笔墨的准确性和灵活性，让众多参观者惊叹不已，人们佩服画家对于人物精神世界深入把握的能力，赞扬画家表现人物命运的才能与创造力。

展出的作品还有中国水墨画《春雨》《白天鹅与小红莲》，中国文学经典作家鲁迅、老舍、茅盾、巴金的水墨画像，这些作家都喜爱俄国和苏联文学作品。高莽在展览开幕式上讲话时还说道：2007年1月，俄罗斯中国年伊始，他的著作《白银时代》在北京出版。这本书向中国读者介绍了白银时代俄罗斯文化的杰出人物，如诗人勃洛克、古米廖夫、阿赫玛托娃、帕斯捷尔纳克、曼德尔施坦姆、茨维塔耶娃、马雅可夫斯基和叶赛宁及其作品，他们的肖像也在莫斯科画展中展出。参观者对画家高超的绘画技巧格外赞赏，在画展留言簿上留下了许多好评与感谢的话语。

科热米亚克在《苏维埃俄罗斯》杂志上发表评论，对画家高莽赞赏有加，称赞画展为"爱的功勋"。作家兼艺术理论副博士皮库列娃在《俄罗斯—中国·21世纪》杂志上发表文章称赞高莽为绘画大师，文章标题为《对优秀的俄罗斯文学的由衷热爱》。参观画展的观众留下的赞许和好评数以百计……

叶赛宁博物馆工作人员别特拉克娃写道:"要描绘这样的出神入化的艺术肖像,传达出俄罗斯文学作品的民族风味和内在精神,该需要多么热爱俄罗斯,热爱俄罗斯人民,热爱俄罗斯文学艺术啊!……这些绘画作品,哪怕只看一次,就永远不会忘记画家的名字和他的创作,这位画家热爱俄罗斯,拥有开阔的胸襟和一颗博大的心。"

我们在画展留言簿上看到了博卡列娃对画家的感谢,她写道:"深深感谢您热爱俄罗斯,热爱俄罗斯的精神传承!我们的作家、诗人被您描绘得如此传神,立刻就能辨认,欣赏,您特别准确地再现了他们的悲剧意识、抒情性和戏剧性,似乎他们在凝视着你的心灵。"

像这样真诚感谢高莽的话语还有很多。作为高莽的老朋友,我也很想加入到这些赞赏者的行列里,对高莽深表谢意,感谢他在俄中友好协会成立半个世纪之际馈赠给我们的无比美好的礼物。

高莽的作品不仅令莫斯科人满意,也令上海市民满意,2007年高莽在上海举办了画展,展出了他的一百五十幅作品,取得了巨大成功。这次展览首先向上海市民介绍了俄国和苏联文学艺术的领军人物。不得不提高莽对俄罗斯女诗人作品的关注。他翻译了阿赫玛杜琳娜、丽玛·卡扎科娃、希帕欣娜、拉克什等女诗人的作品。然而,据高莽本人说,他对安娜·阿赫玛托娃一直情有独钟,2011年他在台北人间出版社出版了长诗《安魂曲》的译本。

2008年,高莽又出版了他的另外三本书:《历史之翼——品读文化名人》《人生笔记》和《墨痕》。这几本书包含着他的生平故事,与俄罗斯及其文学艺术的密切关联,他与世界各国八十四位著名作家、艺术家、科学家、文化艺术名人的接触交往,为这些名家绘制肖像,讲述他们的逸闻趣事。高莽的这些著述堪称《我与俄罗斯》,甚至可以叫作《俄罗斯文艺百科全书》。

2008 年 9 月 1 日,俄中友好协会名誉主席、俄罗斯著名汉学家齐赫文斯基庆祝诞辰九十周年之际,高莽向莫斯科寄赠了一幅谢尔盖·列昂尼多维奇的水墨画肖像。而到了 2009 年 4 月 27 日——俄中友好协会主席、远东研究所所长季塔连科七十五岁寿辰,高莽又画了一幅米哈伊尔·列昂季耶维奇的水墨画肖像寄到莫斯科,为俄罗斯朋友寿辰祝贺。

2001 年 1 月,俄罗斯联邦驻华大使罗高寿(罗加乔夫)为俄罗斯对外友协主席、俄中友好协会第一副主席库里科娃即将离任返回俄罗斯,组织了一次告别招待会。

大批来宾聚集在俄罗斯驻华大使馆礼堂。大厅内悬挂着库里科娃的大幅肖像,那是高莽精心绘制的水墨画肖像。画像上不仅有高莽的签名,很多在北京工作的中国朋友和同事都留下了温暖的话语……不知疲倦的高莽,无与伦比的画家,成了俄中文化合作天空中最为璀璨亮丽的星……

高莽是中华人民共和国作家协会会员,中华人民共和国美术家协会会员,中国翻译协会会员。他是许多荣誉称号和奖项的获得者。中国社会科学院推举高莽为语言与文学学部"荣誉研究员"。

"翻译活动杰出成就奖",中国翻译工作者协会授予他资深翻译家荣誉证书,表彰他从事文学翻译所取得的卓越成就。中华人民共和国文化部授予他奖章,表彰他"在中国翻译传播普希金著作所建树的功绩"。

高莽拥有俄中友好协会的多枚"为友好事业奉献力量"纪念奖章和荣誉证书,他一直担任俄中友好协会的顾问。高莽为俄罗斯文学艺术在中国的普及做出了卓越贡献,在我国获得了崇高的奖励和荣誉称号。如前所述,他是俄罗斯国家友谊勋章的获得者;高莽由于在中国翻译介绍尼古拉·奥斯特洛夫斯基的生活与创作,2004 年荣获奥斯

高莽画加林娜·库里科娃（2000年）

特洛夫斯基奖章。

1996年俄罗斯作家协会吸收高莽为荣誉会员，并授予他高尔基勋章。

1997年俄罗斯联邦第一任总统叶利钦因高莽对中苏中俄文学艺术交流的贡献而授予他"友谊"勋章。

1999年俄罗斯科学院远东研究所授予高莽名誉博士称号，表彰他"为加强俄中两国人民相互了解和友谊做出的巨大贡献，以及为发展俄中文化合作、翻译与传播俄罗斯文学取得的杰出成就"。同年，俄中友好协会为他颁发了"俄中友谊纪念章"。这一年的10月，是普希金诞生二百周年，俄罗斯联邦文化部授予高莽普希金纪念章和荣誉证书。

2005年9月俄罗斯国际科学文化合作中心主席米特罗法诺娃授予高莽"友谊贡献"荣誉奖。

2006年2月俄驻华大使拉佐夫代表俄罗斯美术研究院授予高莽"荣誉院士"称号。

2006年5月俄罗斯作家协会因高莽对传播俄罗斯文化有突出成就而授予他高尔基奖。

2007年10月，在俄中友好协会成立五十周年之际，协会主席季塔连科为高莽颁发了俄罗斯最高的奖项——"为发展俄中关系做出贡献"的荣誉勋章。

除了这些高级头衔和奖项，同样重要值得添加的还有一点：高莽是个大写的人，他知道如何将才华和非凡的勤奋与高尚的品质相结合：不仅对祖国有责任感，对亲人、亲戚和朋友同样充满了爱心。命运为他准备了艰巨的考验，妻子孙杰是他忠贞的伴侣，一生支持他。记得高莽在"文化大革命"最艰难的岁月里，一度感到绝望，那时候正是孙杰劝慰他要坚强地活下去。在妻子的帮助下，他树立了一种信念，再次拿起笔，翻译、写作、绘画，尽力施展他的创作才能。1996年，孙杰双目失明。当时我正在北京工作，亲眼目睹了高莽的痛苦……但是奥斯特洛夫斯基的不屈不挠的精神帮助这对夫妻找到了力量。高莽变成了妻子的眼睛和帮手。就像他多年以来，一直悉心照料母亲。他为妻子读他刚刚翻译的作品，谈论文学，陪她散步，为她按时点眼药水。在我们最后一次电话交谈时，高莽说如果我要写文章介绍他的事迹，千万不要忘记一点，说他生活中有三个心爱的女人：一个不识字的母亲、一个贴心的妻子和一个时时处处帮助照料他的女儿。高莽说："我必须活下去……为了妻子和女儿活着。因为她们需要我的帮助。"

2016年，我跟高莽最后一次见面，当时作为俄中友好协会代表团的团员，我到中国参加俄罗斯联邦和中华人民共和国签订睦邻友好合作条约十五周年的纪念活动。

在北京人民大会堂举行了由俄罗斯联邦总统普京和中国国家主席习近平参加的庄严会晤。在这次活动中，我见到了许多老朋友——中俄友好协会的领导人和协会的工作人员，但高莽却不在其中。有人告诉我，他身体不好，因此我到他家里去看望他，以前我曾多次去那里拜访。

高莽看上去有些苍老，他说，这大概是我们最后一次见面了。他把新出版的《阿赫玛托娃》诗文集题写了亲切的赠言，送给我留作纪念，安娜·阿赫玛托娃是高莽最喜欢的俄罗斯诗人。

我永远不会忘记这是我们最后一次会面。

2016年10月10日，俄中友好协会在文化信息中心组织了一次晚会，专门介绍高莽的生平与创作。稍后，10月25日，俄中友好协会主席签署信函，热烈祝贺高莽九十寿辰，高度赞扬他对我们国家和人民文化合作所做出的卓越贡献。

谷羽译　2021年1月1日

奥列格·巴维金回忆高莽

（俄罗斯）奥列格·巴维金

一

高莽的为人可说具有传奇色彩，如果可以这么形容的话，在他身上体现了中俄友谊延续七十五年以来最为杰出的象征。1926年10月25日，他出生在哈尔滨，在那里度过了童年和青少年岁月。二十世纪前半叶，这座城市里居住着数十万俄罗斯侨民。俄罗斯画家科列缅季耶夫和奥西波夫成了他的美术老师。高莽翻译了很多俄罗斯经典文学作品，1943年翻译屠格涅夫的散文诗是他的试笔之作，当然，他翻译了普希金，包括他的抒情诗全集。他还翻译了列夫·托尔斯泰、高尔基、阿赫玛托娃、叶赛宁、帕斯捷尔纳克，以及众多当代作家和诗人的作品。

作为画家的高莽，曾经为普希金画过一系列肖像，其中有油画，也有水墨画肖像。1937年他为普希金画了第一幅肖像，那时候他才十一岁。高莽是肖像画家，曾经为苏联和俄罗斯很多作家和文化界人士绘制肖像。

从1962年起，高莽在《世界文学》编辑部工作，后来成为这家杂志的主编，直到1989年退休，他为中国读者了解俄罗斯文学做了大量工作。

记得 1998 年年初，我跟俄罗斯作家代表团的成员访问过高莽，有两个多小时看他的绘画作品，其中有果戈理、赫尔岑、屠格涅夫、高尔基的画像。那一次高莽把列夫·托尔斯泰的画像送给我们做礼品。1997 年俄罗斯联邦总统叶利钦授予高莽友谊勋章，表彰他为巩固和发展俄中文化联系所做出的巨大贡献，他获得这样的荣誉可谓实至名归。在此之前不久，俄罗斯联邦作家协会授予他荣誉会员称号，稍后俄罗斯联邦科学院远东研究所授予他名誉博士称号。

还有一件事叫人难忘，1999 年年底，当高莽得知，斯摩陵斯克地区为诗人米哈伊尔·伊萨克夫斯基筹建纪念碑资金短缺，他主动联系了电影协会的领导人之一孟广钧，香港音乐人齐永进，俄苏歌曲翻译家、友谊勋章获得者薛范，赖恰友教授等十多人，捐出了 4200 元，纪念《喀秋莎》的作者，这支歌在中国已经成了广为流传的民间歌曲。

我家墙壁上挂着高莽的自画像，题词令人感动："亲爱的奥列格·米特罗方诺维奇。永远不会忘记，您陪伴我走遍了俄罗斯迷人的伏尔加河流域。感谢您给予我这样难得的机遇，不仅欣赏了俄罗斯的优美风光，更领略了俄罗斯人的宽广胸襟。高莽，1999 年 6 月 30 日。于莫斯科。"

我和高莽的这次文学观光之旅的路线如下：莫斯科—博罗季诺—格扎茨克—斯摩陵斯克—米哈伊洛夫斯克—普斯科夫—罗日杰斯特维诺—加特齐纳—维拉—圣彼得堡—列宾诺—科马罗沃—普希金城—诺夫哥罗德—瓦尔代—科林—莫斯科，这次文学观光之旅的成果促成了高莽以下几本新书的诞生：《俄罗斯大师故居》《最后的归宿》《向圣山致敬》，这些著作都是献给普希金诞生二百周年的礼物，这个纪念活动从 1999 年 6 月 19 日开始，而官方组织的隆重纪念仪式才刚刚结束不久。

二

邀请赴莫斯科参加这次活动,我所认识的中国朋友,有高莽,还有当时担任北京大学俄语系主任的任光宣教授,上海外国语大学郑体武副教授,原计划由我开车陪同他们三个人旅游观光,最后只有高莽一个人跟我做伴完成了这次难忘的行程。

2007年10月,在莫斯科举办了俄中友好协会成立五十周年庆祝活动,奥斯特洛夫斯基纪念馆组织了高莽人物肖像画展。很多参观者在留言簿上题词感谢画家、作家、翻译家高莽,感谢俄罗斯人的这位好朋友,认为他的书画作品深深感动了俄罗斯人民和中国人民的心灵。

2012年在筹划《俄罗斯人心目中的中国》这本书的过程中,我给高莽打电话,祝贺中国的春节来临,向他致以问候,并咨询那次旅游观光的几个细节,那一次才意识到我的这位老朋友已经八十六岁了,不久前得了一次重感冒,高烧不退,好在不长时间身体就康复了,听他的声音还是那样乐观开朗。高莽问我,什么时候到中国来看望他。我答应他不会拖延很久,果真很快就访问了中国,并且见到了他。最近几年,我跟他多次见面,每一次见面都会带给他俄罗斯朋友们的亲切问候,还有他订购的新近出版的俄语书籍、辞典、百科辞典以及图书画册。

可以毫不夸张地说,高莽一辈子关注俄罗斯发生的变化,对文学绘画的新生事物保持着浓厚的兴趣。2016年年底,我有幸在北京参加了老朋友高莽的家庭聚会,庆祝他的九十寿诞。他精神矍铄,在赠送给我的新书上签名留念。

我跟高莽最后一次见面是2017年9月27日,距离他逝世只有几天的时间。当时我应著名作家冯骥才的邀请到中国访问，在天津得知高莽病重住院，我赶到北京，见到了高莽的女儿晓岚，她跟我说，高莽想跟我见面。在一间宽敞的特护病房里，里面有三张病床，那时候每个患者都有亲戚朋友来探望。看到我的老朋友面容衰老，非常消瘦，留着胡子，我几乎认不出他来了。

我们回顾了二十年前那次文学观光之旅。高莽似乎忘记了病痛，眼睛闪烁着光芒。他在我们的扶持下坐了起来。这时候有几个医生进来查视病房，他们难以掩饰内心的惊讶：这是怎么回事?! 一个病危的患者，忽然跟来探视的人说话，而且说的是俄语。我跟高莽告别，也跟晓岚和她的丈夫告别，忍不住泪水淋漓。我们都明白，这是最后一次相见。回到莫斯科，我收到了这位中国老朋友逝世的信息。眨眼之间，过去了三年。我跟老朋友的女儿晓岚、女婿徐永强继续保持着联系。高莽离开了我们，但我们对他的思念永存。

谷羽译　　2020 年 8 月 31 日

附记：奥列格·米特罗方诺维奇·巴维金，中俄友好协会副主席，是高莽先生多年的朋友。

献给译者高莽的诗

（乌克兰）斯吉尔达

一

这个翩翩少年

从事翻译绝非偶然，

他在哈尔滨俄国侨民群中长大，

掌握了俄语如同母语一般。

他阅读俄国文学佳作，

醉心于大师们的名篇。

他努力学习，认真工作，

试译俄国文学经典……

本应享受幸福的生活，

可是日寇对中国进行蹂躏。

天天面对侵略者

残酷血腥的事件。

他的个性是在俄罗斯文学中
受到感染。

岁月悠悠地流逝，
如今一位尊敬的长者
坐在我的眼前。
语言难以表达
他一生所经历的悲欢。
他成了文学家和画家，
他画的感人的谢甫琴科像
我们悬挂在使馆大厅中间。

他对我说："你的诗
读起来不习惯，
有先锋意识，有理性观念。"
他不知道是否能翻译，
接受起来感到困难。
如今，他在我身旁，
译文草稿摊在眼前，
稿纸上画满条条杠杠，
问号和惊叹号，
纸边上空白处把各种注释写满。
我恍然意识到，
从来没有一个人，
如此认真细致地
读过我的诗篇……

我心想："译我的作品，他需要付出

多大的气力！！"

他似乎把我的想法看穿，

他说："你可知道我的笔名？

翻译要付出心血和汗水，

所以我的笔名就叫——乌兰汗。"

二

高莽有个迷人的女儿，

她不会俄语，我不会中国话。

我们俩只能面面相觑和微笑。

平时她总是陪着父亲，

聆听他的发言，悉心关照他，

为他拍照，摄制美好生活，

细心把他的话记下。

我丈夫望着晓岚，

不胜惊讶。

他说："孔夫子教会中国人

孝敬自己的父母……"

我说："她那颗善良的心

也许是上天的造化？"

三

我希望你的眼睛——

永远闪烁着灵感和喜悦，

希望你牢牢握住手中的钢笔，

希望你心与时代合拍跳跃，

希望你的声音洪亮，充满信心，

希望你的天才总给人们带来和谐，

希望太阳每天照耀你的家，

希望你始终前进，坚持不懈，

并让人牢记古老的箴诫：

人——就是光明，

光明永远不灭。

高莽 译

中国的呼吸

——高莽与柳德米拉·斯吉尔达的谈话录

高莽（以下简称"高"）：我把您描写中国的作品译成了汉文。首先想告诉您，这是一部罕见的书。中国，现在是世界媒体关注的国家之一。无论是我国还是外国，每年发行大量的著作。然而外国人用一本诗集来写中国的，在我记忆中还很少见。

斯吉尔达（以下简称"斯"）：高莽，首先我衷心感谢您的翻译。感谢您为我提供的各种建议，感谢您和我多次交谈，感谢您对我讲的热情的话。您担负起如此艰巨的劳动，给予我和我的国家崇高的荣誉。

　　世界上任何一位诗人，他的作品如能译成汉文，都会感到是莫大的荣幸。世界历史上正是中国诗词最早得到极其广泛的发展。中国诗词艺术中最古老的经典作品《诗经》，对中国文学的发展，也对远东一些国家如朝鲜、日本、印尼等都产生过巨大的作用。至今它仍然具有极大的意义，是世界文学上不可超越的高峰。

高：您的作品被译成英文、俄文、意大利文、希腊文、朝鲜文、日文、阿拉伯文、葡萄牙文、乌兹别克文和世界其他民族文字。我听说，您来到中国之前，在欧洲出席过您的新书发布会。现在世界诗歌处于怎样一种状态？您是否看到了它有效的发展前途？或是感觉到某些不景气的成分？

斯：谢谢您提出这么一个复杂的，但确实极其重要的问题。我的生活好像是由两个相等重要的半圆组成的。我在欧洲——奥地利、德意志联邦共和国、法国——生活了多年。二十一世纪初我在日本，如今又到了中国。

东方和西方，两个极不相似的世界，却在我的生平中相会，在我心中交叉起来。由于命运的安排，我有了可能对它们进行研究和比较。

诗歌无疑是有生机的！我深信它和世界上一切美的事物一样，是永存不朽的。然而信息革命起到了自己的作用，顺序的重点调换了一下位置。用手把诗抄写在笔记本上和背诵诗的时代已经过去。那时诗歌晚会能够聚集上万个听众。

诗歌现在变得更精练了，不太通俗了，但这并不能说明它是停滞了，诗歌是在寻找另一种生存方式。

以中国的唐诗发展为例。当时有多少人在写诗——最伟大的李白、杜甫、王维、孟浩然。您知道，《全唐诗》中收集了两千多位诗人写的近五万首诗。我不知道世界诗歌史上何处还有如此高的顶峰。显然，现在很多事物都发生了变化，然而诗歌像过去一样是有生机的！

高：当我翻译您的诗时，我为您对中国文化、文学、哲学和各种知识的热爱感到由衷地敬佩。中国是怎样进入您的生活的？

斯：啊，说来话长了！我很偶然地发现一本诗集！李白的《咏情抒怀》。那是1956年莫斯科出版的一本小小的诗集，译者亚·奇托维奇，译得很出色。诗中的一切都不寻常——无论是名称还是主题，无论是音节还是韵律，无论是现实还是历史。总之，这是用诗歌风笛奇妙地演奏出来的中国。这种美永远征服了我。

我这一辈子全部是处在只有我自己所能理解的与中国的联系中。知识积累得慢而又慢。我是专业文学家，我将收集到的信息分别放到各种不同的橱格里。对中国也是如此。我将历史、哲学、艺术、文学分类集中。各种知识安排得妥妥当当，使用起来就得心应手。在需要的时候它们也就自然而然地浮现在意识中。

高： 您在欧洲生活了多年，熟悉西方的文化与文学。同时东方，正如您所说，也早就进入了您的精神领域。您是怎样看待东西方两种不同的文明的？

斯： 首先正像您说的，这是两种不同的文明。西方为人类作出很大的贡献。我不必历数。现代科技进步的水平，无疑是西方知识潜能的产物。这种进步最有标志性的特点是实用主义，它大大地限制了迸发的精神激情。西方有价值的理想和它在相当程度上的基督教观念分道扬镳。其实，它很轻松地又毫无痛楚地被置之脑后。如此，西方出现了一定程度上的精力疲劳。世界准备接受新的思想、新的精神。

这种新思想，毫无疑问，今天表现在东方，或更确切地说存在于东方。我们的星球在危机时期特别明显地感受到了这一点。中国已成为全人类乐观主义的唯一发动机，因为在全面下降的背景下，中国的生产不断地上升，这不能不给人以影响。至于今天在东方——韩国、印度、日本、蒙古——发生的事，毫无疑问，给人以信心并提出方向。

我绝对相信，我们正处在东方新的向上旋转的门前。同时大家都了解西方存在一些无法解决的问题，如人口问题——生育的急剧下降；生态问题；道德问题，它已经化为精神问题。换一句话说，完全丧失了神圣的价值，其实质就是走向死胡同。

高： 您的意思是说，今天的东方已经具备了巨大的潜能？

斯： 您的意见很接近实际。今天，可以向东方学习很多东西，这就是说——主动权在东方。

再说，人类很多圣贤都来自东方，他们一定会"回归"，如孔子又回到了中国。

高： 我怀着浓厚的兴趣翻译了您关于孔子的一组诗，我心想——这位乌克兰女诗人，这颗斯拉夫人的心，怎么能够如此深刻而又细腻地接受最古老的思想。这是否意味着，今天孔子已为大家所理解，因此也就为今天所需要？

斯： 毫无疑问，正是如此！不仅如此，阅读孔子时，我产生一种无法克制的愿望，即应当以百万册印制他的思想。某一位先人曾经说过："促使进步发展的是金钱，促使道德发展的则需要圣贤。"对这句话不能不赞同。

今天，比任何时候更需要有一善于指出正确的、理智的、道德方向的圣贤，帮助恢复丧失的价值，如家庭、敬老、崇爱自然，借以代替野蛮的积累等等。毫无疑问，孔子适合时代，也为时代所需要。我深信，他的教诲对于迷失方向的灵魂有催醒作用，也许是拯救作用。

高： 今天的世界对孔子具有巨大的兴趣，绝非偶然。有人对某些问题并不同意，但总的来讲，世界已经到了必须向好的方面转变的时刻。

不久以前，我也重读了《论语》，他关于"美"在人生中的作用是有独到的见解的。

斯："尽美矣，又尽善也"——孔子这句格言伴他度过一生，并传授给我们。艺术，换句话说——美好的事物，无疑应当是人的一生中主要伴侣。不是财富，不是荣誉，不是权势，——而是美好的事物，使人的灵魂变得高尚，赋予存在以精神意义。

当我在中国旅行时，游览那些杰出的、异常美丽的花园和公园时，我的赞叹难以用语言形容。每次漫步在画满花草的游廊，或伫立在湖畔的亭台上，我就想到创造这种美的人，想到他们也许不曾意识到自己不仅给我们留下人造的景观，而且还留下了某种"哲学理念"，揭示了世界观、心灵和思想的状态，美学兴趣和宗教信念，精神财富以及对人生的理解，即融汇于自然中的无上的幸福感受。

高：是的，您写的关于颐和园的诗很有趣，这座大型公园也是具有世界意义的少有现象。

斯：关键是全中国各地都有大大小小的"颐和园"，座座让人心旷神怡，诗意盎然，独一无二。我不止一次地想到：这些人类思想和幻想的活的美的纪念碑都是怎样保留到了我们今天？最后我终于明白了——不是它们保留了下来，而是把它们保存了下来。

亘古以来，对美的崇拜就是中华民族性格中最主要的组成部分。正是这一点提供了保存极难以保存甚至在通常的情况下无法保存下来的东西。

何必到远处去寻找例子呢！我们大使馆领区内有一棵多年的玉兰树——一棵巨大的树，它长在那里有碍于车辆行驶。决定把它搬走。请示有关单位，得到了批准，请来了专门的服务机构。见过这个场面的人说：各种机器都调来了，给人一种感觉似乎这里要修建高楼大厦——起重机、掘土机、平板车、载重汽车、自卸卡车等等等等。他们小心翼翼地把玉兰树挖了出来，像宝贝似的把它的根部包装好，然后运走，以便移植到某个公园里去。我认为这种细心地无微不至地对待大自然的态度，无疑说明很多问题，首先说明我们对地球的无比关爱，否则世界已被野蛮地蹂躏惨了。

高：我不能不同意您的观点。古代圣贤的教诲，今天具有特殊意义，正像您在自己关于孔子的诗中说的，这种智慧在现代中国顺利地起着作用。

斯：年轻的时候，我读过某人的格言，现在已经记不得他的名字了，他说："报纸要读最新的，书籍要看最古的。"那时，我还是个大学生，他的话让我反感：周围的生活沸沸腾腾，那时的报纸、杂志等等刊物刊登过多少有趣味的文章。那时我不读别的东西。现在的看法完全不同了。因此，孔子和老子的著作总是摆放在我的写字台上。这是我爱读的作品。当然还有每天早晨的 *China Daily*（即我国出版的英文版《中国日报》——译注）。

高：我不准备问及您对现代中国的态度，您的诗集是认识中国后产生的爱与美的赞歌。我极感兴趣的是您认为我们今天的成就最主要的是什么？

斯：我不怕自己显得过于直率，我怎么想就怎么回答您。中国的繁荣是由于国家英明领导的成果。我在这儿住的时间越长，越深信这种想法，不仅如此，我绝对相信，未来的中国会超过我们一切期望——"China Beyond the Dreams！"

高：您有一首诗，以此话为题。您在那首诗里谈到了天才的和勤劳的中国人民，他们为正在建设中的今天与未来而付出辛勤的努力。

斯：最近一段时间里，关于中国人民我考虑了很多……他们是多么自然地、多么有机地大量地接受了现代知识、发明、技术，同时又保持了崇高的、正面的意义上的传统。宝贵的定向，总的属性实际上并没有改变——对小家和大家（国家）的责任——仍然是每个精神第一论者的基础真理，也就是整个神州神圣的基础。这样的国家和这样的人民永远会团结在一起，永远会是幸福的！

同一天空下
——致高莽

（白俄罗斯）纳乌姆·加尔佩罗维奇

北京烤鸭和丰盛的酒席，

我像儿子般地被款待。

在古老、明亮的圣土，

在宽广的北京大街。

时间在静静的交谈中飞逝，

飞逝如响亮的瞬间。

诗歌像明亮的使者，

让我们的灵魂走近。

对我遥远祖国的爱，

让我们的灵魂走近。

思想在新的词语中

寻找明亮崇高的激情之光。

透明的雾间隔不了我们，

我看见自己，像看见故乡。

身材魁梧的高莽，

多像我家中可爱的父亲。

在他身边我像听话的儿子，
午饭时分在家中谈心。
在这阳光般的交谈后，
北京于我已不再陌生。

刘文飞　译

两篇访谈录

高莽：实现梦想花了六十年

舒晋瑜

采访手记

采访高莽的念头存了多年。2000年，在《中华读书报》实习的记者想约我一同采访高莽，我却错失良机，为此懊恼不已。

幸运的是，2005年在北京图书订货会上，我参加《俄罗斯白银时代文学史》（四卷集）发布会，遇见高莽，同时见到他优雅大方又天生让人愿意亲近的女儿晓岚。更让我意外的是，在请高老签名之后，他提出要给我画一张速写像。

"现在？画我？"我惊喜不已。活动刚刚结束，很多人围着看高莽的现场速写。我又激动又幸福，红着脸在众人围观下当了一回"模特"。

事实上，高莽除了在《俄罗斯白银时代文学史》中作画名人像外，他画的更多的是普通人。"我自认为在画画上自己的手不懒，脸皮厚，不怕别人耻笑。明知真正画家在身旁，我也敢胡涂乱抹，有机会有条件就画。"在《画事拾趣》里，高莽寥寥数语勾勒出自己画画

高莽和舒晋瑜（2009年）

中遭遇的若干趣事、"傻事"和无奈之事。但无论经历什么，他没有舍弃手中的笔。画画虽只是业余爱好，却成为一种精神需求，滋养着他的多味人生。

若没有贯通中西的学养，他的文章大概不会这样视野开阔又胸襟宽广；若没有对中俄文化的深入了解，他的笔下大概不会有对文学以及人物如此浸透精神实质的理解。高莽何其幸运。他与这个世界沟通，可以有多种渠道，"绘画需要文化的底蕴作为基础，而有时，我觉得文字不能穷尽的，我就用图画来说；有时我觉得图画不能穷尽的，我就用文字来讲。"

这幸运是建立在他孜孜不倦的求知求学上。他很少翻译历史上已有定论的大作家的作品，他老想跟着时代走，在很多作家没有得到定论的时候，以此测验自己的欣赏水平和观察能力，判断这个人有无前途，能否成为大作家，然后把他的作品介绍给中国读者。

关于翻译，从厌恶到用心领悟

我出生在哈尔滨，1933年进入一座教会学校，同学中以俄罗斯人居多，老师也是用俄语讲课。每天放学回家我都哭，因为听不懂别人说话，憋得难受。但是在一群讲俄语的孩子中成长，我总算掌握了第二种语言。我的功课不怎么样，好玩好闹，所有的球都爱打。我们学校三楼大礼堂同时也是室内体育场，在全市都很有名气，那里经常举行社会性的球赛，而且售票，有时也举办文化活动。

我们学校出过几位著名人物，如世界级的核物理学家尤·伏尔科夫；还有彼列列申，今天被俄罗斯文艺评论界认为是拉美世界最杰出的俄语诗人与翻译家；还有好莱坞的电影明星尤尔·伯连纳，他与英格丽·褒曼合演过《真公主》、与黛博拉·蔻儿合演过《国王与我》。从我们学校出来的中国同学，绝大部分当过俄文翻译，张子勋（电影学院）、关予素（外交学院）、徐立群（中央编译局）、王汶（天津作协）、孟广钧与王澍（电影系统）等等。

我很早喜欢画画，也学过油画。虽然我的老师们只是简单地教我初步知识，我还是有点小聪明，有悟性，掌握了些绘画的基础本领。1937年普希金逝世一百周年，班主任让我临摹了一幅普希金的肖像。这是我的画第一次挂在墙上，上什么课我都偷着看。那时我产生了一个想法，希望将来有一天画一个我心目中的普希金。没有想到，实现这个梦想竟花了六十年的岁月。

十七岁，我在当地的《大北新报》上发表了第一篇译文，屠格涅夫的散文诗《曾是多么美多么鲜的一些玫瑰》。我已经在学校读了十年书，爱上了俄罗斯的文学。屠格涅夫那首散文诗写的是他老年在法国生活时回忆过去的日子。他的文字特别优美，我喜欢美的东西。那篇散文诗很短，有一种神奇的韵律，一种音乐感，我说不清楚它给我的强烈的感受，我就试着翻译。

1945年抗战胜利后，我到哈尔滨市中苏友好协会所属的机关报《北光日报》工作，常常翻译些俄苏的诗歌散文，但我并不愿意从事翻译。我是在日本帝国主义占领的哈尔滨长大的，看到奴相十足的"翻译官"，我十分厌恶，觉得翻译是给鬼子当走狗，替统治者做事。可是优美的俄苏文学吸引着我，我就不停地翻译。当时我用过七八个笔名，其中一个名字是"何焉"，我是在反问自己："我不喜欢做翻译，为什么还在做？"

1949年初，有一天，路过哈尔滨的戈宝权同志想和当地的俄苏文学译者、研究者见见面，举行个座谈会。那时候，他名气很大，是研究俄苏文学的头面人物。座谈会没有开成，变成了他和我二人的对话，因为他开的名单，邀请的人，都是我的笔名。我已不记得自己跟这位名人都胡乱说了些什么，只记得暴露了自相矛盾的心理，我说：我不想做翻译，但又想译俄罗斯文学作品。他说：那要看给谁翻译，翻译的是什么作品。两句话解开了我心里的疙瘩，我立刻领悟了，并起笔名"乌蓝漢"，即蒙文"红色的人"的意思。文字改革以后，我没有把"漢"简化成"汉"字，而是简化成"汗"，因为我认识到翻译的艰辛，需要流血流汗。

《保尔·柯察金》是我的"红娘"

1947年，我翻译了根据苏联作家奥斯特洛夫斯基长篇小说《钢铁是怎样炼成的》改编的剧本《保尔·柯察金》。我第一次阅读《保尔·柯察金》这个剧本，非常震撼，知道人世间居然有这样的人。日寇在东北建立伪满政权的时候，我们好像都跟奴隶似的，受人欺凌。保尔那顽强的精神太重要了，所以我把这个剧本翻译出来了。后来这部话剧被教师联合会文工团选中公演，饰冬妮亚的演员孙杰对苏联的情况全然无知，便来到中苏友协求助。恰好由我接待了她。她向我了解作品中人物的服饰、性格以及生活的环境。我帮助她找出一些有关的资料和书籍。从《保尔·柯察金》一剧的相识、相知，后来孙杰成为我的妻子。

1956年，《钢铁是怎样炼成的》的作者尼古拉·奥斯特洛夫斯基的夫人赖莎来到中国访问，她在全国各地为青年做了多场报告，我给她担任口头翻译。赖莎得知我和孙杰的关系，便要和我们单独见一面。记得，当时她紧紧拉着我们的手，眼睛长时间观察我们的面部，然后说："记住，我是你们的媒人。"这位"媒人"在我们的生活中起了彼此相互支持相互关爱的作用。她送给我们一张照片，照片上是双目失明的奥斯特洛夫斯基躺在病床上，赖莎守护在他身边。赖莎工工整整地在照片背面写了一句话："祝愿你们像尼古拉微笑那么幸福。"多年后，不是我，而是我的妻子孙杰双目失明。正是当年奥斯特洛夫斯基和赖莎的深情传给了我，使我领悟到关爱亲人的意义。

我的翻译根基来自文学经典

1946年，一位从延安来的老作家指着我译的图片说明委婉地说："你的汉文不纯……"我知道了自己的不足，奋发地研读中国文学名篇。"文革"后，有一位编辑对我说："你的文字三十年没有进步。"这句话又一次触及了我的软肋。为什么三十年没有进步？语言在发展、在进步，但是我的文字还停留在原地，我的翻译方法太死板。我接受了教训，意识到自己的文字、自己对祖国文化理解太差，我再次认真阅读中国经典作品，提高自己的文字表述能力。阅读名篇对自己的帮助很大，看了别人的文章，明白了自己写作和翻译有哪些缺陷。创作不易，搞翻译的难度也绝不低于创作，有时候看起来很简单，要想翻译好，用文字准确地表达原作内容，常常让人不能入睡。

我的东北方言曾经是做翻译时一大弊端，年轻的时候我囿于哈尔滨一地，以为全国人民都是这么说话，翻译出来的作品尽是东北土话，翻译《保尔·柯察金》的剧本，其中有很多台词也是东北话，后来别人提醒我才逐渐改过来。

今年是中俄建交六十周年，国内举办中国"俄语年"，充分展示俄罗斯文化的独特魅力，增强两国人民学习汉语和俄语的热情，促进各方面交流。这是一项重要举措。我们应该帮助俄罗斯年轻人让他们更多地知道中国传统文化的精华。

关于画画，不得不说的故事

1945年日本投降，我在哈尔滨中苏友好协会工作，那时只有哈尔滨和大连有中苏友好协会。后来国民党曾占领一段时期，哈尔滨正式解放是在1946年。1949年，哈尔滨市新民主主义青年团团报找我画几幅漫画配合当时正在开展的反浪费斗争。报纸引证毛主席的话：浪费就是犯罪。我画了七幅，登了四幅。哈尔滨中央大街还挂过那几张漫画，没有人说坏。不知哪位老同志"发现了问题"，说作者思想立场不对，讽刺对象不对，丑化了劳动人物，美化了资本家。

北京新创办的《文艺报》编辑部组织从事漫画和文艺评论工作的

几位同志，专门讨论分析我的这几幅漫画，并委托蔡若虹和华君武两位美术界领导同志写批判文章。他们的批评意见见了报，批评我的"规格"很高。我开始检讨，报社也检讨，我一辈子没离开这个检讨。后来我就学乖了。你说什么，我就相信什么。这样下来，大的错误没犯，保留了一条命，但把我的棱角个性都磨光了。几十年后，华君武写了一篇文章《我的老友高莽》，说当时批评，可能扼杀了一个漫画家。我对他说，你挽救了一条生命。我这个人胆小，"文革"时想过自杀，是我妻子救了我。她说，我们在一起这么多年，我认为你是好人，不能死！妻子的话给了我活下去的勇气。她当时的处境也不比我强。但是，女人是伟大的，她们可以不动声色地承担种种难以承受的重压，不向别人诉苦。

我一生离不开三个非凡的女性：我母亲、我妻子和我女儿。母亲给了我生命，教我怎么做人，她是个文盲，但她不允许我坐在报纸或者书本上，不让我破坏带字的东西，她对我的教育和影响特别重要；爱人给我以理解，在我最困难时，遭受批判与凌辱时，她成了我安身的海湾，使我有了不"自绝于人民"的勇气；女儿正在延续我的事业，为照顾我和妻子，她放弃了在巴西的工作与优越的生活条件。

画普希金

艺术必须创新，临摹是下策。画画不是想画就能画。没有生活积累，没有足够的知识，没有一定的技巧是画不好的。我画普希金，是经过很长时间的知识和精神的积累的。普希金的作品全部译成了汉文，而且普希金全集在中国不止一个版本。世界上没有一个国家像中国翻译他这么多作品。二十世纪八十年代，我主编《普希金抒情诗全集》（浙江文艺出版社），反复读了普希金的每一首诗，更深刻地理解了他的感情与思想。1989年普希金诞生一百九十周年，我画了一组表现他生平的画，共十二幅，从他少年时起，直到决斗身亡，每一幅画上都请对普希金有兴趣的朋友题了词，比如戈宝权、冯骥才、王富洲等等。王富洲1960年从北坡登上珠穆朗玛峰，这是登山史上一件大事。有一次，他来我家做客，看到我正在画普希金，便随口谈起了他对普希金的看法。他对普希金的了解使我大吃一惊。我请他在画上题句话，他沉思了半晌，拿起毛笔写道："普希金——俄罗斯文学的珠穆朗玛峰。"他的书法也相当出色。后来一位俄罗斯朋友看到题词，激动得泪流满面，他说："这是真正以不怕牺牲的精力登上世界最高峰的人，写下的最亲身感受，怎能不使人感动？"

1999年为纪念诗人诞生二百周年，我创作了一幅《普希金在长城上》。其实普希金从未出过国。普希金本想访问中国，也因沙皇的阻挠没能实现，但他的文字中提到过中国长城。我国著名诗人李瑛在画上题词说："未了的心愿／已成历史的隐痛／至今不朽的诗句／仍在叩敲长城／有的如长风浩荡／有的似山草青青"。我把这画赠送给了莫斯科国立普希金纪念馆，馆长说："您把普希金的理想变成了现实。"殊不知我为此花了六十年的时间。

画伟人，更画平凡人

我母亲对我说过："画女人得画漂亮一点，画男人得画年轻一点。"钱锺书先生得知后，让人转告我：按高莽妈妈的教诲创作不出好的作品。而杨绛先生听后，笑眯眯地表示：她的话也许有一定的道理。

"文化大革命"时期，我和妻子都被下放到河南信阳。那时，我们从事外国文学研究的人不许看外国小说。我看了《马克思生平》，发现马克思也有爱情，有信义，有缺点，有怀疑，七情六欲他都有。马克思是伟人，他和普通人没有区别。他首先是个人，其次才是位伟人。我决定画马克思和恩格斯的感情世界，想把人和人的关系表现出来。劳动之余，我就躲在蚊帐里，开始用油画画两位伟大的革命家和他们的战友与亲属。后来我完成了组画《伟大的无产阶级革命导师马克思和恩格斯》，人民美术出版社印行，印了八万册，在中山公园举行了画展。外文所党委书记王平凡看了画展以后，讲了一句话："你没有在'文革'期间荒废时间。"我觉得这是对我最好的褒奖。

此后，我从画油画改国画，因为我妻子对调色油有反应，过敏。国画讲究笔墨，油画重视透视。我用画油画的方法来画国画，人家不承认我的"国画"。我没有笔墨实践，线条不行，我也不敢承认自己画的是国画。总之是一些不中不西的画，任大家去评论吧！

有人说我专给名人画画，对我来讲，这是不切实际的，我画过很多普通人，只是很少发表。刊登的都是文化名人，别人就误以为我专给这些名人画像。

最早发表的是为茅盾先生画的像。"文革"结束后我和邹荻帆去看望茅公。谈话间，他忽然问我："高莽你还画画？"大概他想起了我陪他出国时为他画的漫画像，才提出这样一个问题。我说还画，当时就给他画了几幅速写。回家我根据速写又在元书纸上画了一幅水墨像给茅公寄去。没过多久，我收到一个大信封，打开一看，是茅公的画像，他在画像上题了一首诗，真让我喜出望外。过了几天他又给我写了第二封信，信里说，肖像上题了一首"歪诗"，没有挂号，不知你收到没收到。过了两年，我收到茅公的秘书陈小曼来信，让我把题诗抄录一份寄给茅公，他准备将诗收入《茅盾诗词集》一书中。

给巴老画像也有一段有趣味的故事。1981年，巴金路过北京到法国去开会，我到旅馆去看望老人。当时曹禺夫妇在场。我给巴老看了给他画的肖像，我说您看行不行，同意的话请在画上签个名字。他说："我很久没有用毛笔写字了，怕把这画破坏了。"说完就没再出声。后来，他忽然问："你带笔了吗？"屋里挺暗的，他走到临窗的小桌前，展开画像写了一句："一个小老头，名字叫巴金。"这幅画挂在家中时，有人惊奇地问我："你怎么这么大胆，竟敢把巴老称为'一个小老头'？"我恍然醒悟，是巴老在题词上没有落款造成的误会。我立刻为巴老刻了一枚印章，在画像嵌了一次，便把印章寄给了老人，告诉他不喜欢就不用。不久前，我到北京大学参加赫尔岑的《往事与随想》汉译本首发式，发现巴金晚年为人题字还是用了这枚印章的。

我画过很多肖像。我不认为自己是专业画家。我只是要通过画像表示自己的敬仰或友情。

把文学与美术结合起来

画中国文艺界同仁的同时，我也画了一些外国人，是从俄罗斯作家开始的。我是研究俄苏文学的，跟俄苏作家有些来往。

1989年，苏联著名作家艾特马托夫和拉斯普京、扎雷金来到北京，与在京的俄苏文学工作者进行过一次座谈，我当时为他们画了几幅速写像。后来又根据速写像为艾特马托夫画了一幅大的肖像。有一天，他突然来到我家，闲谈了大半天，后来在画像上题了一句话："这么大的肖像摆放在哪里呀？"

2007 年我完成了肖洛霍夫的画像，请我国专门研究肖洛霍夫和翻译其作品的前辈草婴先生为我的画题词。他写了四句话：面对静静流淌的顿河，心里翻腾着哥萨克的血泪；通过一个人的悲惨遭遇，控诉法西斯的滔天罪行。

我特别珍惜赫尔岑像，因为画上留下了巴金的手迹和心情。有人说我在画像上请本人或有关的人题词开了个先例。我不敢接受这种荣誉，但是在撰写墓园文化这件事上，我是开了先锋的。从第一次参观俄罗斯墓园给我的震撼，到第一次动笔，经过足足几十年的时间。这期间，每次出访俄罗斯我都抽出一定时间去参观各地陵园墓地。从动笔写第一篇有关俄罗斯墓园的文章到出书，又花了几年的工夫。我研究墓主的生平和墓碑的雕塑，这是充实自己知识的机会，填补自己学识的不足。我是把墓碑作为一种文化现象来写的。墓碑的雕塑者也尽是大家，如安德烈耶夫、沙德尔、科年科夫、穆欣娜、阿尼库申等等，他们高超的艺术成果，使亡者与活人之间增进了亲情。

2007 年俄罗斯举办中国年时，我应邀在莫斯科举办了一个画展，展出四十幅肖像画。给俄国人看俄国人的肖像，究竟人家承认不承认，我心里没有底。开展那天我来到原高尔基大街奥斯特洛夫斯基纪念馆，已经很晚了。这是一栋有着历史意义的大楼，是帝俄时代有名的沙龙，历史上很多诗人作家都来过这里，如普希金等。在这样一个地方举行我的画展，令我十分激动。来宾已经聚齐了。画像旁甚至没有来得及贴出人物说明签。我正担心时，馆长附在我的耳边说："瞧，大家看得多么认真，画展特别成功！你不仅画出了形象，而且把人物的精神表现出来了，把他们的命运表现出来了。"已经有好几家纪念馆都找我借用这些画，希望在他们那里展出。我当时想到，展出之所以受到欢迎是因为我是中国人，是中国人用宣纸画的俄罗斯作家肖像；其次，可能我比较正确地掌握被画者心理，因为我对俄苏文学有所研究。倘若我不研究俄罗斯这些作家的作品，不可能画成这样的。

几十年来我获得过苏联和俄罗斯多种勋章、奖章和各种荣誉称号。研究和介绍俄苏文学艺术是我选定的人生道路，即使不给我任何荣誉，我也会一如既往地干下去，直到生命的结束。

原载《中华读书报》2009 年 9 月 17 日

岁月·人伦·生命的风景

——访高莽先生

秦岚

时间： 2007年4月1日

地点： 高莽先生宅（别称：老虎洞）

开场白

借院里"青年学者与学部委员、荣誉学部委员学习交谈活动"之机缘，我访问了高莽先生的家——老虎洞。这老虎洞不但男女主人均肖虎，还聚集着几十个憨态各异的工艺虎，更奇的是竟有一枚红褐色陶烧的匾牌，上面赫然三个碑体字"老虎洞"。问过主人，才知道所居街道当年易名"农光里"之际，高莽先生因这枚从电线杆上废下来的"老虎洞"路牌正合心意，便喜持归府，并以此名其宅。老虎洞中有书山，有肖洛霍夫、大江健三郎挂轴……并且这一切的物件被这对老夫妇的恩爱和日常打磨得安然、醇厚，仿佛也都慢条斯理地讲述着老虎洞的故事。高莽先生最关注人生，他的笔为读者留下俄罗斯伟大作家的人生故事，这些故事将感动任何时代的读者，照亮人们的心灵。与此同时，高莽本人，也给我们留下了传奇又真诚动人的人生故事。

热爱和坚持就是巨大的力量

秦岚： 在公众印象中，您是一位翻译、写作、绘画三栖的富有传奇色彩的人物。您能用三种方式表达自己的感情、诠释俄罗斯文化，您是幸福的人。可是，人一生做好一件事已属不易，您做了那么多那么好，能量来自哪里呢？

高莽： 我这个人什么都爱好，就是不喜欢管钱。

翻译、写作、绘画——这三项工作有个内在联系，都属于艺术范畴。由于爱好、追求、恒心，所以涉猎的面稍广一些。自己又活了这么多年，将做过的事积累起来，便有了今天的成果。其实任何一个从事文学艺术的人都能达到这个目的。只不过有的人缺乏持之以恒的精神，或坚持不到底，中途而废了。热爱和坚持就是巨大的力量。

秦岚： 您第一篇译作《曾是多么美多么鲜的一些玫瑰》是十七岁完成的，绘画第一次参展也是十七岁。可以说十七岁是您人生的一个起点。除了十七岁那一年，还有哪一年对您的人生很重要？如果您给自己的人生做分期，您会怎样划分？

高莽： 以前没有想过给自己的人生划分时期，现在借着您的问题，想了一下，暂且划分四个二十年吧。

第一个时期为1926—1946年，基本上是日本统治东北的年代，我在哈尔滨受的是奴化教育。当时不谙事，糊涂着过来了。到了上学年龄，我进了基督教青年会。这个教会学校是美国人创建的，后来由俄国人掌管，1942年日本人又接管了。

1933—1943年我是在这所学校读书的，幸好日本人接管时间不长。十年间，我除了学习了俄文和俄罗斯文学、艺术，还因为同学来自不同民族（以俄国孩子为主），在年复一年的同窗生活中，各民族友好、和睦相处、相互尊重等观念自然而然地成了基本认同和行为方式。

第二个时期为1946—1966年，从哈尔滨解放到"文革"开始。这二十年间有两件大事值得一提。第一是我"上了大学"，第二是我受了批判。我没有跨过正式大学的门槛，我是把自己在中苏友协做十年口头翻译的过程看作是我的"大学"时代。当时我随同出访的都是文学艺术界著名的学者。我用心地听他们讲话，为他们做翻译，认真思考，同时出于自己对文学艺术的热爱，也主动地学习。这个"大学"，令我收获颇丰，从此我踏上了文学翻译之路。

第二件是1949年我挨批判。当时东北掀起反对浪费的运动。哈尔滨市青年团团报编辑邀我画几幅反对浪费的漫画，我画了，还一度挂在哈尔滨中央大街的橱窗里。看的人都反映好。后来新中国成立，1950年初《文艺报》用八个版面批判我，说我思想立场不对，说我丑化劳动人民。我可能是新中国成立后文艺界第一个挨批的人，但当时我是个小萝卜头，没有引起大的波澜，可对我个人的人生，这次批判的作用非同小可。它给了我一次教训，让我变得胆小如鼠，再不敢乱说乱动。我变得有些滑头了。我变得十分听话，你说天是白的我也说是白的，你说天是红的，我也说天是红的。我只说好话。当年被指定写文章批评我的华君武先生后来说他的批评可能扼杀了一个漫画人才，我却觉得是挽救了一条人命。因为如果没有这次事件，我这个缺乏生活经验的人不知会在此后的政治运动中做出什么事情来呢。

第三个时期为1966—1986年，包含了整个"文革"时期。重要事件是"文革"受冲击，开始用自己的头脑思考问题了。受冲击的原因很多，家庭历史、给走资派当犬马、为文艺黑线当翻译、画漫画丑化劳动人民等等。造反派带着我们在国外拍的照片一次又一次来调查，指着照片上的人让我给每一个人写揭发材料。我真实地写了，他们说"不真实"。我苦恼极了，一气之下把自己收藏的照片全都烧掉了。真可惜啊！

两国关系不好了，下放干校劳动，我想这一辈子也不会搞俄文了，书也处理掉了。尽管如此，我对于俄罗斯这个民族却从来没有丧失过信心，仍然深爱俄罗斯的文学艺术，这与不能因为德国有希特勒就不喜欢贝多芬是一个道理。河南信阳干校期间，只能读马列毛著作，其他作品都是封资修，颂扬的是帝王将相，才子佳人……从马恩回忆录中，我发现他们很有人情味，他们是伟人又是普通的人，我就用画笔描述他们的人生故事。作画过程中，我的思想有些变化，开始"怀疑一切"和动脑思考了，所以我说这个时期我长出了一个脑袋。但是，人会思考之后接踵而来的就是烦恼，当然也有快乐。

第四个时期为1986—2006年，在《世界文学》工作和离休两个阶段。离休后，有了充足的自由的时间，我尝到了甜头——有整块儿的时间归自己用，干起自己喜欢的事。比如画《赞梅图》和《巴金和他的老师们》，两幅画都五米长二米高。没有完整的时间是无法完成如此的大画的。从离休起，我真正开始了写作。4月3日的《北京青年报》说我四个月出版六本书，其实是巧合。我很早交给出版社的稿子，未能及时出版，结果碰到一起了。但应当承认这也得益于有自由时间的支配，还有万能电脑的使用。

秦岚： 您曾经表露过，"每当我置身于国外，不管在何处，我总会听到松花江的呼唤"，"我对自己的故乡和时令，有一种难名的依恋"。可以说哈尔滨是您灵感的母体，生命之树的根吗？您为什么那么迷恋雪？

高莽： 哈尔滨在我的心目中永远和祖国离不开。它有屈辱与光荣的历史，是多种民族的聚集地，汇集了世界各地的文化，它是"混血儿"。在那里我饱尝过民族的灾难与痛苦，也吸吮了艺术的灵感与精髓。她是我成长和发展的起点，我生命之根。

少年时代，我在哈尔滨喜欢遥望晚霞、聆听钟声、感受花香、观赏雪花飞舞。

我忘不了春天满院白色的槐花、稠李花、紫色的丁香花。那是我少年时代的芳菲和色彩。还有树上的鸟啼与蝉鸣相互呼应。

盛夏季节，我和小伙伴们成帮结队，划船过江，到太阳岛上去戏水。那时，觉得松花江是那么宽，那么长，那么深，而太阳岛上的黄沙是那么细软那么温柔宜人。

冬天的大雪，鹅毛一般飘飞，楼房变得像印象派的画，似有似无，满地银白，更让孩子们喜出望外的是那白霜裹着的树挂。堆雪人打雪仗是儿时少不了的情趣。

我出生于早冬，雪给我带来那么多的快乐。我觉得我就是雪的儿子。我的第一篇译作发表时即以"雪客"为笔名。

秦岚：看到树我经常会想：树干向上长，树根同时向下长。现在，我们国家出现了一种"离土"——年轻人离乡村去城市、离小城市去中心城市、离国去国外。这是现代化和全球化的必然后果，但是这其中许多人不仅仅从地理关系上"离土"，精神上也与自己的土地切断了联系，甚至失掉了精神的根。一代人与自己的土地、文化母体的切断，会造成民族文化的断代。由您与家乡关系的切身经历，希望您对年轻人说几句话。

高莽：现在我国"离土"的原因很多。国内可能是国家发展的一种趋势。

至于有的知识分子离开国土，投奔他乡寻找生存目的，或求得更大的发展，有其原因，我不知道应如何看待。有的文学艺术界人士在国外确实取得了轰动的成就，如建筑家贝聿铭，画家赵无极，作家、音乐家……

但，我觉得中国的文学家艺术家如果得不到中国亿万读者或观众的肯定，是可悲的。出国深造完全必要，可以开阔眼界，可以活跃思想，但是精神不可以没有归属，文化不可以没有根。热爱我们脚下的土地，了解我们民族的文化才能不成为浮萍，即使追求做国际人士，也要有自己文化的根。

秦岚：我觉得您是老一辈理想主义者。您怎样看理想主义？中国现在是否需要理想主义？

高莽：我不知道自己是否是理想主义者。我只认为自己是个现实主义者，乐观主义者。我为人比较软弱，当然也有坚强的地方。我相信世界不断地变化，人不断地成长，人活着，总会有理想。不能像猪那样，活着的目的就是供人宰杀，让人吃它的肉。

"我是一个虔诚的女性赞美者"

秦岚： 家庭和家人给您的影响是怎样的呢？

高莽： 家是国家的细胞。家的和谐是民族和国家和谐的基础。到了老年，我深深感觉到家的重要性。家是感情的巢穴，是亲情赖以存在的地方。这里要谈三个女人——我的妈妈、我的妻子、我的女儿。

1996年我母亲一百零二岁逝世，此后我越来越感受到母亲在生命中的地位，她是我心中的一盏灯：神圣、伟大又光亮。父亲长期在外县工作，对我影响不大。母亲是封建社会的受害者，小时让她缠足，她很痛苦，不许她上学，她更痛苦。她痛恨那个时代那种制度，所以对我就很放松，甚至是放任。我是在很自由、很民主的家庭里长大的。

我功课平平，母亲只是关心地鼓励我，从不责骂我；我爱绘画，母亲就求人帮我找绘画老师学画。

我母亲是位聪明能干的女人，她不识字，但明事理，生活有原则，并且在潜移默化中把这些留给了我。我母亲的话总是很朴素。我举两个例子。她常说："你答应了人家事情，一定要办，而且要办好。"这话我记了一辈子，现在还在鞭策我。比如我答应给上海译文出版社翻译帕斯捷尔纳克的短篇集，是白银时代的作品，越译越觉得啃不动。家人担心我身体，劝我放弃，可我还是要听我母亲的，决心译完，译好。我母亲还常说："要有自知之明。天外有天，山外有山。"我五十岁时，不

为母亲画像

识字的母亲为我写了一个条幅"人贵有自知之明"。她先让我写出这几个字，之后用毛笔一笔一画地照着写在宣纸上。她一再告诫我，人不能骄傲，不可目中无人，永远有比杰出的人更杰出的人。我一直恪守我母亲的话，不断地求进步。

对于我画画，我母亲也讲过两句话："画男人要画年轻一点，画女人要画漂亮一点。"按她的教导画像，确实常常得到嘉奖。有趣的是这话传到钱钟书杨绛夫妇耳朵里了，他们请人给我带来句话："按高莽母亲说的方法去创作，绝对创作不出好作品。"文艺的核心不是美化而是揭示真实。我后来作画的时候，经常会想起这两种意见，默默地笑起来。

我母亲的行动中永远有一种追求完美的努力。老人家九十岁时，我亲手给她缝了一身便衣便裤。我妈很得意，说九十岁能穿上儿子给她缝的衣服，感到特别高兴。可是，当天晚上，见我妈屋的灯没有关，我就去看，结果，看到我妈在拆那条裤子。后来我妈告诉我："缝衣服线扎得不直，穿在身上不舒服。我想偷着拆了，替你再偷着缝上。可是人老啦，眼睛看不清了，手指头也发颤了，好拆不好缝啊！"她永远追求完美。我妈这种精神对我影响非常大，对翻译对作画甚至做其他事，我都用心，对对付付的事情是不做的。而且要做，就做到底，不能半途而废。

第二个女人是我的妻子。就是这个黑头发已经灰白、眼睛丧失了视力的我的老伴儿（孙老师就坐在我们旁边的沙发上）。是《保尔·柯察金》这个剧本把我们连在一起的。当初因为我不是团员她还有些瞧不起我，但是，在最需要理解的时候，是她支撑了我。她原谅我的邋遢，她宽恕我的失误，她是位很能同情人的女性。

再说说我的女儿岚子。女儿从小至今带给我的快乐和安慰就不必说了，只谈这十来年的事。女儿夫妇原来在巴西工作，1996年6月，我老伴儿由于青光眼连续接受手术，女儿回国来探亲，便决心留下来，没有一点犹豫。现在她是家里一把手，里外全管，这给我和老伴儿极大的幸福。近些年我的创作取得了一点成绩，她的功劳不可磨灭，她的贡献是无形的。我是二十世纪的人，已经腐朽，二十一世纪大流行的科技成果——电脑甚至手机，我一样都不会用。过去是妻子帮助我手抄稿子，现在是女儿帮我把文章输入电脑。她做事认真、迅速，她也秉承了我母亲办事求完美的品质。

我八十岁生日，女儿送给我一份不同寻常的礼物——一本《高莽家庭画册——岁月·天伦》。这是女儿以家人、亲戚们写的文章、画的画、拍的照片为线索，编辑成的一本家庭纪念画文集。书中集录了女儿和侄女、侄子、外孙等人撰写的回忆文章。女儿排版、打印，最后装订成册，共五本，这是一份永久的纪念。她写了我种种缺陷与毛病，却让我感到欣慰。这是真正近距离了解我的人的作品。每次拿起它，唤起的是层层叠叠的温暖的回忆。

女儿五十岁时，我为她画了一幅肖像，希望她健康幸福。我爱她，我也心疼她。她是独女，也有脾气，我同意她说的看法："做事多的人是可以发牢骚的。"

离休后，我更觉得家庭的重要。好的家庭就是好的后盾。我庆幸有一个温暖的家，相互体贴、彼此理解，充满亲情。这个家，八十年来风风雨雨中让我觉得最可靠。

秦岚： "执子之手，与子偕老。"见到您和孙老师，《诗经》的这句诗就出现在头脑中了。我知道您与孙老师的"媒人"是《保尔·柯察金》，孙老师是中国第一个"冬妮亚"。从年轻貌美到耄耋之年的双目失明，您与孙老师共同走过了半个多世纪的人生道路。请说说这并非年轻健壮花前月下的爱吧，走过八十一岁人生的您心中的"爱"是什么呢？

高莽： 妻七十五岁时，我让她写了一幅条幅"珍惜光明"，告诫健康的人千万要注意保养身体，保护眼睛。只有失去视力的人才更深刻地感受到失明后的巨大痛苦，因为她再也看不到多彩的世界。

妻八十岁时，我为她画了一幅侧面肖像。那天恰好她五十年前的老朋友来看望她，大家在画像上题词签名留念，使她感受到友情的温暖与可贵。

秦岚和岚姐

  夫妻要相互信任，相互理解，相互尊重，相互爱慕，这绝不是单方面的要求。两个人可以有不同的爱好、不同的观点，但不能相互猜忌、相互仇视。《诗经》那两句话很深刻，我想到孔老夫子的"恕"。"恕"可能是中国人的道德根基。

秦岚：您这一辈子，有后悔的事情吗？

高莽：有。后悔没有教我母亲识字。凭我母亲的聪明，教她，她一定能学好。她不识字，但是我保留了她用毛笔写的字。她非常喜欢书，对文字有顶礼膜拜的崇敬，看到有字的纸，一定捡起来叠好。去世前她对我说过："我小时候不让女人读书识字，毁了多少人啊！我就是爱书。我死了，在我身上放一本书啊！"当时，还不懂事的外孙说，太太不识字，还是放本字典吧！我

为妻子作画

母亲微笑地接受了。母亲去世时，我满足了她的愿望，在老人胸口放上了一本字典。后来，我懂得了一个真理，不识字，不等于没有文化。

后悔的还不止这一件事。母亲缠足，她去世后我竟然没有给她剪剪脚指甲。她活着时好强，不愿别人帮她做这事，脚指甲长进肉里就自己用剪刀抠，经常抠得血淋淋的。唉，我为什么没有给她剪指甲呢？（高莽先生含着眼泪说的这番话）

（采访高莽先生的几乎整个过程，高莽先生的妻子孙杰老师一直坐在沙发上安静地听着，满面含笑。话题进行到这里，我很想和孙老师聊几句，就问了如下三个问题。）

秦岚： 孙老师，失明之后您觉得寂寞吗？

孙杰： 我1996年因青光眼双目失明，至今已经十一年了。

五彩缤纷的世界在我的眼前一下子消失了，我看不见蓝天、看不见阳光、看不见美丽的鲜花、看不见漂亮的衣服，也看不见我的丈夫、我的女儿和所有家人。我以前喜欢看书、看戏、看电影，喜欢做家务、打扫房间、逛商场、购物，也喜欢和朋友们一起聊天、娱乐。从失明那一天起，我不能独自外出，不能做自己以前轻而易举做到的事情。当时我心中的痛苦就不用说了。

从那时起高莽每天为我上几次眼药。我每天梳完头，他替我从衣服上摘下掉落的头发，为我挤牙膏，为我剪手指甲和脚指甲。他为我读信、读报、讲电视剧里的人物活动。他还经常给我照相，说将来科技发展了，你的眼睛如果能复明，那时看看自己失明的样子，该多有趣。我知道他是在安慰我，但毕竟让我怀抱着希望。我的生日或纪念日他总要给我画像。他还让我用毛笔写条幅。有时高莽有朋友来访，他们要留个合影，女儿不在家，就让我这个瞎子当摄影师，居然拍成了可用的照片。他还尽可能地让我参与他的工作，使得我一直感觉自己还有用。这从精神上给了我最大的鼓励，给了我战胜疾病的勇气和信心，使得我的心越来越宽了，能越来越勇敢地、乐观地对待失明所带来的痛苦与不幸。

我在生活上尽量做自己力所能及的事情，穿衣、叠被、洗漱、洗小件的衣服，帮女儿淘米、择菜、刷暖壶、擦窗台……我每天"看"电视、听新闻、给家人们报告天气预报……我觉得这样做不仅能减少一些家人的琐事，而且我的某种自立也能从精神上给他们带来些安慰。

是高莽、是我的家、是我的亲人们给了我新的眼睛，一双心灵的眼睛。

秦岚：请您评价评价您的老伴儿高莽吧。

孙杰：年轻时我就觉得高莽太爱开玩笑。几十年了，这个毛病他一直没改。有时弄得我哭笑不得，不过，这也许是他乐观的人生态度。

我觉得高莽比较有才。画了一幅又一幅画，出版了一本又一本著作，谁能想到这是一个未读几年书的人的成果呢？

高莽喜欢把一些无用的东西变成艺术品。五十年代他下放劳动时，冬天干活把镐刨断了。他就用那截镐把头儿刻了一个鲁迅头像。在五七干校时，他捡了一块石头，为我刻了一个侧面浮雕像，我非常珍惜它，一直把它摆在我的床头上。他用鸡蛋皮贴成风景画，做成盒子，寄给远在内蒙古兵团的女儿。他用破布头和杂色线粘成布艺画，别有味道。总之，他不仅手巧心灵，也非常勤奋。

他性格上有软弱的一面。"文革"时一批又一批的军宣队或造反派来向他调查出国人员的情况，让他写材料，他真实地写出来了，造反派说"不真实"。当时逼得他没有办法，他想"死"。我劝他，说过去随代表团做翻译是工作，写材料不能按他们的要求瞎编。我们长期生活在一起，觉得你为人不错，你且不可自杀。高莽认为我救了他一条命，我只是实事求是地对他说了几句话。

高莽是个心里充满爱的人，很重感情。

秦岚：您现在最大的愿望是什么？

孙杰： 我现在就是注意保护好自己的身体，这样能少给家里人添麻烦。好好享受天伦之乐，把我们的生活延续更多年，和高莽一起互相搀扶着，他当我的眼睛，我当他的耳朵（高莽耳背），快快乐乐地走过人生最后的路程。

秦岚： 冯至先生晚年写了一首《自传》诗：

> 三十年代我否定过我二十年代的诗歌，五十年代我否定过我四十年代的创作，六十年代、七十年代把过去的一切都说成错。／八十年代又悔恨否定的事物怎么那么多，于是又否定了过去那些否定。／我这一生都像在"否定"里生活，纵使否定里也有肯定。／到底应该肯定什么，否定什么？／进入了九十年代，要有些清醒，才明白，人生最难得到的是"自知之明"。

您一直盛赞这首诗。可否认为这首诗概括了大半个世纪知识分子的痛苦的思考？

高莽： 冯至先生这首诗何止倾诉了大半个世纪知识分子的痛苦的思考，他刻画了老一代人的精神面貌，既有哲理的概括又有心灵的剖析。

冯至先生这首《自传》，只有经过风风雨雨的人才能真正懂得它的深奥涵义。也可能只有在我国这样一个特殊环境，在多次政治运动中，历尽疾风暴雨、经过摸爬滚打的知识分子，才深有感受。这是可悲的，但又何尝不无历史的教育意义?!

关于翻译

秦岚： 您的工作大体可以分为中俄友协和《世界文学》编辑部两大部分。翻译工作也是口译和笔译两部分。无论口译还是笔译，您都得到了公认。那么，您口译、笔译的心得是什么呢？您的译作为中国读者从俄罗斯取来了丰富的养分，您选择笔译作品的原则是什么？

高莽： 翻译是非常严肃的一门学科、一种学问，我认为翻译是一种永远难以达到理想境界的脑力劳动。

我对翻译工作从不爱不理解到热爱到痴迷走了几十年的艰苦路程。

小的时候看到给日本人当翻译的人就讨厌。新中国成立后，戈宝权先生教育我"看你翻译的是什么东西，是给谁翻译"。我一下子就想通了。从此就欣然地开始了翻译工作。

翻译不仅要精通两种文字，而且要了解两种文化的底蕴。翻译工作受很大的限制，没有独自创作的随意性，它是"戴着镣铐的舞蹈"。

翻译什么作品，随着年龄的增长而有所变迁。早期，我喜欢翻译热爱祖国、歌颂忘我劳动、献身为民的富有英雄色彩的作品。如此译了剧本《保尔·柯察金》《粘土与瓷器》、小说《永不掉队》和一些歌词等。

经过"文革"的风雨，开始深层地思考，简单地阅读教人如何生活、告诉你如何做人，已经不能满足我的精神需求了。

那时翻译了更含蓄、让你动脑思考事理的作品，如阿赫玛托娃的长诗《安魂曲》等。

到了七八十岁，想更多地理解人，人的生平、他的思想、他的行为、他的苦难和创作经历，所以译了托尔斯泰的一些书信及老帕斯捷尔纳克（《日瓦戈医生》的作者的父亲）的回忆录等。

口译另有要求，讲究语感，译者要头脑灵敏，记忆力强，知识面要广。我做口译时，出过洋相，教训多多。记得有一次在南方某座城市，席间俄罗斯一位女诗人敬酒，慷慨激昂地吟诵了一首中国古诗。我怎么翻译，她自己也没记着究竟是谁的作品，弄得我十分尴尬，下不来台。

还有一次，两位自然科学家在交谈，说到专业时，我不懂他们讲的内容，只好声明我翻译不了，谢天谢地，他们用专业术语很快就相互理解了。

我认为最好的口译是使双方交谈时，感不到有译员的存在。

秦岚：您译过不少诗作，出版过不止一本译诗集，您觉得诗是可译的吗？

高莽：我从事文学翻译（俄译汉），但一直不敢触及文学翻译的理论问题，因为自己没有一个定型的看法，随着时间、年龄的增长，对翻译的看法也不断嬗变，特别是译诗。

诗——能不能译，仁者见仁，智者见智，各有各的看法。我想，不同的看法还会存在下去，没有一致的看法也许对翻译学有益处。

我是译过不少诗作，也出版过不止一本译诗集，但我认为诗不可译。译成汉文的诗，表达不尽原诗的文字特色、语言的

高莽先生译作

高莽先生的部分著作

359

乐感和简练中蕴藏的丰富内涵。译成汉文的诗不等于原作。

不过我同时承认：外国诗应当译成汉文。原因很多，如并非所有读者都通晓外文等等。译成汉文的诗仅仅能称为"译文"。在译诗方面，我有时想准确地表达原作的内容，有时想传达原诗的韵律，有时想追求原作中的一种精神，有时就是想把原作的形式借鉴过来。

自己从事译诗过程中，有教训，又不善于总结。如果硬要我说出自己崇尚的标准，那么我今天的看法可以归纳一句话："译成汉文的诗应当是诗。"

我拜读过前辈诗人译的诗。吟诵时觉得有滋有味，确实是诗。然而一经核对原文，又无法承认所译是原诗，因为与原作距离较大。

译诗——首先有个译者注入问题。译者把自己的理解与感情注入译文中，译文中必然增加了译者的东西。

其次，译诗——还有个接受问题。有的译诗不一定完美，可是不少读者却感情投入地在吟诵。正像《圣经》的汉译本，其中不少不明不白的句子，但教徒们虔诚地在诵读。《圣经》语言在历史进程中已被教徒们接受，已深入他们的心。他们相信《圣经》中的每个字每句话，并认真地按自己的需要去领会它的精神。

现在译诗大体可划分为三类。

第一类是直译，一字不漏地把原诗译成汉文。关于直译，前辈们、同辈们已发表过很多宝贵的意见，我没有必要赘述。译者尽量忠实地转达原文，尽量表现原作，尽量不掺入译者自己的观点。

第二类是意译。保持原诗的基本思想内容，根据汉文的特征对语句有删有增有变动。它的特点是把原作者和译者摆在同等的地位上。

第三类是根据原诗的思想进行再创作。

过去，我认为再创作不属于翻译范围。如今，阅历多了，反而觉得译诗中的再创作有其特殊作用。匈牙利诗人裴多菲的一首短诗最为突出。根据匈牙利原文直译成汉文是这样：

> 自由与爱情，
>
> 我需要这两样。
>
> 为了我的爱情，
>
> 我牺牲我的生命，
>
> 为了自由，
>
> 我将我的爱情牺牲。

译文准确，形式也保留了原样，无可非议。几十年前，殷夫（白莽）也译过这首诗。他是从德文转译的。殷夫的译文如下：

> 生命诚可贵
>
> 爱情价更高
>
> 若为自由故
>
> 二者皆可抛

裴多菲写这首诗时二十四岁，殷夫译这首诗时二十二岁。二人血气方刚，都处在争取民族解放的时代，对自由充满向

高莽夫妻和家里的玩具老虎

写作中的高莽先生

鲁迅

贝多芬

屠格涅夫

往。原诗激励了译者，译者得到启发，打乱了原来的句型，对"自由""爱情"和"生命"三个词进行了重新组合，并用我国旧体诗五言绝句表达了原诗的思想、韵律和献身决心。殷夫的译文字字经过锤炼，无愧为佳作。这种译法应当保留。俄国诗人普希金、莱蒙托夫等人都有根据外国诗人的作品进行再创作的诗作，他们既把它称为"译作"，同时又认为是"创作"。这种译文，译者处于主导地位。

我认为任何一种译法都应该有生存之地，因为它们都有可取的地方。但有个前提，即译者是真正努力在翻译。我之所以这么说，因为在市场经济刺激下，我国译界和其他领域一样，也出现了投机者，他们不惜侵吞前人的劳动果实，东扒一句，西抄一句，或将几位前人的译文拼凑在一起，换上几个字，便自封为新译本或重译。这是译苑的莠草、蛀虫。他们无资格进入神圣的译苑。

不同的译法有不同的效果。不同的译法能形成译苑的百花齐放。不通晓外文的读者对不同的译文进行比较可以辨别优劣，可以从不同的角度更好地理解原作，而译者也可以根据他人的译法汲取经验，把译诗的共同事业推向新的高度。

译诗——是个复杂的、涉及很多领域的、难谈的学术问题，起码我谈不清楚。

秦岚："年轻时胆子大，什么都敢译。如今，对翻译有了更多的领悟，便缩手缩脚了。"这可以理解为对文字的敬畏吗？您是如何锤炼俄语的？

高莽：我在学校的成绩一般，智力开化较晚。我长大以后，回想过去总结出：升到二年级才明白一年级的课程，升到三年级才稍懂二年级的课程——总比别人慢一步。

但是，长期生活在外国孩子堆里，同学多是俄罗斯孩子，所以从少年时代起就讲俄语，用俄语听课，用俄语吵架，使用它是一种习惯。语言要经过长期的锤炼。做口译年代，天天朗读俄文报纸、背诵单词。如今，不接触俄罗斯人，或偶尔和俄罗斯人见一面，多少年不讲俄语了，必然越来越生疏。有时外语就在嘴边上，可是怎么也讲不出来。很怀念年轻时代，那时候每天早上我都放声朗读俄语，我的女儿说她小时候很习惯早晨听爸爸读俄语。

如果说青年时代不知天高地厚，什么都敢翻译，到了老年却什么都不敢翻译了，既感到对原文理解不透，又感到用汉文表达不尽思想内涵。这时我才明白戈宝权先生当年对我说过的一句话："到了老年越来越不敢翻译了。"他不是谦虚，而是对神圣的翻译事业的无限尊敬。文字翻译如此，口头翻译也是这样。

多年的翻译工作使我认识到，不是口头讲的话都可以入书的，要经过艺术提炼。而这种提炼要不断提高各方面的修养。

关于写作

秦岚：您是写人记事的高手。您的数本随笔集都围绕俄罗斯文化、文学、作家的人和事。拜读您的著作，我觉得比起文本研究，您更重视对作家人生的研究。在您的笔下，写活了一群俄罗斯人。您作为当事人、译介者、研究者，您的回忆，给历史记载提供了许多有力量的细节。从您平实的文字的后面可以看到有深情、有相知、有肃然的敬意。您为什么要写这些人，是什么打动了您？您的一生与俄罗斯民族和文化缘分最深，请讲一讲俄罗斯民族什么地方最吸引您？

高莽： 我希望把人物写好，但写作不能光靠愿望。如果说我笔下的人物尚且可读，那主要因为真人真事感人。

我在几本关于俄罗斯文学艺术家的书中写到的人物，几乎都因为他们多难的生命、艰苦的创作，深深打动过我的心。

试看：伟大的俄罗斯诗人普希金遭到恶人的挑拨，他不能容忍妻子蒙受侮辱，同时为了维护自己的荣誉，不得不与法国军官丹特士进行决斗，他那悲惨的死亡，怎能不让人悲叹？

俄罗斯修士大司祭比丘林从中国回国后，受尽凌辱，被流放到孤岛上，使他长期不能正常工作……

勃洛克由于他最眷恋的外祖父的庄园沙赫马托沃连同那里的大批藏书被革命烈火焚毁，导致他精神失常……

古米廖夫被卷入一场所谓的"反革命案件"被处决……

茨维塔耶娃满怀爱国激情回国，却遭到冷遇，而且在她回国之后苏联当局又逮捕了她的女儿与丈夫，使她走投无路，最后在战争的后方寻了短见……

备受读者喜爱的诗人叶赛宁，三十岁时竟在列宁格勒一家宾馆悬梁自缢……

马雅可夫斯基由于爱情失意，喉咙生病，创作事业遭到拉普的抨击，而自杀……

帕斯捷尔纳克写完他的一生最重要的作品《日瓦戈医生》，竟受到当局猛烈的批判，导致他健壮的身体被摧毁而加速了死亡……

斯大林夫人阿利卢耶娃因为在庆祝十月革命十周年晚餐上不堪丈夫的侮辱走上了自绝的道路……

1938年改革戏剧家梅耶荷德的剧院以"异己的戏剧"为罪名，遭到逮捕，又被处决……

伟大的歌唱家夏里亚宾因在国外时遭到国内媒体的诬陷，至死不能回国……

列宁格勒大学教授杰出的汉学家彼得罗夫，因为不同意改换《论艾青》的论文选题，不肯背叛学术良心，而一生未能得到博士头衔……

多少人，多少惊天动地的故事，哪一件不让人心颤？！

我写的是俄罗斯人，是在探讨人的命运，外国艺术家的生与死，也是在对历史发问，又何尝没有想到自己的祖国？

高莽先生的部分著作

秦岚：您的本职工作是外国文学研究，但您同时从事绘画。您画过中外作家大量肖像、速写，也画过马恩的系列油画。您的画作丰富，请您给我们理一个线索好不好？"努力揭示他们高贵的精神世界与心灵的壮丽"是您的画作的共同目标吗？

高莽：新中国成立以前，我在哈尔滨随俄罗斯画家学过油画，展出过，报纸上也评论过。新中国成立以后画过漫画，为报刊杂志画过大量的插图，还画过连环画。

"文革"后期，我开始画马克思与恩格斯的生平，最后用七年时间完成《伟大的无产阶级革命导师马克思和恩格斯》组画，共五十七幅小型油画。这组油画当时在社会上产生一定的影响，各种报刊与电台都发过报道。

　　改革开放以来，我的画比较集中在为中国作家、俄罗斯作家和世界其他国家文艺界人士造像上。我喜爱文艺，我认为文艺可以陶冶人的情操，我崇尚文学艺术家，我认为他们身上蕴藏着一种动力。我总想通过他们的外形展示他们内心的世界，他们所经受的苦难和百折不挠的精神。

　　我为中国作家画像，鲁迅、茅盾、巴金、艾青、丁玲、曹靖华、萧乾、萧军等许许多多的人。画像上留下了被画者本人的题词。现在有十几幅画像为中国现代文学馆所收藏。他们的遗墨无疑反射出他们某一时刻的思想，使画作成了珍贵的文物。

　　我也为不少外国作家画过肖像，如普希金、托尔斯泰、高尔基、巴尔扎克、泰戈尔、易卜生、博尔赫斯、大江健三郎等人，画上不同的人的题词帮助揭示被画者的心灵状态。许多外国画像为外国纪念馆或文学馆所收藏。

　　前几年我出版了《俄罗斯美术随笔》，记述我对俄罗斯美术与画家们的看法。2006年底又出版了《我画俄罗斯》，其中收有我在俄罗斯画的不少作品和为俄苏人士画的肖像。

　　今年夏天，我的《历史之翼——品读文化名人》一书也将问世，其中介绍了几十位外国文化人，并附有我为他们画的肖像，我希望看过这些作品的人将自己的宝贵意见告诉我，我将从中受益。

　　肖像——是绘画中比较难的一种类别，它需要对被画的人的经历有一定程度的理解。我从事的是现实主义的绘画，因此追求的是形似与神似。在这方面总为达不到理想境界而苦恼。追求又何尝不是一种心悦的事？

秦岚： 让健在的被画者题字这种创意读者非常喜欢，喜欢每一张画后面都有一段故事，喜欢这种文人画的意味。您怎么就想到这个妙点子了呢？

高莽： 这不是我想到的"妙点子"，不敢贪天之功。在我之前，早有画家这么做了。再说，这是国画的一种传统：画作、题词、印章——都是画中必不可缺的要素。

　　我的画上题词确实都有一段故事。较早是为茅盾先生画的一幅肖像。二十世纪五十年代我给先生当过翻译，随他出过国，参加过国际会议。他又是我们《世界文学》杂志的主编，多次接触他。"文革"刚刚结束时，我和诗人邹荻帆一起去看望过他，当场为他画了几幅速写像。后来根据当时的速写又画了一幅水墨画肖像。我把画像寄给他，茅公在画作上题了一首诗，使我喜出望外。我为巴金先生画像也有一段历史。老人非常和蔼可亲朴实待人。早在二十世纪五十年代初我为他画过一幅漫画像，他默许了。我的胆子也大了。为他画了一幅水墨画像，请他签名留念。他先是不肯，说自己的毛笔字写得不好，怕破坏了画像，后来忽然决定题一句话，即："一个小老头，名字叫巴金"。

　　我画了一幅俄罗斯作家赫尔岑的像。巴老在画像上题了一段长词，对赫尔岑作了高度的评价。巴老用几十年的时间在翻译赫尔岑的《往事与随想》。他深深热爱这位俄罗斯革命作家，他的题词具有重大的意义，是二十世纪中国杰出的作家对十九世纪杰出的俄罗斯作家的评价。

从那时起，我画中国作家肖像时，就请被画者题词。

我为外国作家画的像，也有不少人题了词。如俄罗斯作家《这里的黎明静悄悄》的作者瓦西里耶夫，《鱼王》的作者阿斯塔耶夫，诗人叶甫图申科、加姆扎托夫、罗日杰斯特文斯基等人。有的人已经故去，但他们的遗笔、他们的故事留给了人间，留在了我国大地上。

今天重看这些题词，不仅可以听到被画者的心声，而且保留下珍贵的友情。

关于俄罗斯文学

秦岚： 1947年您翻译了《保尔·柯察金》，那时您年仅二十一岁。是什么力量推动您翻译这部作品的？当时这部作品起到了什么样的作用？今天需不需要这样的作品和人生态度了呢？

高莽： 俄罗斯文学源远流长，群星灿烂，影响深远。是批判现实主义作品使它占领了世界文学高峰。

普希金时代出现了诗歌的"黄金时代"；十九世纪的屠格涅夫、赫尔岑、陀思妥耶夫斯基、托尔斯泰、契诃夫等人的小说则征服了世界读者。他们的作品鞭挞农奴制度、同情普通人民、拷问人生、触及灵魂。

苏联文学是俄罗斯文学中的一个阶段、一个组成部分。它曾包括一部分其他民族文学，如今其中有的民族宣布独立，今天的新的俄罗斯文学中就不包括它们了。

苏联时期的文学以塑造新人物为特点，歌颂无产阶级出身的、具有共产主义思想、爱党、爱领袖的英雄形象。保尔·柯察金是个典型的例子。保尔与资产阶级势不两立，在日常生活中和疆场上都是勇敢的战士，即使身患重病，仍然奋斗不息，甚至全身瘫痪、双目失明，还在为世界劳动人民的解放事业而奋斗。当时，正是保尔的精神感动了我，因为新中国成立前我从未见过这样的人物。

剧本《保尔·柯察金》在哈尔滨舞台上演出后，全市青年似乎都在谈论保尔的英雄事迹。它与小说同时教育了一代青年人。

苏联解体后，俄罗斯对保尔这个人物产生了争论，甚至出现了反对之声。我很同意《钢铁是怎样炼成的》一书的最早译者梅益同志的意见：

> 我们可以用不同的眼光去审视过去所发生的一切，但绝不可以狭隘、偏激，甚至是为了哗众取宠，无视历史，超越时空来极力贬低与侮辱身处特殊年代的那一代人的信仰与追求，特别是他们为了推翻反动统治阶级的压迫浴血奋战，将自己的生死置之度外的那种大无畏的革命精神。
>
> 任何作品都有它的局限性，时代在发展，人们的思想在不断变化，但人类对理想的追求以及与自身命运的抗争和顽强拼搏的精神主题永远不会改变。
>
> 通过对保尔·柯察金形象的分析，我们可以看到他身上的优秀品质，他的精神具有一种永恒的道德范畴，具有一种普遍的意义。因此，这个形象的艺术魅力不会随着时间的推移而消逝，他的精神具有一种永

恒的价值。

秦岚： 您去普希金墓凭吊诗人，献上鲜花，陈述了中国人对诗人的爱。在您心中，普希金永恒的精神是什么？

高莽： 我少年时代就开始背诵普希金诗的原作。他讲述的故事，他诗中的韵律，都感动过我。他那黑人血统更让我长久着迷。他具有多方面的天才，不仅写作，而且作画。他的讽刺作品尤其令我倾慕。普希金作品涉及的题材极广，所以任何一个年龄的人，具有任何兴趣的人，都可以从他的作品中得到共鸣。普希金生活中也有过失误，晚期作品也有沙文主义的影子。但他的一切都赤裸裸地呈现在后代的面前。普希金的永恒的精神就是他对爱的追求。他爱祖国、爱人民、爱妻子、爱儿女、爱荣誉、爱生命。爱使他青春常驻，爱也摧毁了他不寻常的一生。

秦岚： 您有一种反省精神、自觉地自我批评的优秀品质。比如，对阿赫玛托娃，当年您相信苏联官方定论，参与翻译1946年批判苏联《星》《列宁格勒》两杂志决议，认为她是个"腐蚀青年读者的坏诗人"。但是，当您真正研读了她的作品后，立刻由自己内心给出了崇高的评价，并反省批评自己的盲从。俄罗斯诗人中，我比较喜欢阿赫玛托娃和叶甫图申科。很想听听您谈谈他们。

高莽： 1946年我接受领导的布置，参加翻译联共（布）中央关于《星》与《列宁格勒》两杂志的决议，翻译本身是必要的。那时我们处处学习苏联。问题在于我自己对决议的认识和态度。那时我对阿赫玛托娃一无所知，实际自己不过起个翻译机器的作用，但我接受了决议的思想。

三十年过去了，我自己经历了风风雨雨，再读到阿赫玛托娃的作品后，我才有所觉悟。阿赫玛托娃是一位真正的诗人。她一生坎坷。身体状况不佳，几次婚姻不幸，创作屡次受到批判……但她爱国、爱祖国人民，是普希金诗歌的追随者。在苏联大清洗年代，她有胆量写出气势磅礴的控诉法制遭到蹂躏的长诗，是何其勇敢啊！我读她的《安魂曲》，心灵受到震撼。她译的屈原的《离骚》和李清照等人的诗，更让我惊赞，这绝非决议中称为"尼姑"或"婊子"的人所能为的事业。我不能不改变当年对她错误的看法。这事教育我：盲从害人害己，做任何事要独立思考。我一直想向她表示歉意。直到二十世纪八十年代，才有机会。我来到她的墓前，在象征监狱的石墙上向她的浮雕像前献上一束鲜艳的红玫瑰，它包含着我无尽的思绪。

　　叶甫图申科是另一辈诗人了。他的作品时代性很强，政治性很强。他自称是"苏共二十大和二十二大的产儿"，意思就是赫鲁晓夫时代的诗人。他坦然地说过他的作品四分之一是污秽。六十至七十年代，他是苏联诗坛红极一时的歌手。他不仅写诗，还写小说、电影剧本，自己还参加演出。苏联反华时，他也写过诗。1983年我和戈宝权先生一起访问苏联，叶甫图申科主动找到我们，讲了自谴的话，在赠给我的书上，题了一句："心怀热望，想亲眼看到中国大地——世界智慧的宝库。"1987年他来到了我国。我国文艺界为他举行了朗诵会，他在我为他画的肖像上题了一首诗：

　　经过多次战争，多次革命，让我们

消灭一切纠纷，如同消灭偶然事故，

让中俄两颗心灵啊，

在思想上在行动中汇合于一处！

叶甫图申科现在有一半时间在美国，在大学教授俄罗斯文学。

秦岚： 批判精神、人道主义精神、拷问人的心灵、关心现实、介入社会应该说是俄国文学的核心传统，苏联解体前后，一种具有后现代特征的俄罗斯文学思潮开始出现，又被称为"别样的文学"，它们对俄罗斯文学这个传统有多大的秉承呢？您对当下俄罗斯文学是否还有关注？

高莽： 苏联时代，苏联文学处于比较封闭的环境中。党的控制相当严密，任何一点离经叛道之举都会遭到批判。似乎借鉴西方任何一点东西就成了向资产阶级投降的表现。斯大林逝世后，苏联开始"解冻"，西方思想涌入苏联，更有不少知识分子不满于国内的政策而流亡西方。苏联解体后，形势有了更大的变化。

在新的形势下，出现了"别样的文学"，这里有继承白银时代的因素，有恢复苏联革命初期文学的倾向，也有借鉴西方的结果。有的人在传统之中掺入西方的东西，使作品有了异样色彩；有的人则照搬西方的样板，多少带有抄袭的味道。

我认为俄罗斯文学不应背弃它崇高的传统：保持批判精神、人道主义精神、拷问心灵、介入社会。这是俄罗斯文学的本色。但，今天的俄罗斯文学的走向只能取决于本国作家的创作，而不是由我们信口雌黄。

秦岚： 从苏联到俄罗斯，我们北方的邻居发生了天翻地覆的变化，如果您可以选择，您选择生活在哪一个时代？为什么？

高莽： 俄罗斯经历了帝国时代，社会主义苏联时代，如今又开始了一个新的时代。在广袤的俄罗斯大地上发生了巨大的变化。我无法选择生活在俄罗斯的哪一个时代，每个时代都有它的利、它的弊。我们作为一个外民族只能判断各个时期的情况。

我只能选择生活在我的祖国，不管是受凌辱的时代，疾风暴雨的时代，还是阳光明媚的时代！

秦岚： 中国知识分子与俄罗斯知识分子最大的不同在哪里？

高莽： 中国知识分子与俄罗斯知识分子有很多不同。他们经历的历史不同、继承的文化不同、思想方法不同。

中国文化传统太久远了，从仓颉造字、孔孟之道、发明造纸印刷，到《资治通鉴》《孙子兵法》等等，各种文化现象、人际关系，早已无所不有。

俄罗斯知识分子的历史相对比我们短很多，但他们受到欧洲文艺复兴的影响，发展速度甚快。十九世纪的俄罗斯文学、美术、音乐达到世界的高峰，是和其他国家截然不同的高峰。他们以紧贴人民生活、关心人民疾苦，形成自己独特的风格。俄罗斯知识分子比较坦诚、直率、不模棱两可，性格刚烈。

我国知识分子则多策多谋、前思后虑、优柔寡断，但能够忍辱负重。

关于《世界文学》

秦岚： 我是2004年来到《世界文学》的。整理《世界文学》历史档案材料的同时，也很注意看了以往的《世界文学》。八十年代的《世界文学》，各个国别文学以专辑方式介绍优秀作家作品，同时辅评论、访谈。作品选择、话题选择、新设栏目看得出编辑的激情和用心。八十年代后期您承担主编。您怎样看《世界文学》在八十年代的影响和作用？

高莽： 你提的这个问题，实际是考核我的行政工作能力。

新中国成立后，1953年创办《译文》（即后来的《世界文学》）杂志时，继承鲁迅先生的《译文》。先后担任主编的是茅盾和曹靖华。他们都是鲁迅先生的战友，是研究与介绍外国文学的宿将。那时有一批很有名望的作家、翻译家担任编委。

"文革"期间，编辑部老班底在狂风暴雨中被摧毁得七零八落，负责人无一幸免受到审查，受尽批斗、辱骂和诬陷之苦。

"文革"后，《世界文学》复刊，编辑部重建队伍，补充新鲜血液。

八十年代中期，上级让我出任主编时，我一再拒绝。我知道自己的水平，我根本没有领导他人的能力，我甚至跟上级说："我的特长是具体业务工作，不能把我的刀背当刀刃用。"但我毕竟是个听话的干部，是个"驯服工具"，最后还是同意了，背着沉重的思想包袱战战兢兢地上任了。

我们刊物有优良传统，形成了自己独特风格，不能辜负前辈和读者的期望和信任。改革开放伊始，《世界文学》的内容必须和时代同步，必须反映出当今世界文学整体的面貌与世界文学发展的轨迹，编辑人员必须熟悉外国创作的新成果和各种新的文学流派的理论。

老编辑们经验丰富，熟悉业务，可是与世隔绝十多年，对外国文学已经感到疏远，对它的变化更是知之甚少。新编辑年富力强、精力饱满、思想活跃，在业务上有待熟练与提高。为此，我们决定邀请文艺界名家们到编辑部来讲课——给大家充电。应邀来讲课的人对我们的这项活动非常支持，完全是无偿地作贡献。专家们讲上半天，讲完之后，编辑部将我们编辑出版的各种文集赠与讲课人，作为感谢之情。同仁们也自愿将自己的译著作品送给讲课人。

秦岚： 是啊，当时您发起邀请著名的文学家、画家、音乐家、戏剧家、新闻记者、评论家等来编辑室开讲座，编辑室的同事现在提起那段事情还赞扬那是您的一个"开创"。

高莽： 我记得到我们编辑部讲过课的有文学界的邓友梅、刘宾雁、高行健、李陀、朱春雨等人；外国文学界的同行们就更多了。他们或讲述自己的创作经验或介绍国外见闻和研究外国文学的心得。

除了文学界的人士之外，我们还邀请过其他领域艺术界人士讲课。首任主编茅盾先生创刊时就提醒我们：编文学刊物要同时注意和报道其他艺术门类。

音乐指挥家李德伦为我们介绍如何欣赏大型交响乐。

那时，李德伦已年近古稀，身体肥胖，行动缓慢，但他讲起话来神采飞扬，把世界名曲解释得淋漓尽致。两个半小时没有休息，也没人退场。李德伦本身就像是一曲交响乐，他讲话时自己陶醉在乐曲中，把听众也带入音乐世界。当他解释贝多芬的交响曲时，我们仿佛在经受命运的敲击。编辑部里的成员都喜欢音乐，音乐大师李德伦的讲课增加了我们对交响乐理解的深度。我们编辑们常常在一起谈论文学作品中的音乐因素，这在无形中扩大了对外国文学作品的选材。

方成是我国著名的漫画家。他办事麻利，眼镜框里滴溜溜转动一双大而非常有神的眼睛。厚厚的嘴唇，一口京腔，其实他是广东人。他说话与他的漫画一样，妙趣横生。可是他自己的脸上却很少露出笑的表情。

他讲了漫画与文学的关系，讲了滑稽与幽默的区别，讲了讽刺艺术的深刻意义。

我记得他陈述自己的苦衷时说："幽默讽刺这种手法看来轻松有趣，可是掌握这门艺术非常不易。"

他知道我们这些在场的听众是专门从事外国文学研究与介绍的，便谈了自己与文学的关系。他说他也做过翻译，译过英国漫画家大卫·罗的一篇文章："一生中我只译过这么一篇……"他呵呵笑了。

方成说，他读的第一本幽默讽刺艺术理论著作也是外国文学作品，是他的老师朱光潜先生向他推荐的柏格森的《笑之研究》，译者是我们党的早期领导人之一张闻天。他说："至今我还在读那本书。"他分析了俄国作家果戈理、契诃夫、左琴科的讽刺特色；谈到马克·吐温、萧伯纳等人的讽刺与俄罗斯讽刺如何不同；后来又谈到印度的克里山·钱达尔、土耳其的阿吉兹·涅辛、泰国的克立·巴莫的作品中讽刺的民族性。他还提到罗马尼亚的卡拉迦列的讽刺小说。

我好奇地问他："你从哪儿读了那么多外国文学作品？"

他说："除了从书店买的书以外，再就是你们的《世界文学》了。"

他说《世界文学》是在从事一项非常光荣的事业，担负着艰巨的重担。现在中外文化交流频繁，不同民族之间的幽默也在相互渗透。他举了一个大家都没有想到的例子。他说侯宝林的相声中就借鉴过外国笑话。"你们知道吗?"

我们相互看了看，愣了一阵，摇了摇头。于是他讲了事情的经过。五十年代，他的漫画合作者钟灵同志从匈牙利访问回来，给他讲了一个笑话，说某疯人院里有个疯人让别人顺着电筒的光柱往上爬。他们又把这个笑话讲给了共同的朋友侯宝林。过了一段时间，侯宝林把这个笑话做了稍许改动编进他的相声《醉酒》中。大家也许记得，其中最逗人的笑料是醉汉让另一个醉汉顺着电筒的光柱往上爬。当侯宝林以其特有的声调表演这笑话时，谁听了都会捧腹大笑。一个笑话经过中国大师的艺术加工，变成中国化了的笑话，成了相声中不朽之作。

我们还邀请过苏联的、美国的、日本的、波兰的、阿拉伯

和《世界文学》同仁

等国家访华的作家们进行座谈。

　　那些报告、讲座、座谈对我们编辑人员的专业水平的提高和文化知识的充实起了积极的作用，使我们在掌握世界文学总的形势上做到心中有数，使我们为刊物在选材上做到了更有见地更准确更内行。正因为如此，有些作家获得诺贝尔文学奖之前，我们已经做过介绍或评论。为此，我们得到不少读者的感谢。

秦岚：《世界文学》应该如何处理经典与流行的关系？

高莽：译介经典是《世界文学》的传统，当然要坚持。但是，世界变化无穷，文学日新月异，作为一个专门介绍外国文学刊物的编辑，必须时时刻刻关注国内与国外两方面的文学现实，必须不断充实自己。这是知识领域的充电，也是思想方法、观念上的充电。只有这样才能做到引导而不是迎合读者的阅读趣味。

秦岚：我听过您在外文所成立四十周年纪念会上的讲话，看过您在《生机》中介绍新时期《世界文学》的文章《鲜花盛开的季节》，感受得到您对编辑部深厚的感情和老一辈翻译家的敬重。编辑部的同事们同样敬重您，珍爱您，编辑部全员对这次采访都非常重视，每个人都把自己收藏的材料拿来给我参考或者把亲见的您的逸事讲给我。现在《世界文学》在第十届主编余中先的旗下探索多传媒、高速信息化的今天，如何保持《世界文学》传统，如何创新的道路。请您给《世界文学》同仁们说几句话吧。

高莽：正像你感受到的那样，我对《世界文学》很有感情，也感谢同仁们的眷顾。

　　你让我对《世界文学》同仁们说几句话，只好老生常谈，谈三点意见吧：

一、在《世界文学》工作的人需要对世界文学有宏观的了解、看法，对自己负责的国别文学应有微观的细致把握。

二、需要重视各个艺术门类的修养，有意识地学习和积累。

三、需要有团队精神，不能只强调自己语种重要，需要兼顾其他语种内容。编辑刊物人少好编，意见好统一，人多不好编，所以要有团队精神。

总之，我相信你们这一代编辑一定比我强，起码你们可以电子编发稿子。相信《世界文学》会发扬光荣。

桑榆霞彩

秦岚： 我平时身边总会带着相机、一小本书和化妆品，您平时随身带的东西都有什么？我猜想肯定有画笔和画纸，是不是呢？您眷恋的是什么呢？您认为您的笔下留下来的将是什么呢？

高莽： 你猜错了。不是。我现在外出，什么也不带了，因为总是丢三落四。

如果在某一现场我发现可画的人物，我会当场找一张纸（或利用邀请函的背面，或信封），向身边的人借一支笔，便画一画。画得自己满意便留起来，有时还请被画者签个名留作纪念。

有时画的对象是我敬仰的人物，如在欢迎日本作家大江健三郎的会上，我画了莫言。有时画的人物我觉得对方形象入画。我眷恋的是画中的情。想留下的是画后面的人生故事。

秦岚： 您每个月大概读多少本书？有明确的专业范围吗？您曾经推荐过《辞源》、字典，因为您看重其中的知识和汉语的正确使用方法，现在读书最关心的是什么？是知识？是人生？是感动？

高莽： 我从来没有计算过读书的数量。每月读的书，有的是朋友们的赠作，有的是自己买的。一般赠书我一定会看一遍，有的看得细些，有的看得粗些。

在当今科技发展飞速的年代，读书的速度也需要适当地加快。一目十行已经不能和时代合拍，需要一目半页或一页。我并不提倡马马虎虎，绝不主张读书不求甚解。我认为在一些空话废话套话上没有必要浪费时间。我比较注意外国文学，主要是俄罗斯文学，因为那是我的专业，看不到原著情况下，读一读我国同行写的文章也是有益的。还有我爱看回忆录。我也喜欢看美术书籍、绘画作品，了解对方的作画思想和技巧。我几乎每天都要翻阅字典和《辞源》，为了吸收知识，也为了学习和掌握语言和文字的基本功。

秦岚： 每天几点起床？每天工作几小时？如何分配一天的时间？

高莽： 我平时大约晚上十点上床。心里有事就半天睡不着，在床上翻过来覆过去。我常常想，如果脑袋是部机器，需要用时便打开，不需要用时就关上，那该多好，可以美美享受睡眠的情趣。可惜办不到，人是感情动物，不是机器。

我一般六至七点钟起床。趁妻子洗漱时，我伏案工作一阵。天不亮，无杂音干扰。我觉得那时是我头脑最清醒的时刻。早晨和上午是我写作或翻译的时间。我不希望这时有人打扰我。但那只是一厢情愿。有人这时打来电话，甚至从外地或国外打来电话，就不能不接。如有事，还得考虑如何去完成。

下午，看天气是否晴朗，如果阳光充足，室内亮堂，如果心情好，兴趣盎然，便画画。我没有画室，没有画案，一般是把五合板搭在床上，铺上毡子，摊开宣纸。近来感到越画越吃力，眼力也差了，手也不听话了，往往是画几张，才能选出一张可用的作品。

晚上，看一会儿电视。我爱看的是杂技、球赛或武打片，总之，不愿意看费心思动脑子的连续剧。但有时又在想，为什么要看杂技？是演员们的高难动作吸引我。为什么要看球赛？是竞争精神激励我。为什么要看武打片？是熟练的技巧诱惑我。虽然不想动脑子，但脑子并不能完全由意志支配。我可能仍然在休息时寻找创作的动力。

秦岚： 您日常的幸福是什么？

高莽： 写作、画画、读书都幸福。我还有一个"最幸福"是给我妻子上眼药。

秦岚： 我很想把冯至先生译的《歌德》的诗句送给您。"你们幸福的眼睛，你们目光所及，不论是些什么，都是这样美丽。"因为，您以您真诚、悲悯和满怀热爱的笔——钢笔和画笔，记录、描绘了那么多崇高的灵魂和优美的人生，您笔下的他们将纯洁我们的灵魂。

谢谢高莽先生。我还想告诉您，我很喜欢您的"老虎洞"。因为"老虎洞"里书香和画卷的气息都浸在醇厚的人生滋味之中。

高莽语摘录

"我是人，不是猴，应当有自己的脑袋，不能尽让别人玩耍。"

我少年时看到街头演猴戏时，猴子任人摆布，颇多感触，但那时说不清楚内心的隐痛。长大以后，经历了种种磨难，长出了一个脑袋，才理解了其中的道理。

"保留石头的本质。"

有一年，我来到青岛大海之滨。看到一位满脸皱纹的老人如何把被浪水冲磨成圆滑的石子抛回海中。他的话使我深受感动，并对人生有所领悟。他说："我不想再当卵石了……我要保留石头的本质，我想活得有棱有角，有滋有味，有苦有乐……"

"做人要学枯立木。"

我七十多岁时，曾经登上神农架保护区的山顶，见到了死去的杉树。我当时认识到枯杉生前向上茁长，给人间带来了秀色与豪气。它挺立着结束了自己的生命。死后它仍然耸立在绿色的世界当中，展示着不屈的英姿。它没有倒下，更没有下跪。它是人的榜样。难怪科学家们把你誉为"枯立木"。

"在人生的大舞台上，我磕磕碰碰地走了八十年，摔跤、迷路、遇险、爬山、涉水……不管路途如何崎岖，如何遥远，我没有停止前进与攀登。"

"做人潜求无我境，从艺勇攀有己峰。"

做人尽量不要突出自己，最好能做到没有我的境界。从事艺术创作则应当最大限度地张扬自己，作品要有自己的风格，自己的特色。

附录

苏俄授予高莽的奖状与勋章

1983年苏联作家协会授予高莽奖状，表彰他对介绍俄苏文学方面的贡献。

1991年苏联对外友协与文化联系协会联合会主席捷列什科娃授予高莽"文化艺术友谊"奖章及证书。

1997年俄罗斯作家协会吸收高莽为荣誉会员。

1997年俄罗斯联邦第一任总统叶利钦因高莽对中苏中俄文学艺术交流的贡献而授予他"友谊"勋章。

1999年俄罗斯科学院远东研究所授予高莽名誉博士称号。

1999年获俄中友好协会向他颁发的"俄中友谊纪念章"。

1999年俄罗斯联邦文化部授予高莽普希金纪念章。

2004年俄罗斯联邦有关单位授予高莽奥斯特洛夫斯基奖章与奖状。

2005年9月俄罗斯国际科学文化合作中心主席米特罗法诺娃授予高莽"友谊贡献"荣誉奖。

2006年2月15日俄驻华大使拉佐夫代表俄罗斯美术研究院授予高莽"荣誉院士"称号。

2006年5月23日俄罗斯作家协会因高莽对传播俄罗斯文化有突出成就而授予他高尔基奖。

高莽著作集

1.《久违了，莫斯科！》（作家出版社，1986年版）

2.《诗人之恋》（外国文学出版社，1991年版）

3.《妈妈的手》（中国华侨出版社，1994年版）

4.《阿尔希波夫的故事》（河北少年儿童出版社，1996年版）

5.《域里域外》（中共中央党校出版社，1997年版）

6.《画译中的纪念》（九洲图书出版社，1997年版）

7.《四海觅情》（华文出版社，1999年版）

8.《帕斯捷尔纳克传》（长春出版社，1999年版）

9.《灵魂的归宿》（群言出版社，2000年版）

10.《文人剪影》（武汉出版社，2001年版）

11.《枯立木》（东方出版社，2003年版）

12.《圣山行》（中国社会科学院出版社，2004年版）

13.《俄罗斯大师故居》（中国旅游出版社，2005年版）

14.《心灵的交颤》（中央编译出版社，2005年版）

15.《俄罗斯美术随笔》（人民文学出版社，2006年版）

16.《我画俄罗斯》（绘画作品集）（人民文学出版社，2006年版）

17.《白银时代》（文图集）（中国旅游出版社，2007年版）

18.《高贵的苦难》（河南文艺出版社，2007年版）

19.《人生笔记》（中国文联出版社，2008年版）

20.《墨痕》（北方文艺出版社，2008年版）

21.《飞光暗度》（海天出版社，2012年版）

22.《沧海礁石录——图文小品合璧集》（作家出版社，2015年版）

23.《悠悠此心》（海天出版社，2017年版）

高莽译作（均译自俄文）

1.《保尔·柯察金》（剧本）（班达连柯根据奥斯特洛夫斯基小说《钢铁是怎样炼成的》改编；哈尔滨市兆麟书店，1948年版，后北京出版社再版）

2.《团队之子》（剧本）（卡达耶夫著，东北新华书店，1949年版）

3.《粘土与瓷器》（剧本）（葛里古力斯著，东北新华书店，1950年版）

4.《家》（剧本）（波波夫著，东北新民主主义青年团宣传部，1950年版）

5.《龚查尔短篇小说集》（星火社，1951年版）

6.《星星之火》（剧本）（达吉阿尼著，时代出版社，1952年版）

7.《胜利者》（剧本）（齐尔科夫著，与亚夫等人合译，人民文学出版社，1953年版）

8.《太阳出来了》（诗剧）（乌尔贡著，时代出版社，1954年版）

9.《领袖的少年时代》（剧本）（纳胡里茨什维里著，时代出版社，1954年版）

10.《丝绣花巾》（剧本）（卡哈尔著，北京戏剧出版社，1954年版）

11.《列宁的童年与学生时代》（乌里扬诺娃著，辽宁人民出版社，1956年版）

12.《翅膀》（剧本）（考内楚克著，人民文学出版社，1956年版）

13.《臭虫》（剧本）（马雅可夫斯基著，收入《马雅可夫斯基文集》第四卷，1958年版）

14.《澡堂》（剧本）（马雅可夫斯基著，收入《马雅可夫斯基文集》第四卷，1958年版）

15.《亲骨肉》（剧本）（阿菲诺根诺夫著，与高一清合译，中国戏剧出版社，1958年版）

16.《唐克诗选》（与戈宝权合译，作家出版社，1958年版）

17.《我们的土地》（剧本）（中国戏剧出版社，1962年版）

18.《米耶达诗选》（与船甲合译，人民文学出版社，1962年版）

19.《马蒂诗选》（与卢永等人合译，人民文学出版社，1962年版）

20.《卡杰丽娜》（长诗）（舍甫琴柯著，收入叙事长诗集《少女的声音》，广东人民出版社，1981年版）

21.《永不掉队》（小说集）（冈察尔著，外语教学与研究出版社，1982年版）

22.《卡尔·马克思的青年时代》（电视连续剧）（中国文艺联合出版公司，1983年版）

23.《被盗走的幸福》（剧本）（弗兰科著，收入《岔路集》，上海译文出版社，1987年版）

24.《爱——阿赫玛托娃诗选》（外国文学出版社，1991年版）

25.《人与事》（帕斯捷尔纳克自述，散文集）（三联书店，1991年版）

26.《西班牙人》（剧本）（莱蒙托夫著，收入《莱蒙托夫全集》

第四卷，河北教育出版社，1996年版）

27.《莱蒙托夫书信》（收入《莱蒙托夫全集》第五卷，河北教育出版社，1996年版）

28.《普希金抒情诗》（111首，收入《普希金全集》第一、二卷，浙江文艺出版社，1997年版）

29.《锌皮娃娃兵》（纪实文学）（阿列克谢耶维奇著，昆仑出版社，1999年版；九州出版社，2014年版）

30.《莫斯科，我们是你的儿女》（随笔）（卢日科夫著，与孟广钧合译，新华出版社，1999年版）

31.《松花江畔紫丁香》〔"中国俄罗斯侨民文学丛书"（诗歌卷），收入译诗18人155首，北方文艺出版社，2002年版〕

32.《列夫·托尔斯泰会晤录》（帕斯捷尔纳克著，收入《世界文学》杂志2003年第4期）

33.《俄罗斯文学肖像》（乌兰汗译作集和译诗集）（广西教育出版社，2007年版）

34.《安魂曲》（安娜·阿赫玛托娃著，台北，人间出版社，2011年版）

35.《我会爱》（安娜·阿赫玛托娃著，台北，人间出版社，2012年版）

36.《回忆与随笔》（安娜·阿赫玛托娃著，台北，人间出版社，2016年版）

37.《安魂曲》（安娜·阿赫玛托娃著，北方文艺出版社，2016年版）

38.《阿赫玛托娃诗文抄——高莽手迹》（海天出版社，2017年版）

39.《安魂曲》（安娜·阿赫玛托娃著，上海文化出版社，2018年版）

40.《我会爱》（安娜·阿赫玛托娃著，上海文化出版社，2018年版）

41.《回忆与随笔》（安娜·阿赫玛托娃著，上海文化出版社，

2018年版）

42.《不，这不是我》（版画插画版）（安娜·阿赫玛托娃，崇文书局，2019年版）

43.《我会爱》（安娜·阿赫玛托娃著，人民文学性出版社，2018年版）

44.《普希金抒情诗选》（高莽、刘文飞译，中国青年出版社，2021年版）

45.《普希金诗集》（高莽、谷羽译，天地出版社，2022年版）

高莽的绘画作品

曾为鲁迅（油画）、茅盾、巴金、艾青、丁玲、冰心、胡风、曹靖华、萧乾、冯至、萧军、叶圣陶、杨沫、严文井、方纪等人画像（水墨画），及大幅画作《巴金和他的老师们》为中国现代文学馆收藏。

为梅兰芳先生画巨幅《赞梅图》，曾在我国报刊上发表。

为普希金、赫尔岑、托尔斯泰、奥斯特洛夫斯基、巴尔扎克、易卜生、井上靖、博尔赫斯……所作的水墨画像，为外国文学馆或纪念馆收藏。

另有陀思妥耶夫斯基、肖洛霍夫、大江健三郎等的水墨画像，曾发表在我国不同的期刊上。

收集在各种书籍中的画有：

1.《果戈理是怎样写作的》（威列萨耶夫著，插图3幅，天津人民出版社，1978年版）

2.《伟大的无产阶级革命导师马克思和恩格斯》（油画画册，人民美术出版社，1978年版）

3.《外国名作家传》(张英伦等人编,共三本,肖像插图440幅)(中国社会科学出版社,1980年版)

4.《马克思的学生时代》(王兴斌著,插图12幅,北京出版社,1980年版)

5.《无畏的探索者》(王兴斌著,插图15幅,北京出版社,1981年版)

6.《高莽速写》(中国社会科学院计算机室印制,1991年,非卖品)

7.《拉丁美洲文学丛书》(30卷丛书,肖像画30幅,云南人民出版社,1991—1993版)

8.《当代百家话读书》(曹积三、阎桂笙主编,肖像画105幅,广东教育出版社与辽宁人民出版社,1997年版)

9.《西风吹书读哪页》(崔权醴编译,肖像插图55幅,中华工商联合出版社,1998年版)

10.《改写记忆》(祝勇著,肖像插图60幅,中国文联出版社,1999年版)

11.《禁欲时期的爱情》(祝勇著,速写画40幅,中国文联出版社,1999年版)

12.《走向成熟的祝福》(陈昊苏著,书中收入描绘普希金生平的水墨画13幅,北京大学出版社,2000年版)

13.《莎士比亚戏剧故事全集》(土生等人主编,插图3幅,中国戏剧出版社,2002年版)

14.《宇宙浪子》(科幻仙侠小说,朱邦复著,插图32幅,中国社会科学院出版社,2002年版)

15.《杨绛作品精选》(散文集,为《我在启明上学》插图8幅,人民文学出版社,2004年版)

16.《诺贝尔文学奖获奖作家传略》(宋兆霖选编,肖像101幅,

浙江文艺出版社，2005年版）

17.《幸会幸会　久仰久仰》（黄成勇著，肖像插图23幅，山东画报出版社，2005年版）

18.《诺贝尔文学奖全集》（高莽插图，燕山出版社，2022年）

高莽编选集

1.《苏联当代诗选》（外国文学出版社，1984年版）

2.《苏联女诗人抒情诗选》（漓江出版社，1985年版）

3.《苏联文学插图》（浙江人民美术出版社，1987年版）

4.《访苏心潮》（中外文化出版公司，1990年版）

5.《普希金抒情小诗》（浙江文艺出版社，1992年版）

6.《普希金抒情诗全集》（浙江文艺出版社，1994年版）

7.《俄罗斯的白桦林》（中国作家写俄罗斯，随笔集，华夏出版社，1997年版）

8.《世界经典散文新编》（百花文艺出版社，2001年版）

9.《普希金绘画》（漓江出版社，2016年版）